党的十一届三中全会
前后的北京历史丛书

# 打开对外
# 开放大门

中共北京市委党史研究室
北京市地方志编纂委员会办公室　组织编写

———————

杨胜群　桂　生　主编
中共北京市委党史研究室
北京市地方志编纂委员会办公室　著

北京出版集团
北京人民出版社

**图书在版编目（CIP）数据**

打开对外开放大门／中共北京市委党史研究室，北京市地方志编纂委员会办公室组织编写；杨胜群，桂生主编；中共北京市委党史研究室，北京市地方志编纂委员会办公室著. -- 北京：北京人民出版社，2024. 7.（党的十一届三中全会前后的北京历史丛书）. -- ISBN 978-7-5300-0637-5

Ⅰ. D232

中国国家版本馆 CIP 数据核字第2024LT4511号

党的十一届三中全会前后的北京历史丛书

**打开对外开放大门**

DAKAI DUIWAI KAIFANG DAMEN

中共北京市委党史研究室

北京市地方志编纂委员会办公室　　组织编写

杨胜群　桂　生　主编

中共北京市委党史研究室

北京市地方志编纂委员会办公室　　著

\*

北　京　出　版　集　团

北京人民出版社　　出版

（北京北三环中路 6 号）

邮政编码：100120

网　　　址：www.bph.com.cn

北京出版集团总发行

新华书店经销

北京华联印刷有限公司印刷

\*

787 毫米×1092 毫米　　16 开本　　14. 25 印张　　217 千字

2024 年 7 月第 1 版　　2024 年 7 月第 1 次印刷

ISBN 978-7-5300-0637-5

定价：61. 00 元

如有印装质量问题，由本社负责调换

质量监督电话：010-58572393

# 序　言

习近平总书记强调，改革开放是决定当代中国命运的关键一招，也是决定实现"两个一百年"奋斗目标、实现中华民族伟大复兴的关键一招。站在新时代的今天，回顾40多年前的那段改革开放兴起的历史，更能深刻体会到改革开放的伟大意义。

1978年12月，在邓小平等老一辈革命家的推动下，党的十一届三中全会冲破长期"左"的错误的严重束缚，批评"两个凡是"的错误方针，充分肯定必须完整、准确地掌握毛泽东思想的科学体系，果断结束"以阶级斗争为纲"，重新确立马克思主义的思想路线、政治路线、组织路线，作出把全党工作的着重点转移到社会主义现代化建设上来、实行改革开放的战略决策，实现了新中国成立以来党的历史上具有深远意义的伟大转折，开启了改革开放和社会主义现代化建设新时期。这在中华民族历史上，在中国共产党历史上，在中华人民共和国历史上，都是值得大书特书的一件大事。

今年恰逢邓小平同志诞辰120周年。我们组织编写了"党的十一届三中全会前后的北京历史丛书"，旨在通过翔实的历史资料和生动的叙述方式，全面展现党的十一届三中全会前后在党中央领导下，中共北京市委带领全市人民冲破思想禁锢、克服重重困难、推进改革开放的生动实践和斗争精神，深刻诠释十一届三中全会伟大转折的历史意义和时代价值。

北京是中华人民共和国的首都，在开创和发展中国特色社会主义进程中具有十分重要的历史地位。丛书聚焦于1976年"文化大革命"结束至1984年党的十二届三中全会召开期间北京的历史，由《解放思想　拨乱反正》

《城乡经济体制改革起步》《打开对外开放大门》《教育科技文艺恢复与发展》《首都建设新风貌》5 部书构成。我们在编写中尽力做到：

导向正确。始终坚持以党的三个历史决议精神与习近平总书记关于党的历史和党史工作重要论述为遵循，树立正确党史观，坚持"两个不能否定"，准确把握党的十一届三中全会前后历史的主题主线、主流本质，正确评价党在前进道路上经历的失误和曲折，坚决反对和抵制历史虚无主义。

主题突出。通过对党的十一届三中全会前后历史的记叙和总结，深刻反映邓小平同志是中国社会主义改革开放和现代化建设的总设计师、中国特色社会主义道路的开创者、邓小平理论的主要创立者；深刻反映改革开放是我们党的一次伟大觉醒，是党和人民大踏步赶上时代的重要法宝，是坚持和发展中国特色社会主义的必由之路；深刻反映中国特色社会主义不是从天上掉下来的，是党和人民历尽千辛万苦、付出各种代价取得的根本成就。

科学准确。编写人员严格落实"查资料、查人、查地"的"三必查"工作要求，注重运用原始档案、文献，赴北京市档案馆查阅资料上百次，反复查阅《北京日报》《北京晚报》等报刊，联系有关单位，采访事件当事人，调研历史发生地，掌握了大量权威而翔实的资料。初稿完成后，多次修改打磨，邀请专家审改，最后经主编逐字逐句把关，以期为读者提供一套既有历史深度又有现实启示的优质读物。

地方特色鲜明。丛书侧重考察北京市委立足本地实际，领导全市人民在推进改革开放，坚持和发展中国特色社会主义伟大事业中出现的创造性实践、开拓性举措、突出性亮点以及在当地乃至全国具有重大影响的历史事件和重要活动，进而反映北京地域特点。

可读可鉴。坚持学术性与可读性相统一，既注重文字的准确性、严谨性，又力求写得生动流畅、通俗易懂。特别是把握整体与细节的关系，既关注决策的形成过程，又注意反映历史细节和先进典型，努力让读者做到知其然、知其所以然、知其所以必然。

历史和现实证明，越是伟大的事业，往往越是充满艰难险阻，越是需要开拓创新。中国特色社会主义是前无古人的伟大事业，前进道路上，还将进行许多具有新的历史特点的伟大斗争。让我们紧密团结在以习近平同志为核心的党中央周围，敢于担当、埋头苦干，以与时俱进、时不我待的精神不断夺取新胜利，在全面建成社会主义现代化强国、全面推进中华民族伟大复兴新征程上奋勇前进。

# 目录
CONTENTS

# 前　　言

　　对外开放展宏图，时代浪潮搏激流。在历史的洪流中，每一个重要的节点都如同璀璨的星辰，照亮了一个民族前行的道路。党的十一届三中全会上，党中央根据工作重心转移的需要，以高瞻远瞩的战略眼光，确定了实行对外开放的基本国策。

　　在此前后，国际形势出现新的变化。中日两国缔结和平友好条约，中美关系实现正常化，这两大外交成就，为中国的对外开放创造了有利的外部环境，也为北京市向世界各国打开对外开放的大门提供了难得的机遇。首都北京，作为中国的政治、文化中心，站在了对外开放的前沿，各项事业在对外开放的道路上，如同一幅壮丽的画卷徐徐展开。

　　对外开放，意味着与世界各国的交流与合作日益频繁，外事工作的重要性日益凸显。面对面广量大、渠道多、专业性强的外事工作，单一职能部门的管理显得力不从心。为了加强统一领导，提高外事工作的效率和质量，北京市委果断决定成立外事工作领导小组，市政府外事办公室作为其办事机构，承担起协调和管理全市外事工作的重任。各区县根据工作需要，设立了外事机构。这种分工明确、各司其职的管理模式，为对外贸易的全面展开打下了坚实基础。

　　随着对外开放的深入推进，北京市的出口贸易迅速增长，技术引进步伐加快。外贸出口额大幅度增长，出口创汇增幅较大，一批批名优商品远销海外。北京市跻身全国对外贸易的重要口岸行列，成为中国对外开放的重要窗口。与此同时，各行各业引进先进技术、设备的积极性不断提高，这些先进技术和设备的引进，不仅促进了经济发展和科技进步，加快了社会主义现代化建设进程，也缩小了北京市工业技术水平同国际先进水平之间的差距。

在邓小平的关心和支持下，北京市中外合资企业迅速发展。北京航空食品有限公司作为中国第一家合资企业，开启了引进外资和兴办外商投资企业的序幕。北京建国饭店成为改革开放后第一家中外合资饭店，为北京的旅游业注入了新的活力。此后，一大批合资饭店如雨后春笋般在北京城矗立起来，成为这座城市新的风景线。北京汽车制造厂和美国汽车公司合资经营的北京吉普汽车有限公司，更是成为我国汽车工业中最大的合资企业之一，为中国的汽车工业发展写下了浓墨重彩的一笔。

发展友好城市关系，是北京市对外交流工作的一种新形式。自与日本东京都第一个结为友好城市以后，北京市与多座国外城市建立友好城市关系。这些城市间的交流往来密切而频繁，推动了经济、文化、科技等领域的交流与合作，增进了人民之间的友谊与理解。北京科教、文艺、体育等领域的对外交流也日益密切。互派留学生数量不断增加，学术会议争相举办；各种艺术团纷纷走出国门，将中国的传统文化和艺术魅力展现给世界；国际足球、排球等一系列体育比赛在京举办，各国运动员交流频繁，为这座古老而又现代的城市增添了无限活力。

实践证明，扩大对外开放是加快首都经济发展的必由之路，也是提升城市国际影响力的关键之举。未来，北京市将继续坚定不移地推进对外开放战略，深化与世界各国的交流与合作，共同书写人类发展的新篇章！

# 第一章
# 北京向世界敞开大门

粉碎"四人帮"后，广大干部群众强烈要求纠正"文化大革命"的错误理论和实践，彻底扭转十年内乱造成的严重局面，使中国社会主义事业重新奋起。与此同时，世界经济快速发展，科技进步日新月异。国内外发展大势都要求中国共产党尽快就关系党和国家前途命运的大政方针作出政治决断和战略抉择。1978 年 12 月 18 日至 22 日召开的党的十一届三中全会，重新确立了马克思主义的思想路线、政治路线和组织路线，作出把党和国家工作中心转移到社会主义现代化建设上来、实行改革开放的历史性决策，实现了新中国成立以来党的历史上具有深远意义的伟大转折，开启了改革开放和社会主义现代化建设的伟大征程。乘着改革开放的东风，北京向世界敞开大门，迈向对外开放的新时期。

## 一、打破思想的坚冰

思想解放是中国开启和推动对外开放的重要先导。粉碎"四人帮"后，党中央从思想路线的拨乱反正入手，打破长期以来"左"的思想禁锢，拨开思想迷雾，为对外开放提供了重要条件。

### 新中国成立后对外开放之路

新中国成立之初，面对世界"冷战"格局，中国采取"一边倒"外交政策，加入以苏联为首的社会主义阵营。为打破帝国主义的封锁，毛泽东赴苏联谈判签订《中苏友好同盟互助条约》，随后从苏联引进156个工业建设项目，其中就包括北京热电站、北京电子管厂、北京有线电厂等。同时，中国从苏联聘请大批专家顾问，翻译苏联的书籍，选送一批批青年学生赴苏联留学。1956年，毛泽东在充分调查研究基础上，形成了关于社会主义建设的代表作《论十大关系》，提出"一定要努力把党内党外、国内国外的一切积极的因素，直接的、间接的积极因素，全部调动起来，把我国建设成为一个强大的社会主义国家"，以苏联经验为鉴戒，同时学习资本主义国家先进科学技术和企业管理方法，探索适合中国国情的社会主义建设道路。但是，囿于当时西方的包围封锁，中国的开放条件有限，主要还是对社会主义阵营国家开放。

20世纪60年代初期，中苏关系恶化，国家对外贸易的重点和引进技术装备的对象，转移到西方那些对中国友好的国家和地区。之后，技术和设备的引进工作陆续由苏联和东欧社会主义国家转向西方发达国家，从日本、西欧进口一批维尼纶、石油、化工、冶金、矿山、电子和精密机械等方面的技术和设备。

20世纪70年代初期，随着中美恢复交往、中日建交和中国在联合国恢复合法席位，中国对外开放的外部环境明显好转。1974年，毛泽东根据国际形势，提出划分三个世界的理论，给当时的对外工作指明了方向，为之后实行对外开放提供了条件。我国加强了与外国的交流合作，从西方国家引进一批成套大型技术装备，对我国基础工业的发展和科技进步起了重要作用。仅1972年，先后有丹麦工业展览会、瑞典工业展览会、加拿大贸易展览会、意大利工业展览会、法国科学技术展览会等欧美国家的展览会纷纷在北京召开；进口方面，北京石油化工总厂签订引进美国鲁姆斯公司专利日本东洋公司承包30万吨乙烯成套设备合同，并签订引进日本瑞翁公司专利日本东洋公司承包丁二烯成套设备合同。

"文化大革命"期间，林彪、"四人帮"为了满足篡党夺权的反革命需要，大搞唯心主义和形而上学，对马列主义、毛泽东思想进行了疯狂的歪曲、篡改和伪造，搞乱了路线是非、思想是非、理论是非，给人们的思想造成了极大的混乱。在他们的字典里面，现代化就是资本主义化，抓生产就是唯生产力论，搞科技就是白专道路，抓业务就是不突出政治，洋为中用就是卖国主义、洋奴哲学。引进外国的先进技术和设备，学习外国的先进东西，难于上青天。以北京为例，1968 年，北京市有权使用的地方外汇、国拨外汇和上年余汇 436.6 万美元，安排货单 370.6 万美元，但实际仅完成 257.7 万美元；到 1974 年进口额只有 324 万美元，进口的商品主要是纺织原辅料、化工原料、科研用品、机器零件等，严重影响工业技术改造和发展。

**澄清是非解放思想**

"文化大革命"使社会主义建设遭受严重挫折和损失，思想理论方面也出现了极大的混乱。1975 年，邓小平主持党中央和国务院日常工作，领导实行全面整顿。6 月中旬到 8 月中旬，国务院计划工作务虚会召开，讨论研究实现"四个现代化"的方针、政策和重要措施。邓小平提出要把引进先进技术和新设备、扩大进出口贸易作为一项"大政策"。

1976 年，"四人帮"虽然被粉碎，但他们的流毒和影响还未彻底肃清，党内外部分人尽管对引进、采用先进技术也感到十分必要，但一提到引进外国先进技术，仍心有余悸，没有完全摆脱"四人帮"的精神枷锁，思想没有彻底解放。12 月 26 日，经毛泽东生前同意重新整理的《论十大关系》在《人民日报》发表，引起北京市广大干部群众的积极讨论，进一步澄清了思想、分清了是非。

市科技局党委认真学习《论十大关系》，狠批"四人帮"污蔑调查研究外国科技发展现状为"在洋人后面爬行"的谬论，提出正确处理中国和外国关系、加速发展科技事业，处理好引进与独立自主的关系。① 首钢特殊钢公司理论组批评了"四人帮"那一套"既反对国家建设所必须的进口，又反对必要的出口。你进口点国外技术，他们攻击你是洋奴买办，你出口点货物，

①《正确处理中国和外国关系 加速发展科技事业》，《北京日报》1977 年 1 月 4 日第 1 版。

他们又骂你是卖国主义"的荒唐做法，表示今后要调动一切积极因素，建设社会主义。① 市木材厂技术人员座谈学习《论十大关系》，专门讨论了毛泽东提出的"自然科学方面，我们比较落后，特别要努力地向外国学习。但是也要有批判地学，不可盲目地学"，并表示今后要好好改造思想，努力钻研技术，把工作做好。② 北京第二制药厂某工人学习《论十大关系》后，在《北京日报》发表题为《划清必要的引进同洋奴哲学的界限》的文章，批判"四人帮"给引进一些设备和技术统统扣上"洋奴哲学"帽子的行径，提出要在"坚持自力更生为主的基础上，有分析、有批判地学习外国的东西，加快我国社会主义建设步伐，赶超世界先进水平"。③

同一时间，经毛泽东和周恩来批准的引进 30 万吨乙烯装置工程在北京建成投产，《北京日报》报道这一重大消息的同时，配发短评《不听"四人帮"那一套 赢得又快又好》："四人帮"不是把我国独立自主、自力更生的前提下引进一些外国的技术设备，骂为"洋奴哲学""买办经济""卖国主义"吗？但是建设乙烯工程的广大职工说，从外国引进新技术，是为了加快我们的建设速度，增强我国人民自力更生的力量，这和"洋奴哲学""卖国主义"根本不沾边，正是因为没有听"四人帮"那一套，才赢得了乙烯工程的又快又好。④ 30 万吨乙烯装置工程成功投产后，使中国的乙烯产量提高数倍，进一步加深了人们对引进国外先进技术必要性的认识。1977 年 6 月，北京石油化工总厂前进化工厂理论组在《北京日报》发表文章说，广大职工看到这套装置建成投产加速了石油化学工业的发展，都十分高兴，明确表示我们适当引进外国的一些先进技术和设备，争取时间、壮大自己，反对侵略，有什么

---

① 特殊钢公司理论组：《调动一切积极因素，夺取新的更大的胜利》，《北京日报》1977 年 1 月 25 日第 2 版。

② 《狠批"四人帮" 调动技术人员积极性——市木材厂技术人员座谈〈论十大关系〉》，《北京日报》1977 年 2 月 21 日第 2 版。

③ 蒋国田：《划清必要的引进同洋奴哲学的界限》，《北京日报》1977 年 1 月 29 日第 2 版。

④ 《不听"四人帮"那一套 赢得又快又好》，《北京日报》1977 年 1 月 15 日第 1 版。

不好呢?①

为加快首都社会主义现代化建设,1978年9月至11月,市委常委会召开扩大会议,围绕"必须开展一个实现四个现代化的思想大发动"的主题展开讨论,进一步解放思想。引进国外技术设备、向国外先进学习,是重点讨论的问题之一。

11月6日,财贸部门人员在市委常委扩大会议上提到,"由于林彪、'四人帮'的流毒还远远没有肃清,许多被颠倒的是非界限还没有颠倒过来,不少干部和职工的思想还没有真正解放。因此对工作的改进不那么大胆,办法不那么多,步子不那么快,工作中还存在不少问题",今后"一方面认真总结对外贸易的经验,反复不断地批判'四人帮'在外贸中散布的种种谬论,提高认识,解放思想,扫除大发展中的各种思想障碍。另一方面,我们一定做到主动同工农业部门密切配合,共同努力,积极引进外国先进技术设备,大力开展来料加工、装配业务和补偿贸易","同时,我们还要加强力量,采取各种办法,利用各种渠道,研究国际市场的变化情况,以灵活的贸易方式,不断扩大同国外客户的联系"。

市科委同志认真开展自我剖析,坦言思想不够解放,工作缩手缩脚,不敢大胆引进外国的先进技术,害怕别人说这是"洋奴哲学""爬行主义"的现象。因此,他们制定的科学发展规划纲要中,有些项目外国早已研制成功,自己还要从头研究。针对思想不够解放的问题,他们表示今后一定狠抓70年代最新科技成果的研究和应用,把引进和消化外国先进技术、实行产品和技术换代,作为突出的任务来抓,切实抓出成效。工交战线、教育系统、农村工作等工作部门在谈到今后工作时,都谈到解放思想是大干快上的关键,管理水平低、技术水平低是工作生产中的严重问题,工交战线大抓整顿企业,改组工业和引进国外先进新技术,搞好技术培训工作,提升技术水平。

---

① 北京石油化工总厂前进化工厂理论组:《要不要引进新技术?》,《北京日报》1977年6月30日第3版。

市委书记林乎加最后再次强调："我们在思想上必须有充分的准备，要解决我们的干部、群众中间跟不上形势的一些思想问题。我们要在干部中间、积极分子中间，在各种会议上，组织学习，进行思想工作。"大会提出："从现在起，随着'揭批查'运动的胜利发展，党的工作重点将要逐步转入社会主义现代化建设方面来，这就要求我们思想一定要跟上。""我们必须打破小农经济思想、封建思想的束缚，克服闭关自守、夜郎自大、因循守旧、固步自封；在工作上实行科学的统一计划，学习外国的一些先进管理经验，按经济规律办事。""要在全市上上下下、党内党外，进行思想大发动。"

### 进一步解放思想

北京市委常委会会议期间，谈到"揭批查"运动，每个单位都会遇到天安门事件问题，由此大家都希望市委能对天安门事件有个说法。1978年11月11日，市委常委扩大会议闭幕，但由于与会代表对天安门事件反应强烈，会议公报几经修改，迟迟未能敲定。13日，市委进行会议总结，最后拟定会议公报，在公报中添加上了关于为天安门事件平反的一段文字，并报中央同意。

1978年11月10日至12月15日，党中央在北京召开中央工作会议。会议原计划讨论经济方面的问题，没有涉及真理标准大讨论等大是大非问题以及党内外普遍关心的冤假错案平反问题。陈云等老一辈革命家明确提出，首先要解决历史遗留问题，为天安门事件和一些重大冤假错案进行平反。会议要求确立实事求是思想路线的呼声更为强烈。

11月25日，华国锋、邓小平、李先念等召集北京市委林乎加、贾庭三等，听取中共北京市委和团中央几位负责人汇报天安门事件平反后群众的反映，邓小平指出："现在，有的人提出一些历史问题，有些历史问题要解决，不解决就会使很多人背包袱，不能轻装前进。""天安门事件平反后，群众反映强烈，大家很高兴，热烈拥护，情况是很好的。"同时提出"要引导群众向前看。平反工作，中央和各地都在抓紧处理，都是有领导、有步骤地进行的。林彪、'四人帮'破坏造成的一些遗留问题，都可以逐步解决。解决这些问题是为了创造一个安定团结的稳定局势，把各种积极因素调动起来"。①
最后，中央政治局常委还叮嘱说：一定要把首都的工作做好。我们要派留学
生出去，还要请专家进来，内外交流，思想教育工作，生活教育工作都要做
好。要爱护群众的革命热情，要把这种热情引导到搞社会主义现代化上来。
按照中央部署，经过一段艰苦的工作，到 1978 年 12 月底，北京市群众性揭
批"四人帮"的斗争告一段落，基本清除了参与"四人帮"篡党夺权活动的
骨干分子，初步整顿了各级领导班子，为下一步围绕现代化建设、调整充实
各级领导班子奠定了组织基础。

12 月 18 日至 22 日，党的十一届三中全会在北京召开，确定把全党工作
重点转移到社会主义现代化建设上来，并提出"积极发展同世界各国平等互
利的经济合作，努力采用世界先进技术和先进设备，并大力加强实现现代化
所必需的科学和教育工作"。

要解放长期以来被"左"的思想束缚的头脑，并不是一蹴而就的事情。
一部分人仍然受"左"倾思想束缚，受"两个凡是"左右，思想还没有转过
弯来。从 1979 年 5 月 7 日开始，北京市委召开了持续 20 多天的市委工作会
议，重点解决经济工作问题和思想理论工作问题，会议期间发扬民主，解放
思想，交流经验，开展批评与自我批评，并决定要加强党的思想政治工作，
深入进行坚持四项基本原则教育，继续解放思想、发扬民主，充分调动人民
群众的积极性，鼓足干劲，学习国内外先进经验，加快首都四个现代化进程。

同时，从 1979 年开始，北京市通过真理标准大讨论的补课，使广大干部
和群众逐步破除迷信，树立起实践第一、实事求是的观点，有力批判了"砍
旗""丢纲"等错误认识，进一步推动了思想解放，推动干部政策的落实、
冤假错案的平反和社会关系政策的调整，更重要的是很多干部和群众开始敢
于研究面临的新情况、新问题，使党的各方面工作稳步转移到四个现代化建
设轨道上来，为改革开放创造了必要的社会思想条件。

---

① 中央文献研究室编：《邓小平年谱（一九七五——一九九七）》（上），中央文献出
版社 2004 年版，第 435—436 页。

为拓宽视野，打开工作思路，市委多次参与国家考察团或者派出考察团到国外学习，增长见识，解放思想，为推进首都对外开放、推进四个现代化建设创造了必要条件。

## 二、走出国门看世界

1979年11月，邓小平在会见外宾时谈道："六十年代末期到七十年代这十一二年，我们同世界的差距拉得太大了。这十多年，正是世界蓬勃发展的时期，世界经济和科技的进步，不是按年来计算，甚至于不是按月来计算，而是按天来计算。"[①] 面对汹涌澎湃的新科技革命浪潮，全国上下要求改变落后面貌、加快社会经济发展的呼声高涨，大胆学习借鉴外国先进技术和经验，通过对外开放加快社会主义建设步伐逐渐成为共识，全国上下掀起了一股声势浩大的出国境考察热潮。

### 随同国家代表团出国境考察

1977年3月召开的中央工作会议，讨论通过了国家计划委员会呈交的《关于1977年国民经济计划几个问题的汇报提纲》，指出：引进一些为发展我国基础工业、国防工业、轻工业和农业机械化以及科学事业所迫切需要的成套设备和新技术，是为了增强我国自力更生的能力，加快社会主义建设的步伐。拒绝学习外国的好东西，什么都要从头摸索，就会放慢我们一些工业技术的发展速度，那才是真正的"爬行主义"。次年2月，国家计划委员会在向中央政治局提交的《关于经济计划的汇报要点》中，提出要"有计划地组织干部到国外去考察"。在"该干了、该大干"的思想状态向"怎么干"转变的过程中，中国以前所未有的姿态展开对外交往活动，掀起一股出国境考察热潮。据国务院港澳办公室统计，仅1978年1月至11月底，经香港出国和去港考察的人员就有529批，共3213人。

---

① 《邓小平文选》第二卷，人民出版社1994年版，第232页。

北京市也派出代表参加各类国家代表团。如副市长叶林参加了谷牧率领的赴西欧五国代表团。西欧五国代表团是中华人民共和国成立后首次向西方发达国家派出的政府代表团，规格最高，最引人注目。1978 年 5 月 2 日出发，6 月 6 日回国。出访前，邓小平专门在北京饭店听取代表团的汇报，指示要"广泛接触，详细调查，深入研究些问题"，"资本主义的先进经验，我们应当把它学回来"。①

叶林随代表团访问了法国、联邦德国、瑞士、丹麦、比利时的主要城市，会见了有关政界人士和企业家，参观了工厂、科研单位和居民区等，看到了 5 个国家在第二次世界大战后的巨大变化，也体会到了我们在工农业生产、交通运输、教育科学技术以及企业管理等方面与西方国家的差距。例如，代表团参观的电厂，装机 2700 万千瓦，烧的是发热量低的褐煤，也只有职工 2000 人，平均每万千瓦 0.7 人。而北京石景山发电厂，装机 93.5 万千瓦，烧的是大同的好煤，共有职工 3300 人，平均每万千瓦 35 人，发电效率比他们低出 50 倍。考察的所见所闻震撼着代表团每个人的心，大家眼界大开，思想豁然开朗，可以说很受刺激。

代表团既看到差距，也感受到潜在的发展良机。在联邦德国举行的有关欢迎宴会上，对方提出如果我国要用 50 亿美元，可以马上定下来，要用 200 亿美元，宴会后谈判一小时就可以签字。通过这种带有幽默性质的谈话可以看出，西欧各国正在纷纷为其过剩的资本找出路。代表团一行人的访问收获，对邓小平和其他中央领导人制定对外开放政策起到重要参考作用。正如邓小平所说："我们派了不少人出去看看，使更多的人知道世界是什么面貌，关起门来，固步自封，夜郎自大，是发展不起来的。"②

作为"二战"战败国的日本，从 1955 年到 1976 年，国民生产总值增长

---

① 曲青山、黄书元主编，曹普著：《中国改革开放全景录·中央卷》（上），人民出版社 2018 年版，第 18 页。

② 中共中央文献研究室编：《邓小平年谱（一九七五——一九九七）》（上），中央文献出版社 2004 年版，第 398—399 页。

4.8 倍，平均每年增长 8.7%，1978 年已经接近美国。① 日本经济迅速恢复发展的经验受到特别重视。1978 年 10 月，叶林随国家经济委员会访日代表团赴日本考察工业企业管理经验。考察组参观了东京三越百货商店，商品琳琅满目、应有尽有，仅手表就有机械表、自动上弦表、薄型表、装饰表、电池表、晶体表、超小型表、液晶显示器电子表等 20 多个品种，商品总品类有 50 万种。反观北京，王府井百货大楼只有二万几千种商品，差距实在太大。

日本的企业十分强调质量管理，考察组参观时发现到处都挂着"质量第一""质量是创造未来的关键"等标语，他们还有严格的产品检验制度和先进的测试手段。以松下电器公司茨木工厂生产的彩色电视机包装设计为例，要模拟各种恶劣运输条件，进行喷水、滚动颠簸及多次撞击跌落试验，以检查包装质量。

考察组还发现一个现象，我国一些工厂的厂房和设备并不比日本差，生产效率却低得多。究其原因还是国内缺乏一套适应现代化技术的科学管理方法。日本人把先进生产技术和先进管理方法，称为经济"高度成长"的两个车轮。他们花巨额外汇引进先进技术，在使用过程中仿制改进，迅速提高了本国的机械制造能力和科技水平。而且，日本在引进外国管理方法基础上，还结合本国传统加以消化吸收创造，形成了一套以提高产品质量和服务质量为中心，推动管理工作全面现代化的管理办法。原本名声不好的"东洋货"就这样成为世界一流产品，增强了国际竞争力。

叶林在考察后感慨："日本经济速度发展之快，工作效率之高，印象颇深，联系到北京市的情况，感想颇多。有许多想法，过去在国内就有，不过现在心情更加迫切而已。"考虑到引进新技术这件事抓得紧不紧对加速北京工业发展速度有很大关系，叶林在回国后给市委的报告中建议：有关工业局要积极引进技术班子，从谈判、引进、建设到投产一包到底，抓紧培训出国实习生及翻译人才。他强烈地感受到了中国在经济和科技上同西方发达国家之

---

① 《国家经委访日代表团关于日本工业企业管理考察报告》，中国企业管理协会编：《国外经济考察报告选编》，人民出版社 1979 年版，第 1 页。

间的巨大差距，在报告中提到我国不但在经济科技水平上落后，而且在管理水平上同样落后，在学习和引进先进科学技术的同时，必须进行管理体制上的改革，认为"要改变上层建筑和生产关系某些同经济基础和生产力不相适应的部分，这方面的工作很多，当前主要是改革工业管理体制和某些管理办法……这项工作必须同技术改造、技术引进和发展社队工业相结合来进行"。报告还就制定工农业、城市建设以及出口规划，农业和产供销结合等问题向市委提出建议。

1978 年 7 月，北京市出版局陈平舟随国家出版局率领的印刷技术考察组赴香港考察。考察中，陈平舟发现香港出版机构对优质图书的需求量较高，但香港要求翻印的旧版书，内地或不同意，或"研究研究"不予答复，仅有的一些出版图书印刷装订质量也是难以令人满意，有的散了捆，有的封面被粘住，有的书脊用的粮食胶库存时还被虫子吃掉。在这种情况下，内地图书在香港市场占有率仅有 10%—12.5%。① 台湾出版的书大量涌入，占领了香港市场，各大学中文部的书基本上都由台湾出版。

香港一些出版机构对北京人民出版社出版的书不能出口很有意见。他们提供了一份 1977 年申请订货的清单，其中北京人民出版社的 150 余种图书全部不能出口，尤其是一套科学小丛书，很受欢迎，不准出口非常可惜。香港的有关方面希望内地多出书，不仅进步人士要学习马恩列斯和毛泽东著作，一些大学生和学术界也作为学派来研究，文史作品、科学读物以及有关中医中药的书籍等需求量都很大。曾有一部和李自成有关的文学作品，香港发到马来西亚两三千部，很快卖完后，当地商人趁机翻印高价出售，发了大财，对此，有人用广东话说"真是踢着银纸也不知道拾"。

陈平舟考察组发现香港印刷产业链比较成熟。香港共有 1000 多家印刷企业，工人 25000 多人，平均每厂只有二三十人。这些企业虽然小，但专业化程度却很高，有的企业专门负责分色放大，有的企业专做铜锌版和树脂版，

---

① 《陈平舟同志赴港考察印刷技术情况汇报》，北京市档案馆，档案号 201-003-00188。

有的企业甚至专以打样为生。香港印刷厂购买材料也很方便，需要什么，材料行随时送货上门，品种规格多还有选择余地，"不像内地有的地方搞点材料，到处碰壁，采购员满天飞，还要钻空子、走后门"。香港印刷企业在引进设备的同时还积极学习先进技术。一家印刷企业，购买了日本生产的电子控制分色放大机，同时邀请日本技师教授技术。日本技师为了证实设备的可靠性，精心指导并邀请印刷企业工人到日本实地学习，工人很快就熟练掌握了技术，印刷企业也因此收获颇丰。

陈平舟等人考察回国后，撰写了赴港考察印刷技术情况汇报，从购买设备引进技术、学习经营管理经验、放宽对加班加点的限制激发工人主动性等方面提出了意见建议，一定程度上推动了出版印刷业的改革。此后，北京出版印刷业经历了一个井喷式的超常规增长阶段，出版社规模不断扩大，多种经济成分进入图书行业，各类图书争奇斗艳，发行规模直线上升，有人曾形容，从 20 世纪 70 年代末到 80 年代，整个就是一场令人振奋的"阅读狂欢"。

### 组织考察团出国考察

在中央以上率下带动下，北京市也加快了走出国门看世界的步伐。派出的考察团既出访发达国家，了解西方资本主义国家第二次世界大战后的现代化状况；又考察新兴发达国家，借鉴他们经济快速恢复发展的经验；同时，也和发展中国家密切联系，吸收了他们发展经济的有益做法。

1978 年 10 月，分管外事工作的市革委会副主任王笑一，率北京市友好访问团出访丹麦、冰岛、瑞典、挪威、芬兰以及英国，重点考察他们在城市管理与市政建设方面的经验。这些国家在节约能源、重视环保方面的做法给访问团留下了深刻印象。在人们的想象中，靠近北极圈的冰岛应该是千里冰封、终年酷寒，实际上冰岛却是个"热岛"。冰岛地处火山带，经常会有火山爆发，地底蕴藏着丰富的地热资源，连地下水都是热的。冰岛就地取材，利用地下水产生的热能节约资源。热水被星罗棋布的热水站抽上地面，通过管道输送到千家万户，供居民免费享用。王笑一感慨：注意节约能源是值得我们学习的地方，我国人口本来就很多，浪费资源的现象很多很普遍，让人很痛

1978年10月，王笑一（右四）率北京市友好访问团参观英方工厂。

心，应该下大力气建立节约型社会。这些国家实行社会福利政策，高工资、高福利在资本主义国家中也比较突出，让考察团感受到加强社会保障水平在提高人民生活水平、维护社会稳定等方面的重要意义。代表团成员后来回忆道："他们的医疗和社会保障方面的一些好的做法，还是应该肯定的。如果在我国也能借鉴一下的话，对老百姓的生活是有很大帮助的，特别是我国的社会保障制度还得好好抓紧改进提高。"① 此后，代表团参加了在米兰、都灵召开的世界大城市会议，会议以"城市的未来，未来的城市"为主题，重点讨论了城市资源和居民服务设施等问题，为北京城市管理各方面提供了借鉴。

此外，北京市还有多位党政领导干部出国考察，如市委第一书记林乎加访问日本、塞尔维亚；市革委会副主任王磊出访泰国曼谷；市革委会副主任

① 苏峰编：《1978 大记忆——北京的思考与改变》，中央编译出版社 2008 年版，第45 页。

白介夫出席比利时首都布鲁塞尔建城 1000 周年讨论会，访问奥地利首都维也纳；市人民政府成立后，市长焦若愚访问朝鲜平壤；等等。这些领导干部走出国门，身临其境观察资本主义和当代世界现代化的发展情况，感受到了巨大的外部压力，看到了新的发展机遇，逐渐形成了改革共识，为推进改革开放奠定了思想基础。

各委办局也结合工作实际纷纷走出去学习先进经验。1978 年，北京市科委首次派出考察团，前往日本考察甲醇蛋白技术项目，同时派出访问学者及相关工程师赴美、日研修。此后各类与科技相关的考察团纷纷出访。1979 年至 1985 年，仅北京市科委就派遣出国考察、访问和参加国际会议 2167 项，共 6057 人次。[①] 这些代表团以科技交流为先导，积极与联合国有关组织，国外科技组织机构、企业、研究所等建立直接联系，学习交流了先进的科学理念和技术手段，也激发了他们向世界先进水平进军的决心。

畜牧业发展水平直接影响人民日常生活。1977 年初，中央领导就曾要求尽快地搞机械化，发展机械化养猪养鸡。北京红星养鸡场和实验猪场，多次派人出国学习考察，吸取了一些国外先进技术经验。大幅提升了北京市机械化养猪养鸡水平。但也存在一些问题，最突出的就是效率低下。1978 年，我国存栏猪约 2.8 亿头，年屠宰肉猪约 1.4 亿头，肉猪出栏率 50% 左右，每头平均活重 65 公斤，约产带骨肉 40 公斤。而日本同期存栏猪 878 万头，年屠宰肉猪 1500 万头，肉猪出栏率达 170%，上市肉猪平均活重 105 公斤，产带骨肉 75 公斤。日本养一头 105 公斤的肉猪约用半年时间，我国养一头 75 公斤的猪要用一年时间，日本养猪效率比我国高 5 倍，我国养 6 头猪相当于日本养 1 头猪产的肉。[②] 中日两国养猪效率的差距有多方面原因，其中很重要的一条就是我国在畜禽疫病防治及动物营养科学方面存在短板。如有些畜禽传染病缺乏有效的防疫方法，有些重要传染病虽有疫苗，但效果不太理想，猪、鸡就先后发生过维生素缺乏症、软骨症、白肌病等。

①　北京市地方志编纂委员会编著：《北京志·政务卷·外事志》，北京出版社 2012 年版，第 210 页。

②　王大英：《机械化养猪养鸡与配合饲料》，《饲料研究》1978 年第 1 期。

北京红星养鸡场不断总结经验，引进国外技术，加强科学管理，努力提高鸡的产蛋率，1979年共向国家提供商品蛋453万斤。

为了尽快消灭主要畜禽传染病，促进养猪养鸡产业迅速发展，北京市畜牧水产局派出由兽医、疫苗研制技术人员等人组成的考察组赴法国考察。考察组不仅了解了法国在鸡白血病、猪瘟等重要畜禽传染病防治方面的技术经验，还了解了一些主要传染病的科研进展情况，并购置一批疫苗仪器设备，提高了我国畜牧业防疫灭病和营养科学水平。此后十几年间，北京市生猪、蛋鸡、肉牛等产量全面增长，畜牧业产值逐年上升，初步形成以集体、国营为主的规模饲养的副食品生产基地，基本解决了肉蛋自给问题。①

随着工业生产和科学技术的发展，化学试剂越来越被广泛应用，与图书、仪器、玻璃器皿一起被称为现代"文房四宝"。北京化工厂职工瞄准当代化学试剂王牌"西德伊默克"，看到产品间的差距后奋力追赶。该厂三车间生

---

① 《北京市畜牧水产局关于去国外进行养猪养鸡饲料营养疫病防治考察的报告和领导批示及1981—1985年派遣技术人员出国学习计划表》，北京市档案馆，档案号297-002-00051。

产的氟化钠，过去都是二级品、三级品，要追赶伊默克，创名牌，能行吗？工人们搜集整理了《西德伊默克公司介绍》《美国贝克公司介绍》《日本化学试剂生产概况》等一大批资料，详细分析了自己的生产情况，找到原料提纯这个关键。车间技术组和工人一起从不同的工艺路线、工艺条件去摸索，经过30多次实验，找到了精制工业碱提纯原料的办法，终于生产出赶上"默克标准"的氟化钠，并在全国质量评比中获奖。

就这样，北京化工厂从强化管理责任、引进先进技术、加强职工培训、严格控制产品质量等多方面着手，朝着"要做东方伊默克"的目标努力，仅1978年，全厂就有37种试剂赶上和超过1976年的"默克标准"，推动厂内数十个化学试剂品种达到国际先进水平。[①] 当年，《光明日报》曾发表过一篇《科技之花向阳开》的歌词，其中提到"迎风浪，朝前迈，科技战士跟上阵来，辛勤劳动结硕果，遍布工矿和村寨，科技之花处处开……赶超世界鼓壮志，艰难险阻攻下来，科技之花开万代"，这正是对广大科技工作者不甘落后，努力赶超世界先进科技水平精神的歌颂。

北京市百货大楼经理孟宪源带团到日本三越百货公司考察，回国后将日本百货公司的管理经验与北京市百货大楼具体情况相结合，从改善商品布局、狠抓服务态度、把握市场行情等方面改进工作，干出了不错的成果，北京市百货大楼职工评价：没有白花学费。[②] 对此，《北京日报》发表评论文章《出国考察要注重实效》，里面提到：作为长期从事国内工作的同志，有机会到国外走一走，确实是难得的事，但要切记自己所担负的使命，珍惜有限的时间，扎扎实实地学习人家的先进经验，才不辜负祖国人民的委托和期望。归国回来，要认真进行总结，找出差距，制定改进措施，脚踏实地做一两件事情，解决一两个问题，为祖国的四化建设做出贡献。如果真正这样做了，广大群

---

① 《努力赶超当代化学试剂的王牌——北京化工厂向世界先进水平进军的调查》，《北京日报》1979年3月19日第1版。

② 《他没有白花学费——记市百货大楼经理孟宪源访日归来抓的三件事》，《北京日报》1980年1月16日第2版。

众就会像评价百货大楼经理孟宪源那样，说你"没有白花学费"。[1]

## 聚焦四个现代化建设明确发展思路

中央及北京市各部门对标先进"走出去"，学习经验"带回来"，既解放了思想，又为城市管理服务、建设发展等方面提供了思路。

1978年7月—9月，国务院召开务虚会，会上大家畅所欲言，认真总结新中国近30年的经验教训，围绕发展速度重点展开讨论。日本、联邦德国两个战败国为什么能够迅速复兴？"上帝只给了太阳和水"的瑞士为什么也能跻身于发达国家行列？大家在横向对比中认为，中国条件并不比他们差多少，许多方面还比他们强得多。一定要下定决心，千方百计，把经济搞上去。就这样，一系列重要思路打开了，包括正确运用价值规律、改革经济体制、坚持按劳分配、发展农村的多种经营等，特别对如何加强技术引进，扩大外贸出口，采取灵活方式利用外国资金等，讨论得很热烈。

同年9月—11月，北京市委召开常委扩大会议，基本建设委员会主任赵鹏飞及市革委会副主任王磊等做了出国考察报告，大家对照国内外先进水平找差距、想办法、提措施，畅所欲言，集思广益。会议分析了我国实现四个现代化的有利国际条件，关键是要解决干部、群众跟不上形势的一些思想问题，要把一些出国考察的报告、有关各国现代化的资料整理一下，和北京的实际结合起来组织学习，对照世界现代化水平，找找差距，鼓励大家奋发图强迎头赶上。

会议提到，工业、农业、财贸、文教、卫生、体育等各条战线，都要制订具体工作规划。先从质量差、消耗大、迫切需要改造的产品着手改造，还要解决缺门短线的品种，直接引进70年代先进的东西，适应国内外市场特别是世界市场需要，提高我国产品在世界市场上的竞争力。同时也要处理好"拿来主义"与"自力更生"的关系，实现规划的基本立足点是自力更生，但为了缩短攻关时间，自己没有解决的问题，可以提出引进意见，必要时请

---

[1] 《出国考察要注重实效》，《北京日报》1980年1月16日第2版。

外国技术人员和专家，把生产能力搞上去。大会还提出要在工作上实行科学的统一计划，学习外国的一些先进管理经验，按经济规律办事。

会上，林乎加讲话，结合自己到日本考察的经验，强调要认真抓好各种教育。日本人曾在林乎加考察时介绍，他们实现现代化有资本、技术和人才三个条件。当时资金和技术问题，中央已经出台相关政策，而人才归根到底还是要靠自己培养。日本工人高中毕业后，要到厂里办的学校学三年，而北京当时还是旧社会的原始办法，徒工进厂第一年，就跟着老师傅干活。搞现代工业，使用现代化设备，实现机械化、自动化，不培训工人怎么行呢？林乎加提到各委办局、公司、大厂要考虑办自己的技工学校，培训在职工人，提高职工技术水平。

通过这次会议，大家对逐步把全党工作中心转移到社会主义现代化建设上的指示精神，有了进一步理解。此后，陆续出台各项政策，积极引进国外先进技术设备，利用外资创办企业，发展对外文化交流，对外贸易和城市交往开创出崭新局面。

从初出国门到拥抱世界，考察团考察的范围广、涉及的领域多，从最初引进先进生产技术，到意识到要学习国外先进管理方法，再到提出改革与经济发展不相适应的上层建筑，北京市逐渐形成了与社会主义现代化建设相适应的发展思路，对推动改革开放、加快经济社会各领域发展起到重要作用。

## 三、适应对外开放进行体制机制改革

开放促进改革，改革推动开放。为适应对外开放和实现四个现代化的要求，跟随国家对外开放的步伐，北京市推进体制机制改革，调整设立外事机构，推进外贸体制改革，推动现代化建设快速发展。

**调整与设立外事机构**

改革开放以后，北京市按照"为国家整体外交服务，为北京现代化经济建设和社会发展服务，为扩大北京对外交往服务"的方针，在经济、科技、文化、城市建设和管理、社会发展等各领域的对外交往呈现多层次、多渠道的发展。但外事机构不适应形势发展的问题逐渐呈现出来。

1978年以前，北京市除对外经济贸易外，其他各方面的对外交往都归市政府外事办公室统一管理，各区也没有相关机构。实行对外开放后，外事工作涉及面越来越大，渠道多、专业性强，由一个职能部门直接管理十分困难，尤其是任务较重的区、局所属的基层开放单位多，组织群众参加迎宾等大型活动多，特别是侨务和其他涉外工作繁重。

为适应首都外事发展需要，1978年1月，市委决定建立区（县）一级外事机构。3月起，主要城区如西城区、海淀区、东城区、崇文区、宣武区和朝阳区相继成立区革命委员会外事组，外事任务不重的区、县，在革委会办事组内设1—2名兼职干部。3月10日至16日，市委、市革委会召开全市外事工作会议，传达李先念副主席和中央其他领导同志在全国旅游工作会议和全国侨务会议上的讲话。外交部副部长余湛做国际形势报告，市革委会副主任兼市外办主任王笑一做外事工作报告。会议要求各区、县、局主要领导把外事工作列入党委的议事日程，日常工作有一位负责干部分工主管；继续肃清"四人帮"在外事战线上的流毒和影响，弄清外事工作的具体路线、方针、政策和方法，把外事方面的各项工作整顿好；加强外事队伍建设，迅速从思想上、组织上、业务上提高外事队伍的素质；指出首都北京是个大开放点，必须加强对外宣传工作，经常地、广泛地、深入地对广大群众进行党的外事工作的方针政策、国际主义、爱国主义、时事政治、礼节礼貌、组织纪律以及外事知识的宣传教育。北京的外事工作逐步进入正常轨道。

党的十一届三中全会作出实行改革开放的战略决策后，作为共和国首都、全国政治中心的北京，外事工作也全面开展起来。外事、对外经贸、对外科技交流、旅游及其他涉外工作取得新的进步。1978年至1981年间，北京市共接待来访、参观旅游和从事其他活动的外国人、海外侨胞、港澳台同胞82万人。

随着国际交往的扩大、对外开放的推进，北京市的外事工作迅速发展，外事任务越来越繁重，由于一些党员干部思想准备不足、缺乏经验，在涉外工作中出现政出多门、协作通气不够的分散现象。为适应外事工作形势，更好地贯彻落实全国地方外事工作会议和全国旅游工作会议精神，1981年12月18日至25日北京市召开外事工作会议，重点讨论关于加强外事工作的集中统一领导，各级党委要加强对外事工作的领导、改进和健全外事工作体制等问题。

根据北京市外事会议讨论情况，1982年2月，市委决定成立外事工作领导小组，市政府外事办公室为其办事机构。在市委外事工作领导小组领导下，按业务归口管理外事工作，即对外经济贸易工作由市进出口委归口管理；对外科技交流工作由市科委归口管理；国际旅游方面工作由市旅游局负责，由市政府外事办公室归口领导；其他部门的外事工作仍由市政府外事办公室归口管理。同时，为做好外事服务，市委、市政府决定，北京市第一服务局及其所属十大饭店、首都汽车公司、北京展览馆以及四川饭店和前门烤鸭店的政治工作和业务工作，从市委财贸部、市政府财贸办公室划出，改由市政府外事办公室归口管理。

各区县外事机构统管各区县的外事工作和涉外工作，暂不按业务归口分管。根据全国外事会议相关要求，地方外办实行地方党委和政府以及外交部双重领导，市委决定对区县外事机构和外事干部实行区县党委和政府以及市政府外事办公室的双重领导，以区县领导为主。

1980年11月，市委决定成立北京市对外宣传小组，在市委领导下认真贯彻中央、市委关于对外宣传工作的指示精神，明确全市对外宣传的方针和重大问题、重要文件、突发事件的宣传口径，统筹规划全市外宣工作，负责群众性涉外教育等。1981年3月，北京市对外宣传工作会议召开，针对对外宣传工作薄弱、缺乏统一领导、涉外工作人员政策业务水平与日益繁重的工作任务不相适应等情况，提出各级党委要加强学习，迅速改变外宣工作滞后的状况。北京市的对外宣传工作逐步开展起来。

民间外交是打开对外交往的一扇窗户。1981年7月15日，中国人民对外友好协会北京市分会正式成立，同时成立了第一届理事会，推选刘导生为顾问，王笑一为会长。主要任务为发展同各国人民的友好合作关系，接待和派遣友好访问团组；开展民间文化交流，配合有关部门开展对外经济、社会、教育、科技合作；等等。1987年1月，根据中国人民对外友好协会总会通知，中国人民对外友好协会北京分会改名为北京市人民对外友好协会（简称北京市友协）。

通过外事体制调整，北京市对外交流合作开始活跃，在政治、经济、科技、文化、卫生等各个领域加强对外交流合作，扩大开放。1978年，北京市科委重新恢复，设外事处办理北京市科技外事有关业务。1981年12月，按外事业务归口管理后，全市的对外科技工作由市科委管理。主要负责参加国际科技组织、国际学术会议、国际科技展览及科技考察；邀请和派出进行科技合作研究、咨询、讲学和指导工作的专家；引进国外智力和国家下达的技术引进项目；等等。1985年1月，北京市建立北京市引进国外智力领导小组办公室，挂靠市科委归口管理，承办全市引进国外智力及工商企业出国实习、培训人员工作。对外科技工作归口管理后，1979年至1988年，受邀来京开展技术交流、咨询、合作研究、讲学、参加国际学术会议等的国外科技人员，共计4036人次，派遣出国进行科技考察、进修学习、合作研究、短期工作、参加国际学术会议等活动的科技人员，共计3332人次。[①]

### 对外贸易体制改革

1978年以前，我国外贸体制实行集中管理、统一经营。对外贸易部在国务院领导下，统一领导和管理全国的对外贸易。各专业进出口总公司归外贸部领导，各口岸和地方的分公司由有关的总公司和当地外贸局双重领导。专业进出口公司统一经营全国的进出口贸易，各专业进出口公司都在规定的商品经营范围内，对外经营进出口业务，其他部门和单位都不能直接对外开展对外贸易。在当时的历史条件下，这种集中管理、统一经营的外贸体制，对于反对一些国家对我国的封锁禁运，对于保证出口货源的供应和国家急需物资的进口，曾起过一定的作用。但在对内搞活经济、对外实行开放的形势下，

---

① 段柄仁主编：《北京市改革十年（1979—1989）》，北京出版社1989年版，第662页。

这种体制统得过多，管得过细，经营渠道单一，政企职责不分和财务上吃"大锅饭"，不利于企业加强经济核算和提高经济效益，不利于工贸结合和技贸结合，不能完全适应我国对外经济贸易的发展。

据谷牧回忆，当时，北京市为引进一套西德眼镜片的熔炼设备，申请250万美元贷款，上报半年多，一直得不到批准。他建议在外贸体制上，给地方、各部以一定的权力。同时，允许有出口任务的企业直接同外商见面，以便及时了解国际市场的需要，灵活安排生产，提高竞争能力。出国人员的审批手续，也要大大简化。[①]

为适应对外开放要求，对外贸易体制先于整个经济体制启动了多方面改革。1979年8月11日至21日、10月12日至17日，国家进出口委在北京召开京、津、沪三市出口工作座谈会，着重研究如何发挥三地的有利条件，采取有力措施，努力扩大出口，增加外汇收入的问题，重点研究了改革外贸管理体制，并提出三地的外贸体制改革设想：在中央统一的外贸方针、政策和计划的指导下，对外贸业务实行双重领导，以地方为主；以市外贸局为基础，成立市进出口总公司，受市政府和外贸部双重领导，以市为主；三地各进出口分公司由市进出口总公司和外贸部各专业进出口总公司双重领导，以市进出口总公司领导为主；三地进出口总公司和各进出口分公司实行独立核算；要根据国际市场需要，按以销定产原则，由各市编制外贸收购和出口收汇计划，并按季按月适当调整；重要的、大宗的进出口物资和政府间的贸易，仍由外贸部和各专业进出口总公司组织统一谈判和成交，由各市分公司执行；开展各种形式的工贸结合试点工作，有条件的可与工业公司专业对口，实行"四联合，两公开"；扩大地方出国人员审批权限。[②]

与此同时，北京市针对当时经济工作状况，向党中央报告下一步北京经济工作设想，拟以改造原有企业为主，围绕外贸出口和旅游事业，重点发展高级、精密、尖端产品，开展对外加工。面临的主要问题是外贸体制统得过

---

① 谷牧：《谷牧回忆录》，中央文献出版社2009年版，第321页。

② 《国家进出口委在京召开京、津、沪出口工作座谈会》，中共北京市委党史研究室编：《社会主义时期中共北京党史纪事》第八辑，人民出版社2012年版，第278—279页。

死，阻碍外贸事业发展。只要充分发挥各省、市的积极性，放手让大家干，从北京来看，每年增加几亿美元的收入，是完全可能的。同时认为，外贸出口的潜力很大，急需解决外贸体制问题。建议打破一家垄断，实行分级管理，外贸部门负责制定统一的方针政策和规章制度，具体的进出口工作由各省、市负责。

随着全国对外开放试点的进行，1979 年 9 月，国务院将给予广东、福建两省的外贸经营自主权扩大到北京、天津、上海；12 月，又进一步扩大地方经营进出口商品范围。为加强对利用外资、引进技术工作的领导和归口管理全市对外经济贸易工作，根据中央和国务院下发的关于进出口管理委员会、外国投资管理委员会的任务和机构的通知精神，结合京、津、沪三地出口工作座谈会纪要，10 月 30 日，市委、市革委会决定撤销北京市进出口领导小组，成立北京市进出口管理委员会，贯彻执行中共中央和国务院有关发展对外贸易、技术引进、利用外资以及对外经济合作的方针政策、规章制度，进一步推动北京对外贸易。① 1980 年 1 月 26 日，根据国务院的规定，决定成立北京市对外贸易总公司，与北京市外贸局实行一套机构、两块牌子。市各进出口公司受市对外贸易总公司和国家外贸部专业进出口总公司双重领导，以市对外贸易总公司领导为主。郊区县外贸公司，受市对外贸易总公司和区县人民政府双重领导，业务工作以市对外贸易总公司领导为主。

1983 年 10 月，北京市进出口管理委员会改组为北京市对外经济贸易委员会，统一归口管理全市对外经济贸易。1984 年开始，各区县政府也相继设立了对外经济贸易委员会等经贸机构。自此，从市政府到区县，自上而下逐步形成了对外经济贸易的一整套管理体制。

通过外贸体制改革，北京市取得了原来对外贸易部集中统一的部分进出口商品经营权，促进了北京市利用外资和引进技术工作的开展，北京越来越多的商品走出国门、走向世界。

---

① 1979 年 2 月，市委成立北京市对外经济工作领导小组，叶林任组长，统一掌握和督促检查全市的对外经济贸易工作。4 月，改称为北京市进出口领导小组。

与利用外资和引进技术工作有关的承办机构也相继成立。1979 年 1 月，以经营外汇业务为主的中国银行北京分行成立，通过办理外汇贷款，支持北京市中小企业进行技术改造。2 月，北京工程建设总公司成立（4 月更名为北京经济建设总公司），对开展对外经济合作、接受来料加工、进行补偿贸易、组建合资企业、发展对外贸易、办理地方项目投资的信托业务起到了重要的推动作用。1980 年，中国电子技术进出口公司北京分公司成立。1981 年，中国银行北京信托咨询公司成立。1984 年，北京经济建设总公司分设中国技术进口总公司北京市公司和北京国际信托投资公司。这些机构的成立，进一步促进了北京市对外贸易的发展。

**恢复与建设旅游机构**

发展国际旅游是北京对外的重要窗口，也是增加外汇收入促进经济发展的重要渠道。1977 年 11 月，邓小平在广东考察工作时指出，"中国把旅游事业搞好，随便就能挣二三十亿外汇。用这些外汇进口大中型设备有什么不好？"[①] 从 1978 年 10 月至 1979 年 7 月，邓小平连续 5 次就中国旅游业发展发表谈话，他提出旅游业是优势产业、综合性产业，是改革的先导和开放的突破口，倡导把旅游业当作经济产业来办，指出"旅游事业大有文章可做，要突出地搞，加快地搞"[②]。1979 年 9 月，全国旅游工作会议召开，进一步明确旅游工作的方针、政策和任务，明确了接待外国人、华侨、外籍华人、港澳台同胞与实现总任务的关系。

早在新中国成立之初，北京市就相继建立了北京华侨旅行服务社和中国国际旅行社北京分社，主要接待华侨、港澳同胞以及苏联、东欧国家的旅游团体，目的是增进友谊、扩大影响，接待人数也不多，1964 年也只接待 2021 人。"文化大革命"期间，旅游业基本处于停顿状态。1972 年随着尼克松和田中角荣先后访华，来华外国人逐渐增多。1973 年，国家旅游总局召开全国

---

① ② 中共中央文献研究室编：《邓小平年谱（一九七五——一九九七）》（上），中央文献出版社 2004 年版，第 238、465 页。

旅游工作会议，提出各省市成立旅游事业管理局，但由于种种原因，北京市一直未能组建旅游事业管理局。

"文化大革命"结束后，越来越多的外宾来到北京，1977年接待境外来京人员为1976年的3倍多，达到4.5万余人；1978年又比1977年增长一倍多，达到11.3万人。为适应旅游事业发展，打开对外开放的大门，也为国家创造更多的外汇，1978年6月，北京市成立旅行游览事业管理局，着手制订旅游业发展规划，加强参观游览点的开发建设，加快以涉外饭店为主的旅游设施建设，逐步缓解外宾客房紧张、飞机票火车票紧张等问题。同时，组建了北京旅游汽车公司，成立了北京旅游学校、北京旅游学院，开始建设一批旅游饭店，为北京旅游事业的发展打下了坚实基础。

1979年9月全国旅游工作会议召开，提出旅游工作要从"政治接待型"转变为"经济经营型"。1980年4月，中共中央书记处提出首都建设方针"四项指示"，明确要求北京着重发展旅游业。1981年3月，中共中央书记处和国务院常务会议提出发展旅游事业"积极发展，量力而行，稳步前进"的方针，"统一领导，分散经营"的旅游体制管理原则，并决定中国旅游总局与中国国际旅行社总社分署办公。根据这一方针和中共中央书记处四项指示，1982年，北京市提出将旅游业发展规划纳入市经济计划中统筹安排。1983年4月，全国第一家利用外资兴建的北京建国饭店建成开业，之后又陆续兴建了一批现代化大中型高中档饭店，如长城饭店、京伦饭店、华都饭店等，逐步解决接待饭店紧张的问题。1983年5月，北京市旅行游览事业管理局改名为北京市旅游局，成为一个拥有1.5亿资产的政企合一事业局。

为满足国际旅游接待，除旅游部门外，工会系统、体委系统、文化部、全国妇联、园林系统、外经贸部、科学院、贸促会等许多中央机关、高等院校、人民团体、市级部门都参与组织接待海外游客。1984年，北京地区非旅游部门接待的游客达32.1万人，占游客总人数的49%。

随着国家经济建设的发展和对外开放的推进，旅游业已经成为国人与世界各国人民进行友好交往，开展经济、文化和科技交流的一条重要途径。国际旅游迅猛发展，来华来京外国人越来越多，多头领导、部门分割、缺乏统一规划的管理体制越来越不适应形势的要求，比如旅游业仅局限于旅游接待，旅游基础设施主要靠国家投资，当时只注重国际旅游开发、国内旅游不被重视，等等。为了改变这种局面，1984 年 12 月 18 日，国家旅游局决定进行旅游体制改革，提出要将旅游接待转变为旅游开发、建设旅游资源与接待并举，旅游基础设施建设要"五个"（国家、地方、部门、集体、个人）一起上、自力更生与利用外资一起上。市委市政府经过长期调查研究，于 1986 年底，决定对北京市旅游管理体制进行改革，撤销原市旅游局和原市饭店总公司，合并组建北京市旅游事业管理局，作为行业管理机构统一管理北京市地区城乡旅游事业。

# 第二章
# 对外贸易开创新局面

经过新中国成立后近 30 年的建设，改革开放初期的北京，工业已有一定规模，为出口创汇、积累更多建设资金打下了坚实基础。同时，良好的自然条件，为北京发展农副产品和土特产品出口提供了更多门路；心灵手巧、勤劳刻苦的北京人民，在扩大劳务性加工工业产品出口方面也发挥出了巨大潜力。在党的十一届三中全会精神指引下，北京市破除不符合实际、束缚生产力发展和扩大出口的条条框框，采取积极措施，为建成国际市场上竞争能力很强的重要出口基地，开创了崭新局面。

## 一、对外经贸迈开步伐

北京市坚定不移执行对外开放基本国策，先后实施一系列外贸体制改革，通过采取灵活的贸易形式，工贸密切配合，抓紧建设出口生产基地，使对外贸易进入全新的发展阶段。

### "三来一补"扩大生产和出口

党的十一届三中全会召开前，我国的外汇储备难以满足国家大规模引进国外先进技术和设备的需求，也制约了经济的发展。为了提高出口创汇的水平，1978 年 7 月 15 日，国务院颁布《开展对外加工装配业务试行办法》，创造性提出"三来一补"企业贸易形式。"三来一补"即来料加工、来件装配、来样加工和补偿贸易。从"三来一补"起步，以加工贸易为切入点参与世界分工，不仅可以带来外汇收入，也能通过学习国外先进的管理模式和理念，逐步打破封闭经济、计划经济桎梏。1979年9月，国务院又颁布《开展对外加工装配和中小型补偿贸易办法》，进一步强调："开展对外加工装配和中小型补偿贸易，是较快地提高出口产品生产技术，改善产品质量品种，扩大出口商品生产，增加外汇收入的有效途径。"在"三来一补"政策支持下，北京市先后引进纺织、工艺、首饰、化工等生产原料以及钢材、农药、仪器、仪表、机械设备零部件，使一些原材料不足，工艺和技术设备比较落后的服装、制革、家用电器等行业企业得到迅速发展，产品质量不断提高，出口创汇能力得到增强。

由法国著名时装设计师皮尔·卡丹设计、北京市友谊时装厂等11个工厂制造的400多种出口时装，1983年9月下旬在北京民族文化宫展销。

市服装工业公司作为当时全市服装出口量最大的专业公司，从 1979 年开始，与市纺织品进出口公司协作配合，积极与外商开展来料加工、来样加工、补偿贸易、定组加工贸易，利用外资引进先进设备和先进技术。到 1982 年，这个公司先后利用补偿贸易、来料加工等外资共 289.9 万美元，引进自动割线机、缉门襟机、蒸汽烫衣机、粘合衬压烫机等 20 余种 3439 台。[①] 公司所属 19 个厂的陈旧设备迅速更新，新组装和充实、改造 224 条生产流水线。更新下来的老设备又装备北京市县、社和带点厂 50 余个，结束了过去因没有粘合衬压烫机、蒸汽烫衣机等先进设备，一些出口生意不能成交的历史。很多厂利用先进设备后，对外适应性提高，外商订货增加，出口地区进一步扩大。市服装二厂生产的男西服、市友谊时装厂生产的女时装和大华衬衫厂、北京衬衫厂生产的男女衬衫等，远销 70 多个国家和地区。

开展补偿贸易，也让服装设计人员思路更加开阔。1978 年前整个北京市的服装工业公司设计的新样品，内外贸选中率较低。到 1981 年，市友谊时装厂、市服装二厂设计的男女西服、卡曲服[②]等高级服装样品，选中率超过 70%；北京衬衫厂、大华衬衫厂男女衬衫样品选中率也在 42% 以上。产品档次不断提高，市友谊时装厂生产的"冬梅牌"高级女晴雨大衣、市服装二厂生产的"激流牌"高级男大衣，已畅销国际市场；北京衬衫厂新创的"国王牌"、大华衬衫厂新创的"三 A 牌"高级男衬衫在香港市场受到欢迎。[③]

随着"三来一补"业务开展，众多服装企业开始进行设备改造和技术革新，促进产品出口。房山服装一厂于 1979 年开始同日本客商开展补偿贸易，做到当年引进，当年见效。[④] 这年 2 月，他们与日本一家客商正式达成一项补偿贸易协定。双方规定：日方负责提供 2 条流水线，共 96 件设备，并供给原

---

① 《服装出口逐年增加远销 70 多个国家和地区》，《北京日报》1982 年 6 月 28 日第 1 版。

② 卡曲服又称猎装，其基本款式为翻驳领，前身的门襟用纽扣。两小带盖口袋，两大老虎袋，后背横断，后腰身明缉腰带，袖口处加袖襻或者装饰扣，肩部通常有肩襻。

③ 《服装出口逐年增加远销 70 多个国家和地区》，《北京日报》1982 年 6 月 28 日第 1 版。

④ 潘勇业：《当年引进 提前偿还 迅速见效》，《北京日报》1980 年 2 月 20 日第 2 版。

辅材料；房山服装一厂负责加工，在半年时间里用 6 万条西裤的加工费，偿还日方的全部设备款。生产前，厂领导干部会议对设备到厂前的各项工作，一件件地进行认真研究落实，并进行全厂动员。为使补偿贸易产品早日达到质量要求，该厂率先打开学习先进技术、使用先进设备、运用先进管理方法的局面。担负补偿贸易的两个生产小组，由 89 名工人组成，青年职工占 70%，其中有 29 名是新进厂的。这些青年人朝气蓬勃，好学肯钻。设备刚安装完，他们就在打结机、钉穿带机、自动开兜机前开始练兵。厂里为了推动练兵活动，为正式投产做好准备，利用日本原辅材料未到厂间隙，用库存原料裁剪了 2800 条内销西裤，按照日方的工艺要求进行试产。使用自动开斗机的 2 名青年是刚进厂的案板徒工，从没使用过机器。但他们早来晚走，刻苦钻研，掌握机器性能和操作技术，使日产量迅速提高到 400 条。

房山服装一厂特别注重学习日本的先进管理经验。日方对大流水工段的每批产品都使用图表、挂牌的方法，使制作者、生产管理者对生产完成情况心中有数。同时通过每月考核工时，掌握全厂的平均工时，合理提高工时利用率。房山服装一厂认真学习运用这些方法，使 2 条流水线生产的产品质量稳定提高，成品合格率超过国家规定水平。生产 1 万条西裤的次品率也由 8% 降至 0.02%。职工们在学习使用先进技术设备的同时，解决按日本方法往返三道钉穿带工序效率低问题，从实际出发创新工艺减少不必要工序，生产效率和产品质量得到明显提高。西裤缝纫时需要"劈下裆"，日方没安排这道工序。他们就试制两台"劈下裆"机，增加工序，方便生产。

补偿贸易生产小组崭新的生产局面也带动起老设备改造。生产低档灯芯绒西裤的老产品组，经过学习补偿贸易小组的经验，加强小组管理，对生产工具进行降成本技术革新，工效得以增强。日方原预计投产后 5—6 个月单工日产才能达到 6 条半。在全厂职工努力下，从 8 月投产后，只用 1 个月时间单工日产就达到 9.7 条。到 12 月底，单工日产就猛增到 12 条，最高日产达到 14 条，超过日本同类产品日产 11 条的先进水平。补偿贸易带动的整体生产效率提升，让该厂原来计划半年偿还的引进设备费 8.4 万美元，只用 3 个半月就全部偿还。

北京纺织工业也通过补偿贸易等方式积极利用外资，改进装备，出口能力得到增强。市纺织局先后改造了 20 个工厂，1982 年总产值达到 22 亿元，比 1978 年增长了 8 亿元，其中引进项目见效增产占 80%，增加了 14 个新品种，出口收汇比 1978 年增加 2.75 倍。

开展"三来一补"业务，为北京外贸生产企业逐步实现自主设计生产，提供了最直接经验，成为追赶国际先进水平、扩大出口货源的捷径。

### 工贸联合拓展生产销售渠道

对外开放初期，北京市的对外贸易严格执行国家高度集中的对外贸易体制。对外贸易由国家统一经营，进出口权仅授予国家各专业外贸总公司在北京的分公司，执行国家单一的指令性计划；财务由国家统收统支、统负盈亏；实行出口收购制，以买断方式、按国内计划价格收购生产单位的商品，按国际市场价格出口，出口收汇一律结缴国家。

党的十一届三中全会召开以后，北京市外贸公司与担负出口任务的工农业生产部门一道，开始采取以销定产，产销结合，根据国际市场需求情况，积极开辟新货源，落实适销对路产品的生产计划，努力提高经营水平，千方百计增加花色品种，改进包装装潢，提高产品质量，增强产品在国际市场上的竞争能力，为扩大出口提供良好物质基础。工艺品、轻纺工业和化工等适销品种的生产供货量，都有较大的发展和提高。

1979 年 10 月深秋的广州广交会大厦展厅，像一座巨大的花坛，陈列着 4 万多种商品。在一个个方格形的洽谈室里，活跃着上千名的工贸人员。参加第 46 届秋季广交会的北京工业代表是往届以来最多的。交易会开幕当天下午，在北京（象）牙玉（石）雕洽谈室，买卖格外兴隆，客商们纷纷赶来，在选好的商品盒上匆匆写上本公司的名字。工业代表和外销员一起，有的在室外帮助客商选购商品，有的在室内洽谈业务，忙得不亦乐乎。在展会总共 21 天会期的前 3 天，他们就完成任务的一半还多。在一楼展厅的自行车零件样品前，北京自行车总厂的工作人员一件一件地琢磨兄弟省市自行车零件的包装装潢，还不停记录着，勾画着，他们越看越觉得差距大。为此，他们特地要了样品，打算回到北京就着手改进自己的包装装潢。

在北京玉器盆景洽谈室，刚刚做成一笔失而复得的生意。原来，香港一家客商看中一座玉器葡萄，但是由于葡萄珠在运输中容易碎，提出不买葡萄珠，只买梗和叶。这可给外销员出了难题：论价格，这笔生意是合算的。但历来没做过买玉器有葡萄不带葡萄珠的买卖。要是在过去，这笔生意就算"黄"了。好在这次有西城区玉器二厂的领导和设计员参会，经他们及时研究后，认为可以按客户要求提供商品，最终拍板做成这笔生意。

热水瓶在广交会上多是客商顺手捎带购买的商品。北京轻工业进出口公司抓住每个交易机会，安排一些同志在洽谈室热情地招呼过往客商。当有外国商人从其他省市洽谈室出来后，他们都会主动迎上去，与客商商谈北京产品。密封式双盖热水瓶原本因为在春交会成交少，工厂已不再生产。但在这次交易会上，由于客商变化，加上积极宣传介绍，需求量大增。为不失时机，多创外汇，外销员及时与工厂领导进行沟通。厂领导知悉情况后，高兴地回话："你们就敞开卖吧，我们全力支持生产。"通过工贸双方密切配合，仅5天时间，这种热水瓶的成交金额就超过了往届交易会的总成交金额。

北京的服装行销中国港澳、日本、西欧、美国、中近东等100多个地区和国家。这届交易会上客户要求不同，服装款式多变，在一笔笔生意洽谈中，工业代表总能根据客商要求，当场画样，设计款式，帮助配色，促进几百笔生意成交。参加展会的一些"老外贸"深有感触地讲："现在工贸似鱼水呀，我们离开工业，就像鱼离开了水。""工贸像两条腿，我们离开工业，一条腿走不好路啊。"

在工贸联合取得一定经验后，从1980年开始，经北京市外贸部门和生产部门协商，进一步对口实行"四联合、两公开"，即联合办公、联合安排生产、联合对外洽谈、联合出国考察，外贸出口商品价格对工业部门公开、工业生产成本对外贸部门公开。工贸联合，共同发展，有利于双方清清楚楚、及时准确地掌握第一手资料，密切协作，相互支持，一致对外。生产部门通过及时了解国际市场情况和用户反映，可以尽快改进产品质量。外贸部门凭借触角多、信息灵的优势，可以及时从国外引进新样品、新工艺、新技术、新设备，获得国际市场发展的新信息，协同生产部门调整生产机制，按照国际市场需求开发新品种，协助生产部门解决原材料、生产技术设备、资金、销路等问题，发展生产，提高产品质量，增强出口创汇能力。

"四联合、两公开"在北京市外贸部门和生产单位之间普遍开展。如市外贸局与市纺织局签订"四联合、两公开"协议，促进生产，超额完成收购计划；市土畜产进出口公司与地毯工业公司定期召开生产联席会、碰头会，互通情况，互相支援；市化工进出口公司与工业部门配合，发展新产品，增加货源；等等。为加强对外推销，扩大出口，北京市外贸部门除组织生产企业参加一年两次的广州交易会外，还在京先后举办呢绒棉布、服装、工艺品、首饰、地毯、裘皮、布鞋等小型交易会、洽谈会。1982 年 7 月，经国家对外经济贸易部批准，市首饰进出口公司在京举办首饰洽谈会。洽谈会备有金、银、玉石、景泰蓝、象牙、雕漆、瓷、木雕等手工艺制品，各种珠宝翠钻、玉石、纳纱①、锦缎制品，以及各种摆件，还接受订货和来料、来样加工业务。洽谈会举办期间，在进行业务交往的同时，工贸双方还充分听取客户对北京首饰的改进意见，结合国际市场需求情况，促进增加生产适销对路的首饰花色品种，扩大产品出口。

从 1979 年至 1982 年，在工贸共同协作努力下，全市外贸收购额始终稳定在年均 17 亿元以上，保证了出口任务按时完成。② 越来越多的北京企业也随着工贸联合对外，走向国际市场，参与竞争，在改进企业管理，提高技术水平，加快产品升级换代和调整产业结构等方面，取得较大进步。

### 发挥专厂基地作用稳定出口货源

1979 年 8 月 13 日，国务院发布《关于大力发展对外贸易增加外汇收入若干问题的规定》，提出：各地区、各有关部门要把出口任务放在重要位置上，

---

① 纳纱是用各种颜色的丝线，在丝纱上面纳出各种姿态优美男女人物或艳丽夺目的花卉，可镶在旅行包、挂包或手提包上的手工艺品。

② 《当代北京对外经济贸易》编辑委员会编：《当代北京对外经济贸易》，中国对外经济贸易出版社 1988 年版，第 34 页。

要广开出口门路，逐步改变出口商品结构。一切有条件的企业，都应积极发展出口商品生产，参与国际贸易活动。在北京、天津、上海、广东、江苏、浙江、山东、辽宁等条件较好的省市建成技术先进、生产发达、具有竞争力的出口基地。办好出口工业品专厂、专车间和出口农副产品基地。这为北京对外贸易发展提供了契机。

为获取更多的出口商品货源，北京市各外贸公司大力支持有条件的生产单位，加强技术改造，搞好经营管理，作为出口专厂、专车间和生产基地，成为对外贸易的骨干力量，努力开发生产适应国际市场需要的产品。从1979年起，中国工艺品进出口公司北京市分公司和中国轻工业品进出口公司北京市首饰分公司先后发展建立供应货源厂家500多家，其中市内300多家，外省市200多家。北京花丝镶嵌厂、北京首饰厂、北京工艺美术厂、北京玉器厂成为两家公司稳定的出口商品生产专厂。他们生产的出口首饰品种主要有戒指、手镯、项链、项坠、耳钳、头饰、别针、领针以及搭配西装的领带卡、袖扣等上千种，并扩展到纳纱、摆件等类别。所用原料涉及金、银、铜、珍珠、宝石、翡翠、松石、青金石、琥珀、珊瑚等几十种。

中国五金矿产进出口公司北京市分公司在房山、门头沟、丰台建成7个青石板出口生产基地，作为其重点出口商品货源地。其中，房山的六渡、蒲洼、霞云岭三个乡的石板生产厂，年产量达10万平方米，产品规格多样，深受国外用户欢迎。中国工艺品进出口公司北京市分公司陆续在海淀、房山、顺义等郊区县发展建成100多家景泰蓝厂（点），从业人员达6800人，年收购额达到2500万元；中国纺织品进出口公司北京市针棉织品分公司先后在平谷、顺义、怀柔和城区建立了44个毛衫厂，拥有职工21000多人，各种设备8000多台（套），年生产能力达1000万件；中国纺织品进出口公司北京市服装分公司在区县建立出口服装加工生产基地10个，其中，在房山区建立的云居服装厂，每年可以生产西裤50万件和夹克衫60万件，创汇1500万美元。

为促进郊区外贸事业更好地发展，北京市政府决定由各县（区）外贸公司直接领导发展出口产品生产。根据国际市场需求，市专业外贸公司及时向县（区）外贸公司传递信息情报，帮助他们增建出口产品厂（点）和农副产品出口基地，指导发展出口产品生产。

发展外贸生产符合广大郊区干部和农民的心愿，也得到各县（区）领导部门大力支持，一些县（区）专门拿出部分财政资金帮助社队建立生产出口商品的加工厂（点）。1979年，县（区）新建出口产品加工厂（点）104处，仅通县就新建工艺品、首饰等厂（点）13个。其所属的马驹桥公社当年8月开始筹建首饰加工厂，在县有关部门指导帮助下，社员们边建厂、边学习技术、边生产，不到3个月时间，就研制出生产铜磨蓝新工艺，并取得当年建厂，当年交售10万元出口商品的好成绩。[①]

从1980年开始，在国家外经贸部支持下，北京市还使用国拨外汇、地方留成外汇、银行贷款、企业自筹资金等多种资金，有计划地引进技术设备，帮助纺织工业、电子工业、食品工业以及其他轻工业企业进行技术改造，增加出口商品产量。其中，中国出口商品基地建设公司北京分公司使用市外经贸委轻纺基金1500万元在门头沟石龙服装城建的专厂，通过引进设备，年增加出口200万美元，取得很好的经济效益。[②]

为建好出口农副产品基地，北京市早在1976年就把南口农场四分场定为黄桃生产基地。从1978年起，又在顺义、通县、延庆、海淀各拨地1000亩，建立蔬菜生产基地。此外，还借助燕山山脉盛产板栗的优势发展出口贸易。北京板栗深受日本消费者喜爱，被誉为"甘栗"。20世纪70年代以来，在东京、大阪、神户及47个都道府县，到处可以看到人们在销售网点排队购买北京板栗。[③]

怀柔县出产板栗的产量占到全市总产量的一半以上。为扩大板栗出口，1979年怀柔县在北京市粮油食品进出口公司支持帮助下，在九渡河大队安装了日本赠送的灌溉设备，引水上山，浇灌栗树，使株产量从15斤提高到30斤。之后，县外贸公司又专门组织力量，在黄坎、三渡河、沙峪和黄花城等

---

① 《去年郊区新建百余处出口产品加工厂》，《北京日报》1980年1月27日第1版。
② 北京市地方志编纂委员会编著：《北京志·对外经贸卷·对外经贸志》，北京出版社2005年版，第31页。
③ 北京市地方志编纂委员会编著：《北京志·对外经贸卷·对外经贸志》，北京出版社2005年版，第58页。

公社陆续建成拥有 40 万株优质栗树的果林基地。同样作为板栗产区的密云县，这一年，为加强板栗生产基地管理，由县外贸公司组织重点种植社队到高岭公社栗榛寨大队参观种植养护示范，聘请市农科院介绍选优嫁接，提高板栗产量的经验，拿出资金为各社队购买优种栗树接穗，帮助社队防治栗瘿蜂，稳定板栗出口货源。

各县（区）还充分利用本地资源优势，建立发展核桃、杏仁、肉牛等种植养殖基地，丰富出口商品。北京核桃有薄皮、露仁、山核桃等众多品种。其中，门头沟区所产的薄皮核桃是北京栽培历史最为悠久的优良品种，个大皮薄，容易取仁，深受欧洲市场欢迎，是国外圣诞节选用的上品。这个区的苦杏仁资源也很丰富，"龙王帽""柏峪扁"等杏仁品种，作为制造高级药用润滑油和酒精的原料，驰名中外，是传统出口品种。在北京市土畜产进出口公司帮助下，该区建成多个核桃、杏仁出口生产基地，通过向果农介绍国际核桃市场销售情况，加强种植管理，提高核桃品质，及时组织收购，1980 年至 1984 年，全区核桃、杏仁两项出口经营收入达 853.5 万元。

1979 年北京开始组织活牛出口，海淀、房山、顺义、延庆、平谷、大兴、密云和通县使用北京市粮油食品进出口公司外汇周转投资资金[1]，选建了 27 个点作为出口基地。北京出口的肉牛凭借膘肥体壮、蛋白质含量高、肉质鲜嫩等特点深受海外和中国香港地区消费者欢迎，到 1984 年出口量已超过5000 头。

在开展传统农副产品出口基地建设的同时，北京市还积极扶植开发适销对路的农副新产品，先后建立香菇、白瓜籽、大蒜、蒜黄以及猫、狗、长毛兔、青山羊等种植和养殖业商品基地，进一步丰富了出口货源。

## 二、千方百计出口创汇

出口贸易是外汇收入的主要来源。北京市通过扩大优势产品出口，缓解

---

[1] 外汇周转投资资金指的是为扶持出口，从中央外汇或地方外汇中拨出一部分给外贸专业公司（企业）周转使用的外汇。

了改革开放初期外汇缺口问题，得以使用外汇资金引进国外先进技术和关键设备，加速产业升级改造，推动生产力提高。

### 采取措施增加创汇活力

1978 年 4 月开始，北京市认真落实经国务院批准，国家计委、外贸部等单位制定的《今后八年发展对外贸易、增加外汇收入的规划要点》，要求各行各业都要十分关心出口，花大力气抓出口，增加外汇收入。1979 年 1 月 1 日起，积极执行国务院颁布的《出口外汇留成办法》，对外贸企业以及生产、提供出口商品的企业和部门实行外汇留成制度。

为了号召全市各级领导干部和群众解放思想，实事求是，团结一致，高速发展外贸事业，北京市于 1979 年 11 月 6 日召开全市进出口工作会议。全市有关部委办、73 个区县局、111 个公司和总厂、157 个基层单位的领导干部和工作人员近 600 人参加会议。与会人员认真学习中央领导同志关于扩大外贸出口的重要讲话和中央有关文件精神。中共北京市委第一书记、市革委会主任林乎加出席会议并做总结。市委书记、市革委会副主任叶林代表市革委会做《大力发展对外贸易，积极开展对外经济合作，为加快首都四个现代化建设而努力奋斗》的报告。

会上，中国工艺品进出口公司北京市分公司、北京衬衫厂、顺义县沿河公社工艺陶瓷厂等十几家单位，先后就搞好工贸关系，努力扩大出口，狠抓质量，增加花色品种，为国家多换外汇，积极发展郊区出口产品等方面介绍经验做法。林乎加在会议总结中指出，全市出口工作虽然取得一些成绩，但同党中央对北京的要求相比，同国内一些先进地区相比，差距还很大。提出要瞄准国际、国内的先进水平急起直追，外国人能办到的，我们中国人也一定能办到。北京市扩大出口门路很广，条件优越。中央出台鼓励外贸出口的政策，在资金、原料、设备等方面为北京市扩大出口创造了良好条件，当前关键在于敢不敢解放思想，打破框框，在扩大出口上鼓实劲，放手大干。

12 月 7 日，林乎加在北京市七届人大三次会议上，再次强调要在不很长的时间内把北京建设成中国的重要出口基地。提出要大力发展轻纺织工业品的出口；大搞占用劳动力多的加工产品，如服装加工、工艺美术加工等；要大力发展石油化工工业；积极增加冶金、电子、光学、仪表等产品的出口比重等。

北京市紧紧抓住对外开放历史机遇，以时不我待的紧迫感，根据国家统一政策，采取多种鼓励措施，增加出口产品产量，组织多创外汇。在计划安排上，优先照顾生产出口产品的企业；在原材料、能源、资金和生产技术各方面给予必要保证；凡适合出口的产品尽量安排出口；鼓励工贸结合、贸贸结合，发展横向联合，兴办合资企业，以及试办生产企业直接出口等各种形式，多出口、多创汇；对郊区农村生产的适合出口的农副产品，实行扶植和奖售政策，帮助他们增加生产和收入；对承担出口生产任务或以出口生产为主的城乡企业，开始逐步试行与内销企业不同的考核指标、价格体系、税收政策、外汇分成和奖励办法。这些政策和措施，使生产出口商品的企业和个人，在政治上有荣誉，在经济上有实惠，调动了各方面增加出口创汇的积极性。

在开发出口商品货源上，由市政府统一安排，工业、农业、商业、外贸、科研、财政、金融等各经济部门通力协作，按照国家政策，采取多种措施，扶植发展生产，提高产品质量，增强在国际市场上的竞争能力。通过不断做强传统工艺品出口，打造出口行业拳头产品，增加特色食品出口，开发出口新产品，不断激发对外贸易发展活力。

北京区县外贸公司包括 16 家外贸专业公司和一些工贸公司①，以及大批

① 外贸专业公司共有16家，即中国工艺品进出口公司北京市分公司，中国工艺品进出口公司北京市首饰分公司，中国抽纱品出口联营公司北京分公司，中国粮油食品进出口公司北京市分公司，中国土畜产进出口公司北京市分公司，中国土畜产进出口公司北京市地毯分公司，中国纺织品进出口公司北京市分公司，中国纺织品进出口公司北京市针棉织品分公司，中国五金矿产进出口公司北京市分公司，中国轻工业品进出口公司北京市分公司，中国化工进出口公司北京市分公司，中国机械进出口公司北京市分公司，中国医药保健品进出口公司北京市分公司，北京市对外贸易总公司进口部，北京对外贸易总公司出口部，北京对外贸易总公司易货部。

出口企业，通过联合对外，使外贸、工厂和市场更加紧密地连接起来，为扩大成交、增收外汇创造了条件。从 1979 年到 1983 年的 5 年，北京市出口商品收购总值达到 84.25 亿元，相当于新中国成立以来 29 年收购总额 104.58 亿元的80%。①北京市这期间涌现出的"丰收牌"桂花陈酒、"天坛牌"高级衬衫、"雪莲牌"羊绒衫等一批名优出口商品，更承载了一代人的难忘记忆。

**做强传统工艺品出口**

北京传统工艺品长期以来一直受到外国消费者欢迎，随着对外开放的进行，需求量也不断增加。1980 年北京工艺品就已出口到 120 多个国家和地区，成为当时外贸单位中出口创汇最多的行业。

北京绢花，又被称作"京花"，在北京已有 100 多年历史，先后被列入北京市级非物质文化遗产保护项目名录和国家级非物质文化遗产扩展项目名录。北京崇文门外"花市"大街曾遍布鳞次栉比的制花作坊，云集在那里的民间手工艺人，用绢、绸、纱、绒制作出各种各样的绢花。光绪年间刊行的《燕京岁时记》里对当时的"花市"做了这样的记载："崇文门外迤东，自正月起，凡初四、十四、二十四日有市。所谓花市者，乃妇女插戴纸花，非时花也。花有通草、绫绢、缂枝、撺头之类，颇能混真。"相传绢花从唐代起作为女士主要饰品，开始在宫廷和民间流传。到了明末清初，绢花仿真程度已经很高。京城著名的"花儿刘"（刘享元）制作的绢花，曾获得巴拿马万国博览会奖项。

新中国成立以来，"京花"由个体生产逐步发展到工业化生产。改革开放后，北京绢花厂不断创新，努力创汇，根据国际市场流行的"要回到大自然去"的花色款式特点，结合传统制花工艺，设计了保持原有植物生态的"植物处理"花卉和用木刨花做原料的木质花卉，受到美国、联邦德国、中国香港等国家和地区商人的赞赏。同时利用山花、野草、玉米皮、木材等材

① 《当代北京对外经济贸易》编辑委员会编：《当代北京对外经济贸易》，中国对外经济贸易出版社 1988 年版，第 33—34 页。

料创新制作人造花，花色品种不断增加。色彩从原来一般以单色，如红、紫、粉、黄为主，发展成以深浅不同的多色和套色为主，产品品种由 250 种增加到 3000 多种。1982 年北京绢花畅销五大洲的 40 多个国家和地区，出口创汇达到 277 万美元。

料器历史悠久，据传明末清初就开始传入北京。富有民族特色的北京料器，质地晶莹，色泽艳丽，造型纯朴洁净，以其特有艺术魅力，为北京出口工艺品增添了异彩。在北京工艺品商店经常看到的内画壶，就是著名的料器。清咸丰年间，北京民间艺人华龙九制作的内画壶，壶内用铁砂摇磨，用细竹笔蘸各色颜料，在瓶内反画的各种人物、山水、花卉画工极为精致，受到慈禧的赏识，被列为宫廷使用的物品之一。

改革开放初期，北京料器制品厂为扩大出口创汇，不断改进生产工艺，产品由过去的 20 多种发展到 500 多种，增加小到三五钱大到六七斤的不同规格产品，质量达到无纹、无泡、无烟、均匀、光亮、美观。人造玉兽产品，如松石马、芙蓉对鸡、岫玉独角兽、红玛瑙卧鹿等，颜色纯正，仿玉效果很好。滑稽坐猫、长尾鸟、孔雀、龙、凤、套六熊猫、热带鱼、套五狗、十二属相等产品，极具北京特色，其玲珑精巧、造型活泼的独特风格，博得了国外顾客的喜爱。随着我国旅游和外贸事业迅速发展，北京料器工艺品出口量创汇额稳步上升，产品畅销瑞典、墨西哥、西德、法国、意大利、日本等 30 多个国家和地区。

北京首饰作为我国著名的传统手工艺品之一，造型新颖，精巧实用，具有浓郁的民族风格，保留了技艺精湛的宫廷艺术特色，被誉为东方艺术瑰宝。北京市首饰进出口公司为多创外汇，采取"请进来，走出去"的办法，加强商品宣传，扩大推销，开拓市场，他们采取函电、参加广交会、参加小交会、邀请客户来京洽谈、派出国贸易小组（展团）等方式扩大成交。1982 年，北京市首饰进出口公司应中艺（香港）有限公司、珍艺（香港）有限公司的邀请，在香港举办"北京金银首饰、仿古摆件展销会"，展出 70 多种 300 多件样品，其中绝大多数是中国明清两代的仿制品，有皇冠、凤冠、甲胄、金壶、匕首、刀、浑天仪、宝塔、酒具、人物、动物和建筑物等。展出的展品，都是由北京花丝镶嵌厂、首饰厂、玉器厂经验丰富、技艺高超的工艺名家精心设计和制造的。每件展品工艺细腻，形象生动，造型逼真，受到客商和观众的一致好评。展销会历时 200 天，对外成交 38.5 万美元。

景泰蓝，又叫"铜胎掐丝珐琅"，原是明、清两代专为宫廷生产的贵重工艺品，集美术、工艺、雕刻、镶嵌、玻璃熔炼、冶金等专业技术为一体，具有鲜明的民族风格和深刻文化内涵。新中国成立后，北京珐琅厂、北京华艺景泰蓝厂等成为国内制作景泰蓝的正宗厂家，使北京享有"景泰蓝之乡"的美誉。北京景泰蓝以典雅雄浑的造型、繁富的纹样、清丽庄重的色彩著称，给人以圆润坚实、细腻工整、金碧辉煌、繁花似锦的艺术感受，成为驰名世界的传统手工艺品。为扩大景泰蓝出口创汇，市工艺品进出口公司在城区和郊区县积极扶持、发展了众多景泰蓝生产网点。有许多外商都希望经销景泰蓝，甚至有的客户提出独家包销。1980 年至 1982 年，北京景泰蓝出口额每年都在 1000 万美元以上。[1]

这一时期，还有许多独具中国传统工艺特色的商品，如绚丽多彩的地毯工艺品，在北京已有 1000 多年历史，也是重要出口商品，年出口额曾高达 2800 多万美元。由北京硬木家具厂改革工艺，设计制作漆木结合的雕填产品，以及硬木和理石、景泰蓝结合的产品，畅销当时国际市场。北京市工艺品进出口公司经营的传统手工和机绣补花、挑花、绣花、印花抽纱制品等，在发展适销对路产品中出口创汇额得到不断扩大。

### 打造行业创汇拳头产品

从 1979 年到 1983 年，北京的机电、机械、轻工、电子以及服装出口有了很大发展，创汇额达到 500 万—3000 万元的拳头产品，每年都保持在 20 个左右。[2]

① 《当代北京对外经济贸易》编辑委员会编：《当代北京对外经济贸易》，中国对外经济贸易出版社 1988 年版，第 57 页。
② 北京市地方志编纂委员会编著：《北京志·对外经贸卷·对外经贸志》，北京出版社 2005 年版，第 31 页。

当时，国家和外商对出口产品的生产质量要求高，生产比内销产品耗费工时多。起初，有些企业担心搞出口产品成本增加，利润减少，影响企业收入和职工的奖金，因而积极性不高。北京市机械工业局党组要求各级领导摆正国家、集体、个人三者关系，宁肯工厂多费工，也要为国家多创外汇。有的企业生产条件不足，但产品在国际市场需求量大，北京市机械工业局就给予具体帮助，提高那些企业的生产能力。各企业对产品质量做到精益求精，一些出口产品相继获得北京市政府、一机部、轻工部和国务院颁发的质量奖。"雄狮牌"千斤顶、"飞箭牌"钢锉等老牌出口产品大幅度增产。

北京市汽车配件总厂生产的"雄狮牌"千斤顶，以起落次数可达到600多次、超过美国样机100次左右的良好品质，在国内同行业中产量、质量等名列前茅，畅销美国汽车市场，还赢得免检的信誉。联邦德国、意大利、伊朗、日本等国家对这种千斤顶也有很大需求量。很多外商称赞它是"来自中国的大力士"。该厂结合国际市场需要，通过大力协作攻关不断开发新产品，产品由2个品种4种规格增加到3个品种11种规格，其中立式千斤顶还发展为系列化产品。从1980年4月到1983年5月，"雄狮牌"千斤顶共出口117万台，平均每年增加80%以上，出口量、换汇额在国内同类产品中居第一位。[1]

北京钢锉厂以强化国际市场调查为基础，积极组织产品出口。该厂生产的"飞箭"牌钢锉在20世纪60年代曾畅销东南亚地区和拉丁美洲一些国家，在国际市场上具有一定的竞争能力。为进一步扩大出口，1979年，该厂在中国机械进出口公司北京市分公司帮助下，成立专门销售机构，建立经济技术情报组，直接与十几个国家和地区的客商商谈技术参数，了解国际需求。他们发现国际市场上"窄三角"和"米尔"小锉供不应求，该厂克服产品技术要求高、费工时、利润低等不利因素，坚决调整产品结构，新增一个专门生产出口小锉的车间。从1980年到1982年，小锉车间的钢

---

[1] 《北京雄狮牌千斤顶出口量居首位》，《北京日报》1983年6月29日第1版。

锉出口量占整个厂出口量的 70% 以上。[①] 由于选择有竞争能力的产品出口，国外购买合同不断增加，销售范围迅速扩大到欧洲、美洲、非洲等大洲的 40 多个国家和地区。

市服装工业公司积极开展多种经营活动，努力扩大服装出口。他们在增加自料成服出口量的同时，先后与日本、香港的客商开展了补偿贸易、来料加工等业务。他们还积极为各类交易会赶制服装新样品 2000 余套件，供外商选样定产。其中一些服装一跃成为享誉国际的名牌产品。

以北京名胜古迹天坛作为商标的"天坛牌"衬衫，创始于 1964 年，在国际市场上有一定知名度，但与国外高档产品相比仍有较大差距，北京衬衫厂的工程师们通过专门分析研究天坛牌衬衫在面料、做工等方面的问题，下定决心追赶世界先进水平，他们说："国外有的，我们可以学着做；国外没有的，我们去填空白。"

北京大华衬衫厂、北京衬衫厂生产的"天坛牌"男衬衫，畅销五大洲72个国家和地区。

① 《"飞箭"牌钢锉畅销五十多个国家和地区》，《北京日报》1982 年 9 月 16 日第 2 版。

从 1976 年开始，北京市成立纺织、印染、缝制协同工作的一条龙小组，重新制定了纺织、印染、缝制工艺的标准，选用质地优良、经过最新工艺处理的各种不同成分的棉涤纶和棉毛高档新品种作为衬衫面料。如 50/50 舒适涤棉，从纱支成分到纺织结构都有所改进，既保持了一般棉涤纶防缩、免烫、易洗、快干的优点，又增加了透气性、吸湿性、舒适性。做工上也使用了新工艺，衬衫重点部位领子做工上采用了最先进的封压领。装潢上增添了铝制天坛牌吊牌和中英两种文字的洗涤说明。1982 年北京衬衫厂用 50/50 舒适涤棉制作的"天坛牌"高级男衬衫，昂首登上国外高级品衣橱，成为风靡一时的畅销商品，远销五大洲 72 个国家和地区，为国家创取大量外汇收入。①

为增强我国服装产品在国际市场上的竞争能力，北京衬衫厂还试制出 120 支精毛"和时纺"高级衬衫，定名为"国王牌"。当时国际上衬衫面料最高的是棉织 100 支纱，而"国王牌"高级衬衫面料则达到 120 支纱。新面料由北京毛纺织厂采用新技术和新工艺，用羊毛和涤纶混纺而成，它薄似蝉翼，美观结实，富有弹性，被誉为毛纺工业的"象牙雕刻"。"国王牌"高级衬衫根据国际流行款式，采用新工艺，特技裁剪，精工细做，线路定型，外观优美，手感滑糯，穿着舒适、挺括，体形胖瘦不同的人四季穿着均适宜，外商都对其赞不绝口。

北京针棉织品企业在这一时期，也在积极开发新产品，拓展创汇渠道。北京羊绒衫厂生产的"雪莲"牌羊绒兔毛衫，采用我国特产的优质山羊绒和兔毛，外观质量好，产品轻薄，成衣重量在 200 克以下，该款羊绒兔毛衫具有绒面丰满、纹路清晰、手感滑爽、软而不烂、弹性较好、色泽文雅、式样新颖、加工细致的特点，是高档时髦女装。许多外商看到样品以后爱不释手，纷纷指名订货。北京第一针织厂根据外商需求，不断改变产品结构，增加花色品种，提高产品的竞争能力。他们通过大胆承接锦棉交织薄绒运动衫裤等高档产品的出口任务，大大提高了产品创汇能力。北京第二针织厂着力解决

---

① 《北京服装的名牌产品　天坛牌衬衫》，《北京日报》1979 年 6 月 16 日第 2 版。

长期以来品种和色泽单一的问题，打造创汇产品。他们借助有进出口公司在化纤原料上提供支持的优势，很快试制出锦弹棉交织细绒运动衫裤。为了使其成为出口创汇的拳头产品，他们逐项逐序落实技术措施，坚持定人、定机台、定原料，保证产品质量稳步提高。锦弹棉交织细绒运动衫裤被评为全国名牌产品的同时，被法国和澳大利亚客商看好，实行包销。

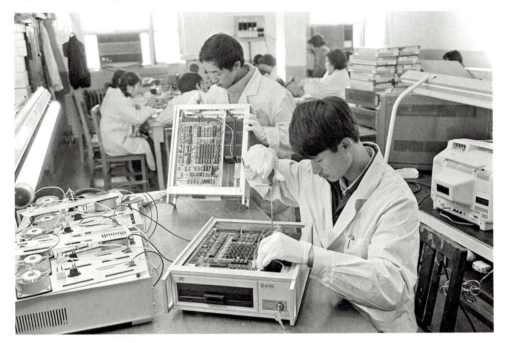

1982年，中国制造的微型计算机首次进入国际市场。图为北京市计算机技术研究所的技术人员在组装 BCM-III型微型计算机。

20 世纪 70 年代以来，计算机开始向大型化和微型化两个方向发展。微型计算机开始取代小型计算机，广泛应用于工业、科研、军事等各个领域。BCM-III型微型计算机是北京计算机技术及应用研究所于 1980 年研制的产品，在研制过程中，他们分析了国外多种同类产品，发现这些产品大部分存在主机线路板多、价格高等缺点。这个所的工程技术人员立足赶超先进，把主机心脏部分的机板从几块改为一块，并采用了双面倍密变软磁盘记录方式等新技术，提高了整机运算速度，外存容量提高到 2.4 兆字节，从而有效地提高了整机功能。该产品既能单机使用，又能在添加少量硬件情况下联网运行；软件也很丰富。而且，整机价格只有国外同类机的 3/4，具有较高的性能价格比。

这款微型计算机参加了 1981 年 11 月在联邦德国举行的慕尼黑国际博览会。展出期间，受到了外商的赞扬。国外有的计算机技术杂志，还把该产品列为"有影响的产品"，向世界市场做了介绍。联邦德国一家公司当场订购 1000 台主机，这是国产电子计算机首次进入国际市场。

北京市电子仪表局为了使电子音响产品进入欧洲市场，1981 年先后派出两批技术人员到香港进行市场调查，研究欧洲市场流行的产品款式。在此基础上，与香港百达有限公司签订了合作向欧洲市场出口北京产电子音响产品的合同。产品机型、款式由港商选定，由我方负责设计、生产。接受出口任务的北京无线电仪器厂、朝阳无线电厂和广播技术研究所等单位，打破传统的外观设计格局，精心按客商要求设计外形，并在产品质量上狠下功夫，使几种产品造型和性能达到国际市场同类型产品的水平。北京无线电仪器厂设计、生产的电子钟控收音机，机壳有纯白色和木纹烫印两种，控制用电子显示钟一天 24 小时闪闪发光，外形漂亮，运往欧洲后很快就销售一空。北京广播技术研究所生产的主要供学习使用的 BE-117 型录放机，塑料机壳较国外同类型机薄 10 毫米，并采用金属喷漆新工艺，秀气玲珑，而且机器的性能好、价格低，在国际市场上颇具竞争能力，连续获得外商 4 万台以上的出口合同订单。

### 增产畅销国际的北京食品

海外一直青睐北京酒品。20 世纪 80 年代北京出口的酒品达到 26 个品种，销量每年都超过 2000 吨。其中葡萄酒行销日本、中国港澳、新西兰、马来西亚以及欧洲一些国家和地区，产品一直供不应求。

北京酿酒总厂作为北京外贸出口的重点厂家，为提高葡萄酒生产创汇能力，先后扩展葡萄原料基地 1.24 万亩，引进联邦德国罐装生产线[①]，并积极

---

① 北京市地方志编纂委员会编著：《北京志·工业卷·一轻工业志·二轻工业志》，北京出版社 2003 年版，第 79 页。

引导直属企业开发生产出口产品。北京东郊葡萄酒厂通过查阅资料，深入民间查访，挖掘清廷秘方，创制生产的酒品独具风格。该厂生产的丁香葡萄酒，用藏红花、丁香等数十种名贵中药与葡萄鲜汁酿造而成，酒性柔和，醇香四溢。北京葡萄酒厂生产的"丰收牌"桂花陈酒选用多年陈酿上等白葡萄酒为酒基，以苏州、杭州的金桂为原料，色泽金黄，晶莹明澈，有鲜美的桂花香和葡萄酒香，饮之令人满口生香，沁人心脾，回味悠长。

为保证出口产品品质，酿酒原料选用河北沙城拥有"葡萄之王"美誉的"龙眼"葡萄，果繁粒大、形如龙眼，香甜可口。用这种优良葡萄酿的酒，具有千里北国特有的果香。生产酿造采用现代酿酒技术，严格以压榨、发酵、蒸馏、配制、冷冻等数道工序精制，在地下酒库 16 摄氏度的恒温下，采用独特传统技术，装在柞木桶内常年贮存，使酒液醇厚浓郁、回香绵延，别具一格，风味独特。特别是桂花陈酒由于香甜适口，又被称作"贵妃酒"，深受法国、日本女性欢迎，成为宴会上为女宾常备的名酒。

北京烤鸭是享誉世界的中国名菜，具有肉嫩、皮脆、骨软、味香的特点。改革开放初期，为让世界各地的朋友都能一品为快，北京市粮油食品进出口公司在保持传统风味特点基础上，努力改进生产包装储存工艺，出口的冻北京烤鸭，经解冻，烤箱加热，仍然可以保持外焦里嫩和原有色香，香味四溢，每年对外销售量达 60 吨以上。为扩大出口，还以北京填鸭为原料进一步开发了更多的食品种类，有酱填鸭、香菇鸭翅、鸭四宝、梅菜烧鸭、香菇炖鸭、茄汁鸭等。由于原料精，制作好，色味美，不仅成为中国港澳、东南亚等地供不应求的名牌产品，且远销到澳大利亚、西亚各国和地区。

北京果脯作为北京重要的特产之一，制作技艺始于明、清两朝，脱胎于宫廷御膳，做工细腻，风味绝佳，品种繁多，闻名四海。20 世纪 80 年代初，北京怀柔食品厂果脯生产在北京市供销社关于"水果产地建厂就近生产"的大方向指导下发展起来，延续了北京果脯老字号商脉。在市外贸公司支持下，该厂采用颜色美观、肉质细腻并具有韧性的鲜果生产"红螺山牌"果脯，并经过不断改良，从原来的高糖果脯逐渐改良为低糖果脯，形成了现代北京果脯的清甜口味。1983 年开始，随着该厂果脯生产规模不断扩大，品种不断增多，各种果脯的总销售量也逐年快速递增。北京出口的果脯有肉厚味甜、颗粒整齐的枣脯；色泽橙黄、果肉丰满的杏脯；色泽乳黄、原果香味的桃脯；芳香透明、营养丰富的苹果脯；还有梨脯、海棠脯、花红果脯、什锦果脯等几十种。其中以枣脯、杏脯、苹果脯为最多。果脯作为北京改革开放初期大宗出口的商品，每年可以出口 290 多吨，能为国家创汇近 40 万美元。

受欢迎的还有北京的罐头产品。从 20 世纪 70 年代末开始，北京罐头企业根据国外消费者的口味和需求，先后开发出 60 多个罐头品种，包括家禽肉罐头、猪肉罐头、肉肠罐头、水果罐头、果酱罐头、蔬菜罐头、果汁罐头，这些罐头选用优质肉类、果品、蔬菜作为原料，香味浓郁，各具特色，深受中国港澳、日本、西亚及西欧各国和地区消费者的欢迎。据 1978 年至 1983 年统计，平均年销量达到 8264 吨，年均创汇 70 多万美元。其中，以鲜桃、葡萄、甜杏为主料的水果罐头，年出口达 1400 多吨；以红橘、柠檬、酸梅为主料的果汁罐头，以杏酱、桃酱、草莓酱为主料的果酱罐头，以番茄、萝卜为主料的蔬菜罐头，每年出口也在 200—800 吨。北京粮油食品进出口公司引进加拿大先进设备生产的香肠罐头，出口销量增长迅猛，从 1978 年的 280 吨直线增长至 1983 年的 2930 吨，畅销 13 个国家和地区。[①]

### 特色产品服务增加创汇亮点

随着北京国际旅游事业兴起，众多外国旅游者开始对中国文物发生兴趣，但文物是国家历史文化遗产，不能买卖。为不失时机多创外汇，北京文物商店想到一个途径，就是搞文物复制和仿制品。他们通过各种渠道，组织仿古陶瓷、玉器、铜器以及竹、木、核、石雕刻品，各式文房用具、现代书画、新拓片等几十类数百种文物复制品和仿制品的生产。1980 年，他们配合鉴真和尚塑像"回国探亲"活动，请知名画家绘制鉴真和尚像，摹刻上石，拓成拓片销售。既满足了外国旅游者购物需求，又为国家增加了外汇收入。在此

---

① 《当代北京对外经济贸易》编辑委员会编：《当代北京对外经济贸易》，中国对外经济贸易出版社 1988 年版，第 87 页。

基础上，北京还先后恢复"庆云堂""宝古斋""韵古斋"等老字号经营。编辑出版宝古斋画刊，介绍历代名家的书画真迹及现代画家的新作，受到欢迎。[①]

北京布鞋畅销国内外市场。图为1980年北京西单商场出售布鞋的专柜。

　　原来受到生产技术和面料等因素的制约，产品难有突破的老北京布鞋企业，抓住外销机会，重振老北京布鞋这一民族行业。他们在传统制作技艺和面料基础上，积极探索新的生产技术和新面料在布鞋生产中的应用，品种花样不断更新。1980年3月，在北京民族文化宫举办的有17个省市参加的中国布鞋交易会上，北京布鞋生意兴隆。展出的布鞋可谓"三多一全"，即品种多、花色多、款式多，规格全。据不完全统计，由市鞋帽工业公司提供的展品有190多种，其中北京六一鞋厂生产的女鞋、童鞋，很受外商欢迎。有许多外商称北京生产的布鞋是"功夫鞋"，做工精细，选料上乘，颜色协调，配色古雅大方，款式新颖，穿起来舒适、轻松、不变形。美国、日本、加拿大、法国、联邦德国、瑞典、丹麦以及中国港澳等十几个国家和地区的客商纷纷来会洽谈布鞋业务，成交额超过原计划的 2.4 倍。仅美国一家客户就在北京六一鞋厂订购了 60 万双布鞋。[①]

大头针、曲别针和订书针这些小商品在国际外贸交易会上是很难见到的，而中国轻工业品进出口公司北京市分公司经营的这些被称为"芝麻"的小商品，因为实用、造型美观，在外贸出口中每年也能为国家创汇近百万美元。1980 年春交会上，伊拉克、新加坡、马来西亚和中国香港地区客商争相购买北京生产的曲别针，100 多万盒曲别针很快被订出，三角形曲别针供不应求。订书针供货更为紧张，预订火爆，日本、巴基斯坦、伊拉克、斯里兰卡等国家和中国香港地区一次需求量就要几万打到几十万打。

对外开放后，游客对外国酒类和可口可乐一类的饮料需求很大，在北京应运而生了一项新的创汇项目——寄售业务。寄售是指外商把商品委托给我国外贸部门代销，外贸部门从中提取劳务费。寄售业务在国外比较普遍，我国外贸部门之前还没有开展过这项业务。中国粮油食品进出口总公司根据外宾需要，首先同美国一家公司洽谈了这项业务，由市粮油食品进出口公司在市内一些大饭店寄售该公司的产品如威士忌、白兰地、葡萄酒等。1980 年他们又先后同美国、法国、英国、日本和中国香港 5 个国家和地区的 9 家客商洽谈开展寄售业务，在北京市和河北省地区一些大饭店、旅游胜地建立 42 个寄售点，销售额增到 130 万美元。

党的十一届三中全会以后，北京市对外贸易出口额从 1978 年的 2.8 亿多美元，增至 1979 年和 1980 年的 4.17 亿美元和 5.92 亿美元，分别增长了48.9%、111.4%，1981 年更是创出历史最高外贸出口额 6.3 亿多美元。1979年至 1983 年，北京仅用 5 年时间出口创汇就达 28.46 亿美元，超过新中国成立近 30 年全市出口总额（19.51 亿美元）。其中，亚欧国家已成为北京对外贸易的主要市场（占出口的 83%）。[②]

---

① 《本市布鞋深受外商欢迎》，《北京日报》1980 年 3 月 19 日第 1 版。
② 《当代北京对外经济贸易》编辑委员会编：《当代北京对外经济贸易》，中国对外经济贸易出版社 1988 年版，第 31、32 页。

## 三、多种形式"做活"生意

1979年9月14日，国务院批转国家进出口管理委员会关于京、津、沪三市出口工作座谈会纪要，将给予广东、福建两省的外贸经营自主权扩大到北京、天津、上海三市。北京市为进一步把出口贸易路子走宽，把生意做活，进一步加强工贸结合，产销结合，要求生产部门广开生产门路，增加出口货源，在质量、品种、包装装潢上狠下功夫，提高产品档次，增加创汇能力；外贸部门大力开展推销工作，走出去，请进来，特别是过去没有对外销售过的商品，要积极寻找销路，打入国际市场。

### 由"单纯生产"到"生产经营"

为打破行政管理部门所有制束缚，解决工贸分离制约外贸发展问题，1982年1月1日，经中央有关部门和北京市政府批准，燕山石油化工总公司（以下简称燕山石化）与中国化工进出口总公司、中国技术进出口总公司、北京市外贸总公司共同成立工贸结合的"中国燕山联合对外贸易有限公司"（以下简称联合公司）对外营业。联合公司负责全面代理经营燕山石化的进出口业务和一切对外经济合作业务。

作为联合公司坚强后盾的燕山石化，位于北京西南郊燕山脚下，占地36平方公里，经过之前10余年建设，到1982年该公司已是拥有44套炼油、石油化工装置，固定资产24亿元，职工4.5万人的中国最大石油化工联合企业。燕山石化为联合公司发展对外贸易，增强创汇能力，提供了繁多的货源。这年夏天，由于销售原因，联合公司出口出现困难。燕山石化领导专门开会研究，想办法，定措施，挖潜力，找货源，决定由联合公司进口高价原油，由燕山石化所属工厂加工成产品出口。燕山石化还拿出增产的塑料和纯苯销售给需要进口同种产品的国内企业，以替代进口，用外汇进行结算。以上两项出口创汇占当年创汇总额的37%，确保了出口任务顺利完成。联合公司的成立，为打破专业外贸公司垄断，让企业直接走向国际市场、扩大出口起到积极作用。这年下半年，因国内乙二醇供过于求，燕山石化发生了堵罐现象，所属工厂面临停工的威胁。在这种情况下，联合公司立即装出了两船乙二醇，分两次出口，每次从成交到出运都不到20天；紧接着在兄弟单位的配合下，又装出了5船，从谈判到成交也在20天之内，共计有5000余吨，有效缓解了工厂的困难。联合公司还利用420万美元外汇资金，积极开展"以进养出"业务，购进企业生产急需的备品备件及原辅材料，提高产品产量，增加创汇收入1400万美元，受到燕山石化所属工厂欢迎。

这一年，北京市还首次授予两家企业自营进出口经营权，分别是北京市集体所有制企业北京绢花厂和北京市旅游商品小额出口企业西单华侨商店。其中，北京绢花厂是我国工艺美术行业第一个直接经营进出口业务的企业，生产的绢花产品一直深受国外消费者欢迎。但该厂产品长期由北京市工艺品进出口公司收购出口，无法直接得到市场信息，造成生产与流通脱节，不能及时按照市场消费情况与库存结构变化组织生产，出口增长较慢。因为缺乏经营自主权，北京绢花厂在发展生产方面缺少动力，经营管理上没有活力，致使一些产品质量不高，企业效益降低。再加上衔接产销中间环节多，产品从生产到发运需要80—120天，周期过长，合同有时还不能如期履约，由此产生的工贸之间不必要的矛盾和扯皮现象屡次发生，影响双方的合作关系。为解决这些问题，扩大绢花出口，经原国家进出口管理委员会批准，北京绢花厂自1982年6月1日起，直接对外经营进出口业务，实行工贸结合尝试，成为我国工艺美术行业第一个直接经营进出口业务的企业。

改革后，北京绢花厂出口额有了大幅增长，1982年的出口额按人民币计算，首次突破1000万元大关，达1362万元，超额完成国家下达的900万元的年度出口计划，比1981年增长26.8%。在完成上缴利润基础上实现盈利，换汇成本下降，经济效益明显提高。由于市场信息反馈加强，促使企业不断改进产品的花色、款式，推陈出新，产品更加适销对路，绢花品种很快发展到700多种，扩大了产品的销售地区，出口额和收汇净值得到增加。绢花和纸制品的贸易客户由原来的 25 个增加到 51 个[1]，产品销售地区由欧美和中国港澳地区扩大到澳大利亚及一些阿拉伯和非洲国家。工贸合一，统一核算，统一经营，使企业真正成为"人、财、物、产、供、销"统一的经济实体，很大程度上解决了企业经营和发展的动力问题，增强了企业重合同、守信用的责任感，自营出口合同履约率达到 98.8%。随着中间环节的减少，从对外谈判、签订合同到产品生产、入库、出库发运均由北京绢花厂对外销售部负责，手续简便、流转畅快，生产发运周期缩短至 60—70 天。北京绢花厂实现由单纯生产型企业到生产经营型企业的巨大转变。

### "货卖一张皮"

改革开放初期，出口产品的包装问题导致北京企业在外贸生意上吃了不少亏。1979 年的广交会上，一些外商在北京啤酒展位前，一边品尝一边摆弄着瓶装北京啤酒，连声说："味道不错，但瓶子太大。"据外商介绍，国外大都已实行每周五天工作制，人们休息时间都会外出旅行，小瓶的、携带方便的铝罐装啤酒，是国外超市中销售的啤酒主流。北京的啤酒在国外比较受欢迎，但就是"十几年一贯制"装在"酱油瓶"里的传统包装，影响了销路。

出口商品包装得不到重视当时有一些原因，主要是外贸部门对出口商品包装情况不明，也较少研究，对改进包装有顾虑，怕生产厂不同意，不接受；怕成本费用上升；怕卖不出货，完不成出口计划，往往满足于已有包装水平。生产厂不了解国外市场需要什么样的包装，对改进包装也有顾虑，怕改进后包装成本上升，收购价不变；怕费工费时，影响工厂的利润；怕无材料，无设备，改起来困难太多。

那时，发达资本主义国家对商品包装已相当重视。20 世纪 70 年代末，在美国，包装专业工厂就有 7500 多家，30 多个门类，70 多万工人，是仅次于钢铁、汽车、石油、建筑，居第五位的大工业。[2] 相比之下，我国的包装工业

---

[1] 《北京绢花厂试行进出口业务自营》，《北京日报》1983 年 3 月 21 日第 1 版。
[2] 《抽纱改进包装多创汇三万七千元》，《北京日报》1980 年 2 月 25 日第 1 版。

显得很落后。北京市出口的大部分商品都是散装、裸装、大包装。如北京的特产核桃，绝大部分是麻袋大包装，没有小包装，因而不宜直接进入超级市场。文教用品和百货用品，小包装比例也很少。橡皮是几十块装的，很少有单只、双只、几块装的，也没有铅笔和橡皮以及铅笔刀和铅笔盒的配套包装。北京果脯的包装纸盒，没有注明商品成分是否含有糖精和防腐剂，以及有效日期和出厂日期。这在当时国外许多超级市场中是不能上架出售的。

在一次次解决包装问题中，北京工贸双方开始认识到做好出口商品包装工作，不仅仅是为了满足外商的要求，而且可以安全运输，方便储存，防止损失和污染商品，还可以宣传商品，扩大销售，提高售价，从中赚取更多外汇。

北京市工艺品进出口公司经营出口大宗抽纱产品一度采用牛皮纸包装，无法进入国外的大百货商店和超级市场，对外销售受到很大影响。北京市包装进出口公司为他们设计了印有各种抽纱制品实用效果的彩色照片和使用说明的塑料袋、金版纸盒等8种销售小包装。广交会上有这种包装的抽纱制品，受到外商欢迎，共成交13万多打（套），多收外汇人民币3.7万多元。[1] 澳大利亚和加拿大等国家的外商，称赞这些新包装能展示商品的全貌和用途，并有商品的原料成分、使用和洗涤说明，可以进入澳大利亚和加拿大超级市场销售。

北京市化工进出口分公司和北京第二食品厂经营出口的"Vc"葡萄糖，通过努力改进包装装潢，不仅提高了售价，而且销量得到成倍增长。北京第三制药厂和北京第四制药厂生产的王浆制品，改进包装装潢后，适应了消费地区的使用习惯，销量不断增加。过去北京蜂王精仅有100cc安瓿的针剂式包装，远洋市场不大欢迎。国外客户建议改为10cc的玻璃瓶饮料式包装，北京第三制药厂接受了这个意见，根据国外消费者的使用习惯设计了10cc饮料式包装，打开了远洋新市场。他们为适应国外送礼的习惯，还设计了30支10cc安瓿装的礼品包装，在市场上受到欢迎。客商反映，礼品包装装潢较好，

---

① 《抽纱改进包装多创汇三万七千元》，《北京日报》1980年2月25日第1版。

适应送礼，还应该生产 30 支装的简易包装，这样就会使这种商品更加大众化。该厂采纳建议后，客户纷纷要求扩大订货。由于不断地适应消费地区的包装要求，北京市土畜产进出口公司经营出口的王浆制品，销量大幅增长，为发展外贸出口做出了贡献。

为适应对外贸易发展，北京包装技术协会于 1980 年 1 月 21 日成立，积极推广包装先进技术。北京市西城区文教用品厂生产的擦字胶片，过去采用 120 块一盒的大包装。后改为 20 块一小盒装的彩印"PVC"开窗美术盒。新的包装印有适应儿童心理的图案，"PVC"的透明开窗，使购买者对里面的彩色胶片一目了然。采用新包装后，销量增加，外汇收入得到增长。

"北京牌"暖水瓶过去包装空隙大，盒底不牢，容易掉瓶，破损严重，影响成交。经过改进后的新包装缩小了尺寸，增加了箱内十字格，使纸箱挺力增强，并改进了盒底设计，包装牢固，保护了商品安全，在广交会上得到了客户好评，从长期滞销商品一跃变为畅销商品，一次成交 60 万只，增加外汇收入 96 万美元。① 仿古瓷杯，是北京市经营的传统出口商品，由于过去包装装潢简单、陈旧，卖不上好价钱。针对这种情况，包装工作人员根据不同商品要求，积极改进设计，新包装装潢突出了民族风格，不同瓷杯配以不同形式的古锦缎盒，体现出商品的高雅名贵。外国客商交口称赞，纷纷订货，新包装商品的价格比旧包装提高了 20 倍。

### "想要生意好，吆喝少不了"

"卖什么吆喝什么"，这是古往今来做生意的常识。但在外贸体制改革前，我国对出口商品的宣传和"吆喝"远远不够，当时仅有面向外国进口商、代理商寻求批量进口或经销我国商品的贸易性广告活动。

1979 年 8 月北京广告公司成立，借助国外先进的现代广告理论和实践经验，秉承坚持以出口商品的对外广告宣传为主的工作原则，开始为对外贸易

---

① 《当代北京对外经济贸易》编辑委员会编：《当代北京对外经济贸易》，中国对外经济贸易出版社 1988 年版，第 163 页。

服务。北京外贸企业也逐步转变观念，在继续对国际市场开展贸易性广告宣传的同时，开始运用现代广告运作模式，在海外市场开展一些以消费者广告为特征的出口商品对外广告宣传。集中采用有限的宣传外汇经费，做重点出口市场的重点出口商品广告宣传，取得了促进出口商品销售量提高的良好效果。

20世纪70至80年代，美国市场上85%的地毯依赖进口。① 我国的地毯进入美国市场的时间较早，但是多年来在美国的总销量始终处于比较低的水平。1979年至1981年，我国地毯仅占美国市场上地毯总进口量的2%左右，北京地毯进出口公司的"天坛牌"地毯位列其中。

1981年，北京地毯进出口公司委托北京广告公司，为其进行在美国市场的广告宣传活动。北京广告公司选择与当时美国最大的广告公司扬·罗必凯公司合作，对美国市场上中国地毯的有关情况进行调查。分析结果表明，中国地毯在美国市场销量始终上不去的主要原因是，美国人对中国地毯的手工价值不了解。大多数美国人仅仅把地毯视为一种室内装饰材料，以为手工地毯和机制地毯不存在差异，对中国手工地毯中所蕴含的历史、文化以及艺术价值知之甚少。另外，就是美国人也不懂得如何区分机制地毯和手工地毯。

通过以上分析，"天坛牌"地毯在美国的广告活动便找到了突破口——解决美国人对我国手工地毯的认识问题。北京广告公司拿出60万美元的广告费，用于以消费者为中心的整个销售通路广告宣传。

"天坛牌"地毯在美国的广告活动，同时运用了公关、广告两种形式。公关方面，1982年由扬·罗必凯广告公司拍摄了一部长约20分钟的宣传专题片。宣传片以中国文化为背景，以古纹式地毯为主要商品，每个纹样都与一个历史典故相联系，并与中国古建筑、古艺术相结合，达到对中国古代文化的宣传效果。同时，宣传片还展示了"天坛牌"地毯的手工制作过程，让观众能够从中了解中国手工地毯所蕴含的价值。专题片被剪辑制作成5分钟、12分钟和20分钟3个版本。其中，针对消费者没有过多的时间在销售店内逗

---

① 北京广告协会编著：《当代北京广告史》，中国市场出版社2007年版，第26—31页。

留收看节目的特点，5 分钟的版本主要用于地毯销售店，让顾客在选购地毯的同时能够观看宣传片；12 分钟的版本被制作成电视节目送给美国电视台播放；20 分钟的版本主要用于对进口商的宣传。

此次公关宣传收到了很好的效果。一方面，大大节约了广告宣传成本。当时在美国播放一次 30 秒的电视广告需花费约 3 万美元。"天坛牌"地毯在美国的公关宣传活动中，拍摄及播放宣传片仅花费 8 万美元，而且节目的播放时间远远超过所能投放电视广告的时间。另一方面，宣传覆盖面广。据统计，在美国 30 个州 65 个城市的 80 个公共电视台和 90 个市场电视台均播出了"天坛牌"地毯的宣传节目，观众达 1600 多万人。此次宣传，让更多的美国人了解到了地毯的特点，引起了客户经营兴趣和用户购买欲望。

在广告方面，主要以杂志刊登为主。首选在美国著名刊物《建筑文摘》中投放广告。主要是介绍室内装潢、室内设计方面的内容，读者主要是室内设计师和中上阶层的家庭主妇，兼顾了专业与生活两方面。室内设计师一般从专业角度看待地毯，由广告启发东方风情的设计方案，进而建议客户选用天坛地毯。女性用户则可能被天坛地毯的东方韵味所吸引。除此之外，还选择美国中下阶层经常阅读的《美化家庭》杂志上刊登广告，配合运用报纸和行业报刊广告招徕用户，也取得非常好的效果。这次成功的营销，使"天坛牌"地毯对美国的出口量和出口额稳步上升，1983 年已达到年出口 754000 平方尺 4351000 美元，占到美国地毯市场数量份额和数值份额的 3.6% 和 2.9%。

20 世纪 80 年代，北京工艺品进出口公司是中国景泰蓝对外出口的独家经营单位，景泰蓝是该公司的重点出口商品之一。1980 年夏天，中国工艺品进出口总公司在北京召开本系统的"全国工艺品出口广告宣传工作会议"。会上，邀请了日本电通株式会社北京事务所所长八木信人，介绍日本的广告做法与经验。

八木先生说："相扑是日本的国技。它像中国的乒乓球一样，家喻户晓，人人喜爱。在日本，每年共举行 6 次相扑比赛，每次历时 15 天。最后一天决定胜负并举行颁奖仪式。比赛颁发的奖杯有首相杯、总理杯；也有外国的奖、外国的杯。这样的节目，全国的电视台同时转播，家家户户都能看到，宣传面非常广。对出口公司来说，这就是用比较少宣传费取得大效果的一种好办法。"会后，北京工艺品进出口公司结合景泰蓝产品对日本市场出口的实际，有了赠送景泰蓝奖杯的想法，对此进行了周密分析，认为奖杯会在比赛馆内陈列，并通过电视转播奖杯颁发仪式得以在电视上展示，受众范围很广，可以提高景泰蓝的知名度。这种方式可以大大节省广告费而且远远超过电视广告的宣传效果。景泰蓝奖杯的几千元人民币造价，在当时的日本仅能投放一则报刊广告或一次 15 秒电视广告。

1980 年 9 月，北京工艺品进出口公司通过中国驻日使馆商务处和日本电通株式会社的支持与帮助，与日本相扑协会正式达成赠送景泰蓝奖杯的意向。通过精心策划，1981 年 1 月，当年的第一次相扑比赛上，一个 1 米多高的"中日友好景泰蓝奖杯"，由中国驻日本大使符浩颁发给当届比赛的冠军千代富士。此次赠送活动，使商品与商品所采用的宣传形式之间达到了最大限度的贴合，之后"中日友好景泰蓝奖杯"多次出现在日本相扑比赛赛场上，起到了长期宣传作用，景泰蓝商品在日本市场的创汇额也得到持续增长。

1982 年，随着国务院《广告管理暂行条例》颁布，北京外贸企业进一步通过广告宣传，介绍产品，促进生产，开拓海外市场，商品出口和外汇收入得到持续增长。

### 生意要"做"不能"等"

改革开放前，北京市一直是通过参加国内召开的广州交易会、小型专业交易会以及函电、邀请客户来京洽谈等方式开展对外贸易，基本是坐"等"客商上门。

改革开放以后，北京市外贸部门开始主动走出国门"做"生意。市政府决定建立和发展一批海外企业，增进对国际市场状况和国外经济技术发展动态的了解，学习国外企业管理经验，收集经济信息，沟通国内外经济联系渠道，以促进对外经济贸易的发展。作为一个新课题，北京市在制定有关规定的同时，注重研究国际形势和海外企业所在国家或地区的情况，做好海外企业项目确定、投资计划和审批的工作，加强人才培训，提高人员的素质，搞好内部建设，通过多种形式不断总结交流办好海外企业的经验。

1979年11月，北京市友谊商业服务总公司率先在日本东京都与日本东京丸一商事株式会社合资成立以指导经营北京风味餐馆为主的京和株式会社，成为北京市创建的第一家海外企业，为以后建立海外企业探索了经验。1980年7月至1981年9月，北京市对外贸易总公司又相继在日本东京都与日本西武百货店合资建立了北京西武株式会社，在美国纽约市与日本（株）三一企业公司合资建立了中国物产（美国）有限公司，在澳门与澳门麟丰公司合资建立了京澳有限公司，在科威特与科威特联合贸易集团合资建立了科威特—北京贸易中心。4家经营性贸易企业的建立，为开拓对外贸易市场提供了保障。

与此同时，海外工贸、技贸结合的经营性股份有限公司也得到发展。1980年5月，北京经济建设总公司在日本东京都与日本三和银行、朝阳贸易株式会社合资建立了京连兴业株式会社；其后又于1981年8月独资在香港建立了京泰有限公司。1982年7月，中国电子技术进出口公司北京市分公司、北京市计算机工业公司在香港与香港渣打按连电脑有限公司、香港齐鲁国际贸易有限公司合资成立了中明按连电脑有限公司。① 中外公司还设立生产性合资企业。如1982年2月，中国成套设备出口公司北京分公司与香港西非格兰制鞋集团合资在尼日利亚的哈尔科特市建立了新世界制鞋有限公司。

海外企业利用自己是国外合资法人的优越条件，发挥地处国际市场信息快、渠道多的优势，努力开拓新的销售市场，扩大疏通新的商品出口贸易渠道，并采用多边、转口贸易等多种方法，为扩大北京的出口贸易做出努力。北京西武株式会社，利用各种渠道先后为北京栗子、枣泥、海棠、桃酱、石刻、床单等商品寻找销路，并与北京有关食品企业合作，扩大北京风味春卷、美味土豆、速冻饺子的出口量，对开发新的出口商品闯出新路。京澳有限公司与市首饰进出口分公司合作，开发了景泰蓝笔（钟、表）等新的出口商品，在海外市场供不应求。京连兴业株式会社为扩大北京服装出口，与市纺

① 《北京与香港合资联营》，《北京日报》1982年7月26日第2版。

织品进出口分公司和市服装工业公司签订合作协议，共同开发日本的服装市场，对日本服装出口量逐年增长。1982 年，该公司协助北京外贸部门在东京、大阪等地举办服装展销会和洽谈会，成交额达 1000 万美元。[①]

　　为进一步做大出口贸易，北京市不断加大派遣外贸团组、出国办展推销商品力度。从 1979 年至 1982 年北京市先后派出经贸团（组）256 个，1745人次（包括参加国家外经贸部和国家外贸专业总公司派出的团组）出国（境）推销考察，[②] 学习借鉴了很多发达国家对外贸易体制改革方面的成功经验。北京市还多次在境外举办经济贸易展览会、洽谈会，推销产品、开拓国际市场、招商引资。1979 年 10 月，由北京市特种工艺品工业公司和香港图荣有限公司合作先后在美国的华盛顿、纽约、旧金山举办的中国北京工艺美术展览会，是改革开放后北京市首次在国外举办的对外贸易展览会，拓展了工艺美术品贸易市场。

1980年6月，北京市出口商品展览会在香港举办，受到中外人士的热烈欢迎。

---

　　① 《市外贸部门变等客上门为走出去做生意》，《北京日报》1983 年 4 月 14 日第 1 版。
　　② 北京市地方志编纂委员会编著：《北京志·对外经贸卷·对外经贸志》，北京出版社 2005 年版，第 266—267 页。

1980 年 5 月，北京市贸易团赴西班牙瓦伦西亚参加国际博览会，出口成交额近 1000 万美元。同月，第一个在香港举办的大型综合性展览"北京市出口商品展览会"在中国出口商品陈列馆正式开幕。展览会由北京市对外贸易总公司及其所属 10 个进出口分公司联合组织，展场面积 2000 多平方米，展出 7000 多种产品。① 其中既有表现北京传统文化艺术的各式工艺品，也有反映北京工农业迅速发展新面貌的各种轻纺、石油化工、土畜产、粮油食品、五金矿产和机械设备等产品。展览会从 5 月 31 日开幕，到 6 月 22 日闭馆，中间只休息了两天，实际展出 21 天，参观人数达到 17 万人次，成交额 750 万美元。②

展览会上，由著名工艺美术家王树森设计、指导，40 多位艺人精心雕刻的大型玉雕"碧玉海"，以其巧夺天工的雕刻艺术和雄伟的气魄，吸引观众不停地拍照、指点、赞赏。薄如蝉翼、四季适宜的"国王牌"衬衫让广大观众惊叹："北京的纺织业能搞出世界上少见的 120 支纱'精毛和时纺'服装面料，了不起！"围在星海牌 104A 立式钢琴前的一批客商，得知货已售完，不住地向工作人员恳求，能不能想办法再给挤点货？甚至有的客商直接掏出大沓钞票，指着展品对工作人员说："这架钢琴我要了。"工作人员说："这是非卖品。"客商说："没关系，钱先收下，展览会开完，我再拿走。"展览大厅内，北京的化工产品、机床、五金工具展区前也吸引着大批客商。这次展会影响比较大，取得了预期效果。其间许多客商讲得最多的是"没想到"，他们没想到北京能够生产出这么多好商品。"没想到"是客商对北京改革开放发展取得成绩的感叹，同时也反映出他们之前对北京情况知晓得不够多。展会的成功举办，也充分证明了北京对外贸易发展，除要了解国际市场的需求和变化，努力生产适销对路的商品外，主动作为，加大宣介力度，让世界了解北京也是其中重要一环。

北京市通过对外开放，不断加强与世界各国的经济往来，到 1983 年，出

---

① 《〈北京市出口商品展览会〉在港开幕》，《北京日报》1980 年 6 月 1 日第 2 版。
② 《一个"没想到"的展览会》，《北京日报》1980 年 7 月 16 日第 2 版。

口商品构成，已从主要出口初级产品，转向主要出口制成品。轻纺、化工、轻工、机电以及传统手工艺品、农副土特产品，已具备较强的创汇能力。北京外贸以崭新的局面，为首都现代化建设增添了更加强劲的动力。

# 第三章
# 加快推进技术设备进出口

党的十一届三中全会明确要求，在自力更生的基础上积极发展同世界各国平等互利的经济合作，努力采用世界先进技术和先进设备。为加快改变经济科技落后的面貌，北京市按照中央书记处关于首都建设方针的"四项指示"，"着重发展旅游事业、服务行业、食品工业、高精尖的轻型工业和电子工业"，结合行业调整和现有企业技术改造，在重点发展行业积极引进国外先进技术设备和管理经验并加以消化吸收和创新，使企业生产能力、产品质量显著提高，品种显著增加，一定程度上优化了产业结构，促进了工业经济增长和科学技术发展，加快了行业技术进步和企业管理水平提升。同时，在优势行业增加技术设备出口，不但增加了外汇收入，而且为之后中国技术设备进入国际市场打下了基础。

## 一、积极引进先进技术和设备

改革开放之初，世界经济快速发展，科技进步日新月异，国家建设百废待兴。为加快改变中国贫穷落后的面貌，中央领导层逐步达成共识，这就是调动一切积极因素，包括引进国外先进技术和设备，加快经济发展。邓小平多次强调这项工作的重要性，他提出，"要引进国际上的先进技术、先进装备，作为我们发展的起点"①。北京市高度重视技术设备的引进工作，认为引进新技术与加快北京工业发展的速度有很大关系。

为加强对这项工作的领导和管理，北京市于 1979 年成立市进出口管理委员会，统筹管理各部门引进先进技术、利用外资和进口设备的工作。同时，不断改进计划管理办法，简化审批手续，逐步扩大区、县、局的审批权限。除争取国家拨付资金外，积极通过银行、信托、租赁等部门，多渠道筹集资金。在国家和北京市的大力倡导下，各行各业引进先进技术设备的积极性不断提高，从分散、零星的项目逐渐向纵深发展，规模日益扩大。

### 食品行业引进可口可乐、香肠等生产设备

党的十一届三中全会后，随着我国国际交往日益频繁，来华旅游和开展商务活动的外国友人逐渐增加。当时招待外宾的饮料大都是茶水，缺少更加适合西方人口味的饮品。

美国的可口可乐碳酸饮料以其独特的配方和口感赢得了大众的喜爱，风靡全球。1927 年，可口可乐就传入中国。新中国成立后，随着美国大使馆撤离，可口可乐退出中国市场。

20 世纪 70 年代，中美关系出现新的转机。可口可乐公司找到中国粮油食品进出口公司（以下简称中粮）领导，希望能够重新进入中国大陆市场。经过多轮谈判，1978 年 12 月 13 日，可口可乐公司与中粮在北京饭店签订协议，美方采取补偿贸易的方式和其他支付办法，向中国内地的主要城市和旅游区提供可口可乐，并在内地设厂灌装销售。可口可乐公司向中方赠送 1 条瓶装生产线，中方每年花 30 万美元购买可口可乐的浓缩汁。

协议规定，在建立可口可乐装瓶厂之前，用寄售方式由中粮安排销售。1979 年 1 月，首批两万箱瓶装可口可乐饮料通过香港发到北京，在北京饭店、北京友谊商店和北京国际俱乐部设窗口销售。

---

① 邓小平：《实行开放政策，学习世界先进科学技术（一九七八年十月十日）》，《邓小平文选》第二卷，人民出版社 1994 年版，第 133 页。

同时，选址位于丰台区五里店的中粮北京分公司饮料食品厂，建设可口可乐瓶装线。那时，五里店属于北京偏远郊区，条件十分艰苦，连自来水也不通，只有机井水。为保障水质，可口可乐公司为北京装瓶厂提供了当时非常先进的反渗透水净化系统。

1981年4月，我国第一个"可口可乐"饮料车间在京建成投产。

1981 年 4 月 15 日，瓶装可口可乐饮料车间正式投产，生产能力为每分钟300 瓶，产品供应涉外旅游饭店。但因为外国人群市场有限，车间生产能力较强，有一部分可口可乐销售不出去。为充分释放产能，提高经济效益，当年夏天，中粮在征得国家有关部门同意后，将剩余的可口可乐投放北京市场内销。于是，北京市的商场、公园里，开始有了可口可乐。

1984 年 4 月 30 日，美国《时代周刊》封面首次刊登了一位中国百姓手持一瓶可口可乐站在长城上，面带幸福微笑的照片，表现了百姓生活发生的新变化。

香肠是当时国际上流行的方便食品，早在 1964 年，中粮北京市分公司就试制成功了香肠罐头。产品质量虽然不错，但原工艺是单肠衣生产，设备落后，原料消耗大，生产效率低。为改善这种情况，1980 年，公司通过与加拿大的技术交流，在先期引进人造肠衣和制肠的主机设备基础上，以 30 万美元贷款引进了配套设备，与主机形成生产线，使猪肉利用率增长了 30%，年产量提高了 20 多倍。香肠内销的同时，出口量也大增，1974 年出口香肠罐头仅为 65 吨，1983 年销量达到了 2930 吨，销往 13 个国家和地区。[①]

此外，北京各食品公司、国营农场等还通过引进面包、巧克力、曲奇饼、油炸方便面、酸奶、罐装啤酒等多个项目生产线，使生产能力显著提高，丰富了北京人民的餐桌。1980 年到 1985 年上半年，全市啤酒年产量由 5.5 万吨上升到 15 万吨，全市人均数量由 12 斤增加到 26 斤，冰激凌生产线引进后，全市冷食品由原来的 6 种增加到 14 种。[②] 各食品厂还开发新型食品包装，引进保鲜膜、聚酯膜、各种无菌包装等，为全市食品工业的发展提供了技术和物质条件。

**服装纺织行业引进相关生产设备**

随着人们生活水平的提高，人们不再满足于服饰单调统一的风格，开始追求色彩鲜艳和款式多样化，各种样式的短筒袜、长筒袜、连裤袜也成了时髦的代名词。

北京新兴袜厂是家生产毛衣、手套、袜子的厂子，原来销量很一般。1980 年 5 月，日本厚木尼龙株式会社向北京市赠送了 72 台生产连裤袜的日本袜机和辅机，市政府把这些设备转交北京新兴袜厂，厂长带领职工到日本学习设备使用技术，日本袜厂的各种先进设备令他们大开眼界：国产旧袜机 1 人看 5 台，日本袜机 1 人看 33 台；国产旧袜机一路进线，6—7 分钟生产 1 只短筒袜，日本袜机四路进线，1 分 50 秒生产 1 只半高筒袜。同样生产 15000 双袜子，国产旧设备要用 516 人，日本设备仅用 110 人，而产值提高 59%。

① 《当代北京对外经济贸易》编辑委员会编：《当代北京对外经济贸易》，中国对外经济贸易出版社 1988 年版，第 87 页。
② 《本市利用外资、引进技术成果可喜——五年来对外签约成交项目近千个，总成交额十七亿美元》，《北京日报》1985 年 9 月 27 日第 1 版。

1981年，北京新兴袜厂建成我国第一个高弹力尼龙丝长筒袜、连裤袜车间，年产能力为400万双。

引进 1 台先进设备，就可以淘汰 10 台旧设备，既可以节省人力，又可以腾出厂房。看到这些差距，企业进一步认识到，"改革不能在老设备上做加法，而是要更新设备，采用新技术，做乘法！"[1]

　　1983 年，袜厂发现市场需要坚固耐用、透气性强、吸湿的运动袜，便引进当时国际上最先进的意大利袜机生产这类袜子。该厂引进新设备，不仅为奥运会运动员和南极探险队提供了松软舒适的袜子，而且迅速推向市场，扩大了销售，成为热门货之一。1981—1984 年，新兴袜厂先后引进日本、捷克、意大利的先进袜机和辅助设备 145 台，生产面貌大变样，利润连年增长。1984 年，袜厂实现利润 380 万元，比 1983 年增加 37 万元，居全国同行业之首。[2]

　　1980—1981 年，北京市服装行业用来料加工的工缴费引进 932 台服装生

---

　　①② 《地图·红线·周金和——记靠引进起飞的新兴袜厂》，《北京日报》1985 年 2月 12 日第 1 版。

产设备，全市服装产量增加一倍半，从而使服装出口量增加了两倍。[①] 与服装材料紧密相关的纺织工业也通过技术引进涤纶长丝、真丝天鹅绒、宽幅床单、花式毛线等多个新品种，增强了对国内外市场的应变能力和竞争能力。

北京生产的针织毛衣绚丽多彩、穿着舒适，在国际、国内市场都比较受欢迎。但是生产该产品的原料——细毛线，国内不能自足，每年要用60多万美元外汇从国外进口200吨细毛线。有时由于进货不及时，色号不对路，生产处于"卡脖子"状态。为解决问题，市纺织局把北京第二毛纺织厂的一个车间腾出来，在1300平方米的厂房里安装了通过短期外汇贷款从国外进口的先进设备，生产细毛线。这些设备具有自动换筒、自动清洁、高速度、大卷装、工序短、维修工作量小、工人操作劳动强度低的优点，从1976年1月正式投产起到1978年上半年，生产产品1197吨，上交利润税金2381万元，进口设备短期外汇贷款在当年全部还清。[②] 同时，由于细毛线数量增加，供货及时，全市新增毛衣厂20个（其中农村公社办厂8个），使出口毛衣的生产能力翻了一番，可换回的外汇也大大增加。

1980年，第二毛纺厂代表随北京市纺织设备考察小组出国考察，了解国外纺织设备的发展和使用情况。他们先后访问联邦德国、意大利、瑞士、法国、比利时5个国家，参观了30家纺织机械厂和18家毛棉纺织生产厂，发现引进设备还有改进空间。比如毛纺厂准备引进的整经机是一个整经架，机器上的经纱张力自动调节装置也比较落后。在瑞士参观时，发现各厂都用两个整经架，并装配了新型张力装置，可以大大提高生产效率。他们便与设备厂商修改完善了引进合同，增加一个整经架并使用先进张力装置。[③]

1979—1982年，北京市纺织行业用于引进技术设备的总投资达3.2亿元，相当于1979年以前10年国家投资总额的6.7倍。随着这些项目的投产，

---

① 《管好学好用好引进的技术设备 北京利用外资改造企业见效快》，《人民日报》1981年12月4日第2版。

② 《好棋一着，一片皆活——市纺织局利用短期外汇贷款引进先进技术，实行城乡连环转产的调查》，《北京日报》1978年9月19日第1版。

③ 马毓瑞：《西德等五国纺织技术考察情况简介》，《毛纺科技》1980年第6期。

1978 年到 1982 年，全市纺织工业总产值增长 57%，利税增加 1.3 亿元，出口创汇增加 8000 万美元。[①]

### 电子行业引进电视机、录音机生产线

改革开放初期，电视机开始走进普通老百姓的生活。家里有一台黑白或者彩色电视机，可谓是街坊邻里羡慕的对象，大家都想攒钱买电视机。1978 年，北京主要生产黑白晶体管 9 寸电视机，一些关键性技术不过关，返修率很高，而且年最高产量仅 3.8 万台，远远满足不了国内市场的需求，彩色电视机还处于试制阶段。

北京东风电视机厂于 70 年代初试制出第一批昆仑牌黑白电视机，不过质量不稳定，工艺落后。电视机厂寄希望于技术改造，向上级部门提交了一个总额为 1200 万美元的技术和设备引进方案，但这个方案没有获得通过。

新任厂长黄宗汉思索：不花国家的钱，能不能引进技术？他查阅了介绍有关"二战"后日本和亚洲"四小龙"实现经济腾飞的许多资料，发现其中有一条经验，就是先给发达国家搞散件加工，逐步实现国产化，然后再打入国际市场。于是，东风电视机厂就顺着这条路开始探索。当时日本八大名牌电器公司代表处都设在北京饭店，黄宗汉前去逐一接触，谈判，最终与日本三洋公司达成合作协议。

协议规定：中方向日方购买 5 万台 12 英寸黑白电视机整套散件，由东风电视机厂组装，产品用三洋的牌子，在国内销售。日方提供关键设备和技术指导，改造东风电视机厂的一条低效电视机生产线；东风电视机厂用散件加工所获劳务费中的 17 万美元，偿还引进的 35 种共 315 台件先进设备的全部费用。

当时，因为国家引进计划里没有这个项目，这种方法等于打乱了国家计划，计划外大量生产畅销型号的电视机，造成其他电视机销路被挤占。国家广播电视工业总局将情况上报后，国家计委、国家经委、国家进出口委等部

---

① 《引进项目增，企业改造快，全市五年引进和签订合同 500 个项目》，《北京日报》1984 年 1 月 1 日第 1 版。

门组成的检查组来到了东风电视机厂，实地考察并听取有关情况汇报。幸运的是，国家广播电视工业总局负责技术的副局长是一位留美电子工业专家，他认为，东风电视机厂搞的这一套是未来发展的方向，应该继续搞下去。调查组进行调查后，也同意他的意见。

经过4个月的改造，1979年10月，新生产线投入使用，实现了从投料到整机包装的连续性流水作业，每隔45秒就能生产1台12英寸黑白电视机整机，年产量由不到4万台上升到18万台，产量猛增近5倍。为保证产品质量，他们摸索配套的管理方法，全线124个工位都规定有严格的质量标准和工艺要求，这些严格措施使产品质量合格率稳定保持在95%以上[1]，完全达到了三洋公司同类机的水平。

1979年，东风电视机厂通过散件加工迅速扭转亏损多年的局面，盈利1.26万元。[2] 1980年盈利880万元，1981年盈利1445万元。[3] 实践证明，东风电视机厂的改革方向是正确的。

东风电视机厂的迅速发展得到了邓小平的肯定。1980年1月6日，他在中央召集的干部会议上所作《目前的形势和任务》讲话中提到，"北京一个电视机厂，去年年产9英寸黑白电视机2万台，平均日产50多台；后来搞了一条日本的12英寸黑白电视机生产线，设计能力日产600台，现在已经日产400多台"[4]。

在设计、改造旧生产线的同时，东风电视机厂通过消化吸收，由引进散件向国产化发展。他们组织最强的技术力量与各个元器件厂协作，连克数关，自产昆仑牌B3110型12英寸黑白电视机。此电视机37项质量指标中有20项

---

① 《"东风"的路——记北京东风电视机厂引进技术发展生产》，《人民日报》1982年3月10日第2版。

② 黄宗汉口述：《北京东风电视机厂技术引进的风波》，《当代北京研究》2006年第3期。

③ 杨善华、阮丹青、定宜庄：《缝隙中的改革——黄宗汉与北京东风电视机厂的破冰之旅》，生活·读书·新知三联书店2014年版，第253页。

④ 邓小平：《目前的形势和任务（一九八〇年一月六日）》，《邓小平文选》第二卷，人民出版社1994年版，第258—259页。

接近或者达到国外同类产品的实际水平，荣获 1981 年全国电视机质量评比第二名，并打入国际市场，东风电视机厂成为我国第一个电视机出口厂家。

东风电视机厂采取灵活方式，通过散件组装，自筹资金引进先进技术，改造老生产线，找到了发展我国电视工业的一条捷径，同时也找到了一种适合我国特点的与外商做生意的好方式，在国外被誉为"东风方式"。外国友人来到北京，纷纷要求考察"东风方式"。①

1981年7月22日，北京电视机厂引进的一条具有国际先进水平的彩色电视机生产线正式投产。

除了东风电视机厂，北京电视机厂还从日本松下电器公司引进了具有国际先进水平的彩色电视机生产线，1981 年 7 月正式投产，装配工作全部自动化，1982 年年产彩色电视机能力为 20 万台，技术、设计、工艺及管理水平明显提高，产品返修率由 70% 以上减少到 1% 以内。②

---

① 微力：《东风方式——北京东风电视机厂对老生产线的改造》，《企业管理》1980年第 3 期。

② 北京市电子仪表工业局：《北京市电子仪表工业局关于 1979 年至 1982 年引进技术、生产线、关键设备概况及 1983 年引进设想给北京市经委的报告》，北京市档案馆藏，档案号 380-001-00025-00013。

1979 年至 1983 年上半年，北京电视机厂及有关电子元器件工业共引进
27 个项目（包括 8 条生产线），对企业进行技术改造，从而使电视机的产量
从 3.8 万台提高到 43 万台，4 年增长了 10 倍以上；劳动生产率从 12703 元/
年，提高到 32607 元/年；产品质量方面，平均无故障工作时间从 600 小时提
高到 5000 小时。北京电视工业由亏损行业转为盈利行业，从 1979 年开始到
1982 年累计全行业向国家上缴税利共 1.1 亿多元（其中工商税和进口关税共
5472 万元）。①

除了电视机，收音机也是人们娱乐放松的重要工具，称得上是普通老百
姓家庭中的"万事通"。过去北京只能生产晶体管收音机，品种少，款式老，
质量不稳定，录音机则一直是空白。北京市电子仪表工业局从 1979 年开始引
进国外先进技术和生产线，到 1982 年共引进和改造收录音机生产线 6 条，生
产各种收录机和机芯能力可达每年 50 万台，可生产收录机品种 10 多种，初
步形成配套比较齐全、技术比较先进的广播音响器材生产基地。②

### 重化工行业引进丙烯酸酯装置、轧钢技术等

北京通县张辛庄化工区位于京津公路北侧的古运河畔，原是一片荒滩沙
丘，数里之内荒无人烟。1972 年，北京市将这里定为化工区，开始建设和迁
来一些小化工厂。

丙烯酸类产品属于有机化工原料，过去我国不能生产，每年约需进口 1
万吨，耗外汇 1 千万美元。为了填补国内空白，1978 年 12 月，经市委、市政
府批准，市化工局决定从日本引进年产 3.8 万吨丙烯酸类产品的成套装置，
总投资 2.7 亿元，建设北京东方化工厂。请示上报中央后，得到国家计委批
复同意。1980 年 3 月，东方化工厂开始在张辛庄动工建设。

① 陈云汉、朱嘉明、黄江南：《从北京市电视工业的发展看技术密集型工业的技术
引进（调查报告）》，《参考资料》1983 年第 57 期。
② 北京市电子仪表工业局：《北京市电子仪表工业局关于 1979 年至 1982 年引进技
术、生产线、关键设备概况及 1983 年引进设想给北京市经委的报告》，北京市档案馆藏，
档案号 380-001-00025-00013。

1980 年 11 月，根据全国人大五届三次会议对国民经济进行调整的要求，国务院决定停建东方化工厂。而当时化工厂正在紧锣密鼓建设中，铺设地下管道 32 公里，引进的设备即将到货。市化工局召开紧急会议，提出 10 条应急措施，要求全体职工坚决贯彻国务院决定，保护好国家财产。施工队伍随后撤离，400 余名职工转入国外设备的接运、检验、保管工作。

经过近半年努力，3787 箱 5907 吨设备材料从日本顺利运抵工地现场，同时进行开箱验收。大家把这些设备器材分门别类安全收入仓库，建立明细账目，停建期间，没有一件丢失或损坏，各种图纸资料也保存得完好无缺。

1982 年 3 月，国家计委考虑到发展城市建设和轻纺工业需要，决定将东方化工厂作为国家发展国民经济第六个五年计划期间的重点工程恢复建设，但是要缩小规模。在化工部和市政府领导下，市化工局和东方化工厂编制了缩小规模的复建方案，工程建设需要 30 个月。

但这时，引进的设备保证期只剩 18 个月时间，逾期后，如果设备发生问题，外商将不再提供保修等系列服务。为保证这套设备顺利投入使用，经过多方调查研究，工程建设指挥部决定，要赶在机械保证期满前，即 1983 年 10 月前建成。指挥部迅速组织开工，来自 8 家单位的 4000 多名工人和技术人员夜以继日连续奋战在工地上，复建速度显著加快。1983 年 9 月，工程如期完工，但在联动试车时发现部分设备、仪表不符合要求，日方处理又需要一段时间，投产只好延至次年。

1984 年 5 月，东方化工厂正式投产。全厂占地面积 64 公顷，总建筑面积 12 万余平方米，厂内建筑成群、塔罐林立，厂区中心是从日本引进的 38 米高的丙烯酸酯装置主塔，周围分别是总降压站、循环水系统、供水车间、"三废"处理厂等公用系统，每年能生产丙烯酸及酯类 3.8 万吨，丙烯酸树脂 2 万吨。[①]

这些新型化工原料用途广泛，用丙烯酸树脂加工生产的高级油漆，比当

---

① 《我国第一家大批生产丙烯酸系列产品的企业北京东方化工厂建设初具规模》，《北京日报》1983 年 5 月 26 日第 1 版。

时以植物油为原料的油漆色泽更加鲜亮、更经久耐用，可用于汽车、电冰箱、电视机、家具的涂饰，还能用于纺织工业的纤维整理、浆纺、印花、粘合、皮革工业的革面处理；用它制作建筑工业用的嵌缝胶，凝固性强，不易裂缝，对促进我国轻纺和建筑工业发展，美化首都人民生活，都具有重要意义。投产当年，化工厂就创利润 349 万元，除归还贷款外，还出口创汇 50.2 万美元。①

除东方化工厂外，1978 年，北京石油化工总厂与日本三井化学株式会社签订苯酚丙酮成套装置引进合同，合同总价 3400 万美元。同年，又与美国凯洛格公司签订合同，引进间甲酚和 BHT 装置，合同总价 4956.5 万美元。1979年，北京玻璃仪器厂从日本引进了熔化和拉管工艺技术，经过改造，产品质量基本达到国际标准。北京玻璃二厂引进联邦德国生产技术，改造熔炉后，生产每吨玻璃液耗用的重油量由原来的 230 公斤下降到 120 公斤，每年节约重油 6000 吨。② 大规模的技术引进和技术改造，使北京化学工业的技术水平有了很大提高，为其加速发展奠定了基础。

首都钢铁公司小型轧钢厂是首钢一家生产螺纹钢、圆钢等钢材的轧钢厂，生产的型材断面小、产量低，年产量只有 30 万吨。为扩大生产，首钢于 1983 年 1 月同加拿大菲尔科公司签订协议，引进该公司切分轧制技术的两项专利。技术引进内容包括许可证、设计、技术服务、易损件及某些设备等，由首钢进行有关设备的配套设计和制作，总投资 149 万元。设备投产后，效果明显，每年新增生产能力 30 万吨，生产效率提高 50%，仅两个月就收回全部投资。

首钢在引进技术基础上，还进行了消化吸收和创新。这项技术原本只适用于轧制直径 10—16 毫米的钢材，首钢又开发出轧制直径 18 和 20 毫米钢材的切分轧制技术，扩大了使用范围。在生产使用中，首钢发现该技术存在薄弱环节，比如，轧机之间导槽连接不合理，经常出现轧制故障，处理起来非

---

① 当代北京编辑部编，刘金海著：《当代北京石油化工史话》，当代中国出版社 2014年版，第 134 页。

② 北京市经济委员会编：《北京工业志综合志》，北京燕山出版社 2003 年版，第 263 页。

常困难。技术人员通过仔细研究轧制设备，设计出一种新装置，使问题得以圆满解决。

改革开放后，首钢开始了由原始的人工控制仪表盘向钢铁生产现代化的大进军，逐步实现了炼铁、烧结、炼钢、轧钢等钢铁生产工艺过程的电子计算机控制。

从1983年起，在一年多时间里，首钢结合高炉大修改造，先后在二号高炉等3座高炉上，配套采用从美国引进的6台PC-584可编程序控制器和1台"网络-90"电子计算机组成的控制系统，实现了对高炉上料、热风、喷煤和高炉本体四大工艺环节的综合自动化控制。高炉操作人员只要用手指轻轻一碰感应式彩色监视器，高炉不同炉位的工艺流程、设备运行的画面和各种参数就会在荧光屏上显示出来。

改造前的首钢烧结厂第一烧结车间，生产过程控制手段比较落后。原料配料、烧结到破碎、筛分和除尘等工序所用的400台生产设备，全部都是采用继电器连锁，仪表和模拟盘进行控制，生产效率低，燃料消耗高，产品质量不稳定。1983年，烧结车间开始采用引进的电子计算机实行自动控制。63台控制柜和操作台分别安装在5个控制站，实施对烧结生产全过程的分散控制和集中管理，不仅提高了烧结矿质量，降低了燃耗，还提高了生产效率，生产人员由410人减少到250人。[1]

北京市在重工业建设方面还引进多个项目。如1980年，中国机械进出口公司和联邦德国依茨公司签署了引进F6L912风冷柴油机生产许可证协议，由北京内燃机总厂等生产，获得了国家经委颁发的优秀新产品证书；北京市沙河铁厂与日商岩井株式会社、日本合作企业株式会社、新加坡中明有限公司签订《镀锌焊管设备补偿贸易合同》，利用外资270万美元，引进一套年产4万吨的焊管设备，年生产能力3万吨。[2] 1983年6月，北京新型建筑材料厂从国外引进的大规模石膏板生产线建成投产，设备总长度300多米，每分钟可生

---

① 中共北京市委党史研究室、首钢总公司党委组织部编：《十里钢城——首钢总公司发展纪实》，北京出版社1999年版，第166—169页。

② 北京市经济委员会编：《北京工业志综合志》，北京燕山出版社2003年版，第263页。

产不同厚度的石膏板 25—54 平方米，年产达 2000 万平方米，是当时我国最大的石膏板生产线。[①] 1984 年，北京铝材厂由法国引进的全套氧化着色生产线投产，总投资 827 万元，建筑面积 2460 平方米，设计能力年产 3000 吨。[②]

### 农业行业引进地膜覆盖栽培等先进技术

北京郊区农业行业也积极引进国外先进技术和设备。最初从引进农业机械设备开始，随着郊区工农业生产的发展，逐步扩大到种植业、养殖业、饲料加工业、食品加工业以及乡镇企业的诸多领域。

1978 年 10 月，十二国农业机械展览会在北京举办，北京市引进试验了美国、加拿大、英国、法国、西德等国的播种机，使播种机研制和机械播种技术得到了发展和提高。

日本米可多化工株式会社会长石本正一也应邀参加这次展会，在会上展示了日本米可多农用地膜，引起了国家农林部的关注。1979 年，北京市在国家农林部指导下，引进整套地膜覆盖栽培技术，春季开始，在朝阳、海淀、丰台 3 区试验鉴定地膜的应用效果。

因为北京春季雨水较少，气温较低，覆盖上地膜，可以有效提高地温，减少土壤中水分的蒸发，作物的种子可以提前半个月左右生根发芽。由于这个小环境地温高，土壤松软，各种肥料成分作用可以充分发挥，所以还具有很好的增产作用。经 1979—1981 年连续 3 年试验得出：覆盖地膜比不盖地膜的各种蔬菜，普遍表现产量、产值增加明显，均没有发现减产减收的现象。北京市还组织了科研、教育部门和农村组成的协作组，结合本市实际进行技术研究、交流和总结经验，大力推广地膜覆盖栽培技术。同时，由市到公社举办多种形式的培训班，使地膜覆盖栽培的技术应用逐渐成熟。

1982 年起，北京在郊区全面推广地膜覆盖栽培，当年推广面积超过 6 万亩。1983 年，地膜覆盖栽培扩大到西瓜、花生等多种农作物，面积达 11.4 万

---

① 《我国最大的石膏板生产线建成投产》，《人民日报》1983 年 6 月 27 日第 1 版。
② 北京市经济委员会编：《北京工业志综合志》，北京燕山出版社 2003 年版，第 47 页。

亩；原来只用于春播的 1 个茬口，应用到冬季生产、越冬根茬、早春小菜、春播露地、夏播蔬菜、秋播蔬菜的 6 大茬口上。覆盖方式原来只有小高畦地面 1 种方式，又增加了小拱棚、沟栽、短期近地面覆盖 3 种方式，使全部蔬菜地膜覆盖栽培面积达到了 6 万亩。

郊区地膜覆盖栽培技术的迅速推广，大大促进了生产。1983 年采用地膜覆盖栽培的蔬菜增产 6000 万斤，为保证北京市场的蔬菜淡季供应做出了贡献，其中夏播黄瓜平均亩产达五六千斤，比不盖膜的平均亩产增长近 1 倍。采用地膜覆盖栽培的西瓜达 2.7 万亩，比上一年增加 1.6 万亩，使市民早早吃上了西瓜。地膜覆盖栽培的花生达 2.7 万亩，比上一年增加 0.7 万亩，在当年比较干旱的气候条件下普遍增产。顺义县木林公社陈各庄大队种子场的地膜覆盖花生高产田，亩产达 1042 斤，在郊区花生生产史上第一次亩产突破千斤。[①]

1981 年，北京市林业局从美国引进自控大型温室 11 栋，设施面积 5443 平方米，在琅山苗圃进行安装，培育各种花卉和珍贵苗木。之后，北京市还从荷兰、美国、法国、罗马尼亚、保加利亚、以色列等国引进一批现代化温室设备和蔬菜无土栽培技术设施、微灌技术设施、工厂化育苗成套设备等，通过消化、吸收和改进，在生产中成功使用，进一步提高了蔬菜机械化生产水平。

为加大对首都人民肉、蛋、奶的保障供应，1978 年 5 月，北京市畜牧局所属北京东沙配合饲料厂动工兴建后，从匈牙利引进了年产配合饲料 3000 万公斤的加工设备。这是北京市畜牧系统兴办的第一个饲料工业企业，也是北京市最早投产加工蛋鸡配合饲料的厂家。北京市先后从德国、瑞典、丹麦、荷兰、日本等国家引进具有先进水平的挤奶机，同时开始了奶牛场设备的研制。1982 年，中日友好人民公社从日本引进雏鸡饲养设备。次年，北京市第二种鸡场、红华鸡场、红星鸡场、华都肉鸡联营公司，先后从罗马尼亚引进 IV-60 型孵化器 8 台，EV-60 型出雏器 8 台，750 万枚孵蛋设备，20 万只产蛋鸡成套饲养设备。这些设备的引进，改善了当时机械化鸡场的生产条件，

---

① 《京郊推广地膜栽培 11 万亩效果好》，《北京日报》1984 年 1 月 14 日第 1 版。

提高了养鸡现代化水平。①

1979 年到 1985 年上半年，全市共对外签约引进技术 900 多项，总金额为 9.5 亿元美元，引进的重点是电子、轻工、纺织、食品和建材等行业，大都取得显著经济效益。② 通过引进国外先进技术设备，加快了行业技术进步，缩小了北京工业技术水平和国际先进水平之间的差距，加快了北京市社会主义建设的进程。

## 二、配套引进国外先进管理经验

北京市在积极引进国外先进技术和设备的同时，也注重引进国外先进管理经验。邓小平指出："我们要学会用经济方法管理经济。自己不懂就要向懂行的人学习，向外国的先进管理方法学习。不仅新引进的企业要按人家的先进方法去办，原有企业的改造也要采用先进的方法"③。这段时间，国家高层考察团在国外考察后认为，国外的企业管理已经成为一门科学，建议从中央部门到各企业都要将培训技术人才和管理人才当作战略任务来抓。④ 北京市委也反复强调，管理水平和技术水平低是实现四个现代化的严重障碍，要学习外国的一些先进管理经验，按经济规律办事。全市各类企业贯彻执行改革开放系列方针政策，积极探索企业现代化管理方法，引进借鉴多种国外先进管理经验。

---

① 北京市地方志编纂委员会编著：《北京志·农业卷·农村经济综合志》，北京出版社 2008 年版，第 246 页。

② 《本市利用外资、引进技术成果可喜——五年来对外签约成交项目近千个，总成交额 17 亿美元》，《北京日报》1985 年 9 月 27 日第 1 版。

③ 《解放思想，实事求是，团结一致向前看（一九七八年十二月十三日）》，《邓小平文选》第二卷，人民出版社 1994 年版，第 150 页。

④ 中国企业管理协会：《国外经济考察报告选编》，人民出版社 1979 年 12 月版，第 3 页。

### 北京内燃机总厂率先引进全面质量管理方法

北京内燃机总厂（以下简称北内）是一家专门生产汽油机和柴油机的国营企业，员工超过9000人，是当时中国最大的发动机制造企业，但产品质量问题很多，寿命不佳。比如柴油机的寿命，国际先进水平是6000小时，北内的柴油机却仅有2000小时，车间生产的柴油机曲轴1/3都磨不圆。有的同志说："现在的产品质量管理，简直像一个大泥塘，领导、技术人员的精力都陷进去了，整天提心吊胆，不知道哪里就出了岔子。"①

1977年10月，中国机械进出口总公司领导前往日本最大的工程机械公司小松制作所学习考察。考察时，小松制作所社长河合良一建议中国在企业推行全面质量管理，并愿将全面质量管理的经验和做法无偿传授给中国。

全面质量管理是日本从美国引进并加以改良的企业质量管理系统，20世纪60年代为日本企业广泛采用，对促进日本工业产品质量迅速赶上世界先进水平起到重要作用。小松制作所正是通过开展全面质量管理，从根本上提升产品质量，最终实现了行业领先。中国机械进出口总公司领导回国汇报后，中国有关部门采纳了河合良一的建议。于是，第一机械工业部指定北内作为试点厂，开展引进工作。

1978年5月，北内领导随第一机械工业部人员赴小松制作所，在车间参加工人们运用全面质量管理方法解决质量问题的成果发表会，很受启发。它有两个突出特点：一是把用户需要放在首要位置，产品质量要达到用户需求，而且要价格便宜、供货及时、服务周到；二是把高产品质量的重点放在管理涉及过程和生产过程，覆盖到全部门、全环节，涉及企业的每一个人——从厂长、党委书记到采购员、清洁工，而不是单纯依靠专职检查员的质量把关。

小松制作所先后派出几批专家到北内举办全面质量管理的学习班，并以北内柴油机缸体和曲轴为典型，帮助北内掌握和应用全面质量管理方法。他

---

① 《要坐"特别快车"——从北京内燃机总厂同日本小松制作所的质量管理交流看引进科学管理方法的必要性》，《北京日报》1979年2月10日第1版。

们选派出 7 名技术人员，每两三个月轮流来厂任现场技术指导，手把手教会北内的技术人员许多操作细节。

1979年，日本小松制作所帮助北京内燃机总厂推广全面质量管理。

　　为了更好学习和践行这套体系，北内组团赴日本小松制作所实习、研修、接受培训。厂里成立了由厂长负责的推广办公室，在 5 个生产车间进行全面质量管理试点，成立 65 个质量管理小组，在 109 道工序上采用了管理图。同时，还组织力量，把有关资料翻译成中文发至车间、班组，供职工学习，举办学习班，组织车间主任、技术人员培训。

　　这套体系的引进很快使工厂面貌焕然一新，发动机质量迅速提升，产能和工厂利润也大幅增长。小件车间五段通磨一班加工预热阀套，以前废品率为 22%，实行全面质量管理以后，生产 5 万件，只有十几件废品。1978 年全厂废品损失比前一年减少了 50%，约值 90 万元。柴油机车间曲轴工段一班，以前曲轴车拐后磨不圆，带有刀痕的占40%，实行全面质量管理以后，下降到3‰，[1] 10月加工3600根曲轴，件件合格。曲轴之前还存在斜油孔淬火裂纹问题，涉及柴油机车间曲轴工段和小件车间热处理工段两个部门。随着全面质量管理的推行，两个工段都开始考虑这个问题，联合成立了解决此问题的专门小组，从各自技术角度出发展开讨论，画出特性要素图，制定了几方面的对策，使这道工序的不良品率从19.9%下降到2.2%。通过全厂职工在各个环节的共同努力，北内生产的柴油机达到一等品标准，汽油机摘掉了不合格品的帽子。[2]

1978年，北内被北京市经委评选为年度质量工作先进单位。当年12月，在市经委召开的质量工作会议上，北内介绍了他们学习和推广国外质量管理先进经验的情况，进一步打开了与会企业的思路，增强了赶超国内外先进水平的决心。[3] 北京市委工作会议专门提出要求，要逐步推广北京内燃机总厂实行全面质量管理的经验。

北京清河毛纺织厂是一个有2000多名职工的老厂，既生产毛条、毛线，又生产精纺呢绒。1976年开始，他们在全厂推行起源于美国的统计质量控制方法，解决了产品出现的不规则深浅边、细纱断头率高等问题，有效促进了生产发展。[4] 但这个方法更适合技术人员，如何发动广大职工都参与到质量控制过程中，使批批产品成为优良品呢？1979年1月，厂长带中层以上干部和技术骨干前往北内学习他们推行全面质量管理的经验，回厂后，在推行统计质量控制方法的基础上，在全厂掀起了推行全面质量管理的热潮。

他们制订了《车间（科室）、工段和班组推广全面质量管理检查验收标

---

① 《要坐"特别快车"——从北京内燃机总厂同日本小松制作所的质量管理交流看引进科学管理方法的必要性》，《北京日报》1979年2月10日第1版。

② 志书编委会：《北京工业志·汽车志》，中国科学技术出版社2001年版，第293页。

③ 《总结经验，表彰先进，赶超国内外先进水平》，《北京日报》1978年12月16日第2版。

④ 《清河毛纺厂学习国外企业先进管理方法运用质量控制努力提高产品质量》，《北京日报》1978年11月18日第1版。

准及奖励办法（试行方案）》，修订了《质量管理小组章程》和《自检工人条例》，企业管理全部用数据说话，摒弃以往"大概齐"、凭经验的管理方式，使检查验收和评比工作标准化。与此同时，还制定了全面质量管理成果发表奖励办法和优秀质量控制小组、自检工人、积极分子奖励办法，大大提高了职工的积极性。

精织车间有个青年挡车工，原来对自己要求不严，劳动纪律松弛，生产质量不好，别人叫她"次布大王"。接受全面质量管理教育之后，她每天记录自己织布的疵点，按照全面质量管理方法，运用主次分析图，每周分析一次主要问题所在，制定具体措施，坚持执行。一个月以后，她修补的公分数由百公尺114分，降到70分，产量增长14.05%，3个月后，就由"次布大王"跃进到先进队伍的行列。

毛纺厂自1979年4月开始广泛推行全面质量管理后，通过改进企业工作质量、工程质量和产品质量，1979年企业利润总额达到1071万元，比1978年增长20.3%，1980年利润总额又比1979年增长21.66%，直接创造经济价值132.6万元，有力促进了经济效益的稳定提高。[①]

北京玻璃仪器厂副厂长也带技术人员到北内学习全面质量管理经验，回来后给全厂干部讲课，要求工人自觉遵守操作规程，树立质量第一的思想。他们深入试点安瓿（小型密封玻璃容器）车间，对安瓿生产的半成品、成品、操作方法一一进行分析，找出影响产品质量的关键，抓紧机器的检修，严格检验制度，充分提高机器效率，很快取得了成效。从1979年初推行到4月间，试点安瓿车间十四号安瓶机，医药用安瓿的优质品率由70%提高到79%，产量也由过去班产安瓿5万多个，提高到平均班产6.1万个，提高近10%。[②]

北内的成功也在全国范围内引起轰动，从1978年至1979年底，北内接

---

① 国家经委企业管理局编：《工业经营管理经验选编（1982）》，人民出版社1983年版，第187页。

② 《北京玻璃仪器厂认真抓试点推广全面质量管理经验取得成绩》，《北京日报》1979年8月4日第2版。

待了 28 个省市兄弟单位来厂学习的 10 多万人，他们编写和翻译的全面质量管理基础教材 40 多种，发至全国各地。

**北京市百货大楼借鉴日本三越百货管理方法**

1979 年 9 月，受日本三越百货公司邀请，北京市百货大楼经理带团到日本进行了为期半个月的访问，参观了三越百货公司总店以及外地的一些支店。日本店铺的科学经营管理方法让他感触颇深，很开眼界。

日本商店布置精美，一进入商店，犹如到了展销会上，商品琳琅满目，加上聚光、折射、间接照明，色彩鲜艳，便于顾客挑选。三越百货公司章程规定，顾客是商店的第一主人。日本营业员的服务态度非常好，对顾客热情、尊敬、有礼貌，介绍商品耐心细致，顾客问事，有问必答，对不买东西只是前来看看的客人也注意接待好。他们认为，今天的看客，就是明天的买主。日本商店十分重视掌握市场行情，如果美国流行一种新式服装，日本就很快能得到消息并迅速制作出来。他们的进货业务、销售业务、人事管理、财务管理等也有一套科学管理制度。[①]

考察团回来后，向百货大楼党委汇报了三越百货的先进管理方法。百货大楼决定充分借鉴，着手改善经营管理。

百货大楼虽然有数千盏荧光灯，但没有用在最需要的地方，比如只照通道，不照商品，使一些商品黯然失色，因为灯光照射不佳出现色差，影响顾客选购。技术革新小组及美工人员共同研究，重新设置货位，改进光照，把灯光聚焦到商品上，特别是照在新产品上，让顾客一目了然，便于选择。有的展位挂上撑开的花伞，灯光一照，五颜六色格外美观。他们还改进了果脯、礼品等专柜，这些新设计的专柜布局得当各有特色，既方便顾客选购，又美化了店容。

针对有些百货大楼职工服务态度冷漠、组织纪律涣散的问题，考察团向大家介绍日本营业员热情有礼貌的服务作风，提出作为社会主义商店职工，

---

① 《学商归来》，《人民日报》1980 年 1 月 1 日第 3 版。

1982年3月，店容一新的北京百货大楼。

大家都是人民的勤务员，服务态度应该更好，启发大家改善服务态度，提升服务意识。一些职工逐渐改变了工作作风，自觉遵守柜台纪律，满腔热忱接待顾客。

此外，百货大楼认识到市场调查的重要性，经常深入业务第一线，了解市场供需变化。有段时间，大楼库存了300多条鸭绒被，不到一个月就卖光了。他们通过调查认真分析原因，原来当时有8种副食品提价，人们推测鸭绒制品也要涨价，因此争相购买。百货大楼派出采购人员组织货源，很快调进一批毛衣、毛线、皮货、鸭绒被等商品，投放市场。①

### 建国饭店引进香港先进酒店管理经验

1982年4月，中国第一家合资饭店——建国饭店在东长安街旁隆重开业。当时北京的酒店几乎都是招待所模式，现代管理经验极为缺乏。

---

① 《"他没有白花学费"——记市百货大楼孟宪源访日归来抓的三件事》，《北京日报》1980年1月16日第2版。

在中外双方共同努力下，建国饭店聘请世界著名的酒店管理公司——香港半岛集团进行饭店的管理与经营，总经理和各部门经理都由半岛集团派来的人员担任。半岛集团在世界上专门管理五星级大酒店，来到中国后，就把世界上最先进的酒店管理经验带到了建国饭店。在学习和继承外方先进经验的基础上，经过不断的探索和研究，建国饭店形成了一套行之有效的酒店管理模式——"科学管理、热情服务、灵活经营、奖罚分明"。

饭店实行董事会领导下的总经理负责制和部门经理负责制，董事会负责投资，总经理负责运营，凡是涉及投资、设备更新的都要报董事会批准，预算范围内总经理有绝对的支配权，来负责整个饭店的经营运作。总经理对各部门实行垂直领导，对下不越级指挥，指令层层下达。每个人都有明确的岗位职责和工作流程，各级干部对自己职责范围内的工作和对总经理下达的工作指令，必须按时完成。

建国饭店竖起"宾客至上、服务第一"的大旗，一改中国饭店坐店服务的方式，不管客人从哪里来，穿什么服装，是什么肤色，都会受到热情服务。员工们的着装不再是酒店千篇一律的白大褂、蓝裤子，而是改为国际流行的不同式样的酒店员工制服，经理、领班、服务员、厨师穿上各自的衣服，往岗位上一站，客人们一目了然。前厅接待员站着工作，不扎堆聊天。登记、结算、回答询问，都面带微笑，轻言轻语。饭店倡导服务要恰到好处，比如有的国营饭店，大热天，客人进门就想换衣服，服务员"梆、梆、梆"敲门说，我给你送条毛巾来，一会儿又敲门说，我给你送杯热水来，很热情，但客人却很不方便。建国饭店的客人来了，服务员告诉他毛巾、矿泉水、洗手间等分别在哪里，然后就不再打扰，客人就会比较自在。有一次，他们看到客人用手在鼻子下面扇，经过询问，原来是客人闻不惯烟味。他们马上把餐厅划分出无烟区，并提出了这样的口号："把服务做在客人开口之前。"

为提高经济效益，建国饭店十分注意开展灵活经营。他们主动与外国常驻北京的机构进行业务洽谈，招揽和扩大生意。饭店运用市场调节，对提供的各种服务实行浮动价格，客房收费按照淡季旺季、人数多少有高有低，同时开展国内外客房预订业务，预订时间长的可以优惠。酒吧星期一到星期五是上座率低潮，酒水都打折扣。中餐厅建立宴会档案，记载各位用餐宾客食谱，以备下次变换花样，使客人有新鲜和丰盛之感。每逢一些国内外重要节日，餐厅都增加节日特色菜，如"匈牙利独立纪念日"时，西餐厅举办了匈牙利菜周，还曾办过瑞士菜周，有时还请法国厨师来做地道的法式餐。

建国饭店制定了奖罚分明的规章制度和员工守则。在物质奖惩方面，打破平均主义的分配方式，除固定的基本工资外，实行浮动的企业津贴、职务津贴和技术津贴。各级干部和工程技术人员，因渎职或不负责任造成事故，都要受到经济处罚。不管是中国人还是外国人，都是一个标准。比如有个宴会部经理是外国人，他的朋友到建国饭店吃饭，结账时他故意少收钱，饭店得知后让他赔钱并写检查。对严重违反店规的职工，予以辞退开除，开业两年内，饭店共辞退中外职工 27 人。对优秀员工，则给予表扬和奖励。建国饭店每年都会评出 5 名最佳员工，然后披红戴花，由总经理亲自开车送回家，给员工一种至上的荣誉感。

对建国饭店的"半岛化"经营管理，中方副总经理介绍说："过去我们闭关自守，眼界狭窄，在旧的模式里运行，不敢越雷池一步。我们把外国人请来，拿出高薪，为了什么？一句话，为了把国外的先进管理学来，结合我们的国情，创出一条新路来，赶上世界的潮流。"建国饭店营业以来，待客礼貌热情，服务周到，服务工作受到了国内外的好评，树立了良好的信誉。在开业两年后，就获得了中国第一枚"国际金酒店"奖。

1984 年 7 月，国务院批转国家旅游局关于推广北京建国饭店经营管理方法有关事项的请示，首批选择 50 个饭店作为试点推广。一股学习北京建国饭店经营管理方法的热潮在全国兴起，对国内饭店改革起到了推动作用。

1982 年开业的北京华都饭店，因为管理不善，规章制度不够健全，干多干少一个样，服务质量低，经营成果差，1983 年仅餐饮部就亏损 70 多万元。1984 年，华都饭店学习建国饭店的先进管理经验，结合本店实际，健全规章制度，改善服务态度，提高了经济效益。首先，打破"大锅饭"，把平均奖改成浮动奖，部门、班组、个人之间的收入拉开档次，真正奖勤罚懒。其次，建立健全各项规章制度，不论是领导还是群众，都照章办事。严格制度的同时，又把服务质量同经济利益结合起来，饭店工作效率得以大大提高。餐饮部严控出入库手续，进库检斤，出库过秤，实行日成本核算，10月底该部扭亏为盈。1984年1月至10月，该店的营业额为1041万余元，比上年同期增长26.5%，完成年计划的90.5%；实现利润比上年同期增长104%，超额42%完成全年的利润计划。这年国庆期间，他们还上下齐心，出色地完成了接待回国观光的海外侨胞的任务，受到了上级部门和旅客的称赞。一位侨胞这样写道："希望各地的饭店都像你们那样有礼貌，服务态度好，使我们祖国母亲的形象永远留在海外赤子温馨的回忆中。"

### 北京吉普汽车有限公司积极嫁接美国先进管理经验

北京吉普汽车有限公司是中国汽车工业中第一家中外合资企业，甲方为北京汽车制造厂，乙方为美国克莱斯勒汽车公司，重点生产北京Jeep（切诺基）汽车、BJ212L轻型越野汽车以及小卡车配套产品等。

公司于1984年1月15日开始营业，开业初期，公司就以"推行第一流管理，培养第一流人才，生产第一流产品，创建第一流企业"为宗旨，引进美国先进管理经验进行嫁接，对原有不适应生产力发展的企业管理体制和管理方法进行改革，企业面貌出现可喜变化。

公司在管理体制上实行董事会领导下的总经理负责制，机构设置采取美国汽车公司的部室式建构，总经理下设10个部、32个科、11个车间。管理方式由过去的二级管理改为一级管理，各业务口从上到下实行归口垂直领导。这种新的管理体制强化了经理部门的权威和运行机能，提高了各业务部门的工作效率。除了董事长由中方担任外，其他领导层人员选派上，总经理以及劳动人事部、制造技术部、质量管理部、财务部等重要部室的经理都尽可能让美方专家担任，便于他们直接传入国外管理经验。

公司强调岗位职责和办事效率，首任总经理是40多岁的美国人麦克格雷戈尔，他用英文讲话，加上翻译，会议时间一般不到1小时。公司业务会议一般只有30分钟，但效率很高，每个部经理都可以召集其他有关部经理开会，以研究和处理需要他们配合的事项，有决议就立即执行。公司之前有一个推杆运输链项目，因各部门协调不下来闲置了几年，美方提出建议并得到中方认可后，相关部门立即研究方案、制订计划、安排实施，只用 5 天时间就把这个项目运转起来。

公司参照美国汽车公司的做法，对财务管理也进行改革，变原来的二级管理为一级管理，同时引进美方生产经营的预算体制和预算方法。为了加强经济核算，吸收西方企业费用科目划分方法，费用项目由原来的 20 个增加到 118 个。公司制定费用审批权限，规定车间主任有权批准 100 元开支，部门经理有权批准 1000 元开支，解决了财政过于分散的问题。为使各级领导、各部经理和部门详细掌握财务状况，财务部编制了 8 种内部报告，为领导部门及时提供各种经济信息、数据资料，如费用控制、库存分析等，便于领导作出决策。

合资后，公司产品数量从几种发展到十几种，组织生产面临很大挑战。公司制品过多、储备量大而且积压资金，各部生产存储不均衡，严重影响了生产效率。针对这种情况，美方提出推行及时供货体系，公司成立了多部门联合组成的制品降低委员会，积极组织均衡生产。对车身、车架每月制定日历计划图表指挥生产后，前脸总成等汽车主体半成品储量下降 80%，标准件也采取定时、定量、定点、定位的"四定"供应方法，1984 年 5 月，仅 12 项零部件就节约占用资金 53 万余元，汽车装配及入库日均衡率、各大零部件总成日均衡率达到 99%。公司还采取严格管理措施，狠抓文明生产，经过一番整顿，车间内道路畅通，零件码放整齐，补充并修整了工位器具、工具箱、风机等设备，职工上班统一穿工作服，有的车间还安排了工人学习、开会、休息的场所，到处给人一种清新、明快的感觉。

公司也高度重视用户意见。有一次，一家用户对汽车产品提出了 17 项意见，质量部经理获悉后，亲自听取意见，然后到现场调查，制定改进措施。两周之后，17 项问题中，除 5 项因需另做生产准备，2 项需改变工艺外，其他 10 项问题均已圆满解决，用户非常满意。

随着切诺基汽车投产，美国汽车公司的质量管理方法也逐步被引入公司，从原材料、外协件验收、各工序中的质量控制到成本考核，建立起一整套质量管理系统。特别是成车考核，完全采用了国际 AQR 考核标准，有效提高了产品质量。中方人员纷纷表示，中外合资企业为改革旧的落后的经济管理体制创造了一个良好条件。要在合资企业这个训练班里把先进技术和管理经验学到手。

北京市积极引进国外先进管理经验，用先进管理方法改造企业，推动企业管理观念和方式变革，带动企业各项工作升级，提高了生产效率，取得了一定效果。

## 三、加快技术出口和劳务合作

改革开放初期，我国在大量引进技术设备、学习借鉴国外管理经验的同时，也尝试和友好国家开展科学技术交流合作，派遣劳务承接工程带动设备出口，既增加外汇收入，也通过技术设备进入国际市场进行交流合作，进一步提高我国的科学技术水平。北京作为中国的首都和对外窗口，随着引进技术设备的逐渐增多，在吸收、消化、改进各方面技术设备的同时，开始探索技术设备出口，尝试进行劳务技术输出，并取得了一定成绩，为之后中国技术设备在国际市场上占有一席之地打下了基础。

### 北京仪表机床厂打入国际市场

1979 年 12 月，美国一家杂志刊登了一篇刚结束对中国访问回国的赛莱克特公司主席 W. F. 沃尔福撰写的文章，题目叫"到中国去"，引起了美国人的关注。

1979 年，沃尔福在中国参观考察机床工厂，看到北京仪表机床厂生产的 X8130 时赞不绝口，称赞其"质量是非常好的""可以与最好的欧洲机床相媲美"，并同北京仪表机床厂签订 48 台 X8130 万能工具铣床的订货合同。[①]

北京仪表机床厂成立于 1956 年，是一家生产万能工具铣床、仪表车床的大型企业。1973 年的一天，仪表机床厂的工程师李希汉、赵荣先等人在一个

---

① 《让中国机床在国际市场站住脚》，《北京日报》1982 年 2 月 1 日第 1 版。

外国工业展览会上，看到一台非常熟悉的铣床，顿时感到羞愧。因为 10 年前，他们就试制出了同样的产品，并通过了国家鉴定。但因为"文化大革命"的冲击，10 年过去了，机床却"流产"了。自此，让中国机床在世界市场上立足，成为他们的奋斗目标。为了赶上世界进度，正在车间"下放劳动"的李希汉利用周末时间，跑到情报所、图书馆，沉浸在各种英文、俄文的技术资料中，经过 3 年多的努力，搜集了世界各国的万能铣床的型号、厂家、参数、实物照片等；赵荣先等人则刻苦钻研技术，精心设计了万能工具铣床 X8130，并不断进行试验改进，瞄准进入国际市场的目标努力。

打入国际市场，首先要了解国际市场，调查研究是第一步。北京仪表机床厂广泛调查国际市场，了解国际市场情况。为此，他们注重"搭车"，巧借人，在改革开放初期出国机会并不多时，重点依靠进出口公司业务员的出国机会和社会关系开拓工作。进出口公司业务员出国前，仪表机床厂把他们请进来参观，详细介绍产品的特点和技术性能，请他们带上一批样品和说明书到国外散发；业务员回来后再主动拜访，征询外商的反映，每次都有订货需求。他们还广泛利用展览会宣传产品，除了参加每年的广交会外，北京仪表机床厂还在美国的芝加哥、休斯顿、洛杉矶以及德国、阿根廷、澳大利亚、智利等国家参加展览会，一位德国的商人在美国芝加哥展览会上看到铣床产品后，直接订购了 100 台。他们甚至还把外商直接请到工厂参观，美国赛莱克特公司主席沃尔福就是到工厂参观以后才发出了"到中国去"购买铣床产品的声音。

打入国际市场最关键的是有适销对路的产品，且产品要随着市场的变化而变化。1979 年 10 月，北京仪表机床厂参加广交会寻求出口市场。交易会上，一位美国客商提出要订购一批 X8130，条件是：必须是英制尺寸，半年内交货。英制不仅意味着机床的许多部件要改变设计尺寸，而且生产使用的大量工装模具也必须更换，但现实条件是国内市场连英制的板牙、丝锥都没有。能不能承接下这个任务？经过商量，他们最终下决心接下这批订单。为了使技术与国际接轨，经过多次尝试改进技术，最终生产出完全符合美国技术要求的产品。此后，不仅是英制的能接，带插头的、带自动镗铣头的、带高速铣头的、带套筒铣头的……只要客户有需要，他们都能承接下来。

世界市场大潮中，他们还特别注意学习与引进国外的先进技术。在一次与外商谈判中，外商提出要将高速立铣头替换成无级变速铣头，因为仪表机床厂没有图纸，外商就为他们提供实体样品供试验研究，很快他们就突破了这项技术并应用于新产品。为了促进万能工具铣床的改型和提高机床性能，北京仪表机床厂还从美国阿尼马公司引进两套数显装置和两套微处理机，经过吸收、消化，又在原有机型基础上成功研制了带有微处理机的 XK8130 数控万能工具铣床，技术指标达到当时国际先进水平，为中国机床制造行业填补了一项空白，在国际市场上获得良好声誉。

经过一年多的探索，1981 年北京仪表机床厂，向包括美国、联邦德国、法国、意大利等先进工业国家在内的 31 个国家和地区出口机床 183 台，是 1980 年出口量的 3 倍，成为改革开放初期全国技术设备进入国际市场的少数企业之一。匈牙利 MERT 质量管理协会主席蒂博·约在给北京仪表机床厂的来信中热情称赞该厂具有良好的专业素质，X8130 是高水平的机床，如果进一步努力，机床的出口与国际的合作将有更大的发展。[①]

### 首钢技术交换转让出口

1980 年 10 月 23 日，《中国—卢森堡高炉技术合作协议》签订，首钢高炉技术第一次进入国际冶金界，也成为我国冶金史上与外国签订的第一个技术合作协议。从此首钢的多项技术开始进入国际市场。

首钢总公司始建于 1919 年，是一个以生产钢铁为主的大型企业。1978 年，二号高炉移地大修改造工程是首钢向钢铁设备现代化进军的第一场硬仗。在分析国内外炼铁技术发展趋势、正确估计自身建设力量基础上，首钢决定采用新技术、新设备、新工艺追赶世界先进水平。当时，国内外还没有在大中型高炉上使用顶燃式热风炉的先例。为建设我国第一座现代化高炉，首钢

---

① 《当代北京对外经济贸易》编辑委员会编：《当代北京对外经济贸易》，中国对外经济贸易出版社 1988 年版，第 107 页。

决定采用已在小高炉试验成功的顶燃式热风炉技术，正式设计和建成世界上第一组用于高炉的大型顶燃式热风炉，使高炉热风炉系统技术达到世界先进水平，并于 1979 年 12 月投入使用。

新二号高炉建成后，高炉无料钟炉顶技术的发明者、卢森堡工程师莱吉尔专程前来参观。当他攀上 60 多米的炉顶，考察正常运转的炉顶设备并仔细审视设计图后，由衷地感叹道："全世界现有的 50 多套无料钟炉顶，都使用的是卢森堡的专利，唯独你们是自己设计的。"叹服之余，他主动要求与首钢建立技术交流关系。

1980 年 10 月 23 日，中国冶金进出口公司和首钢公司代表与卢森堡阿尔贝德集团的保罗·沃士公司代表在《中国—卢森堡高炉技术合作协议》上签字。按照该协议，首钢向卢森堡提供顶燃式热风炉技术，卢森堡向首钢提供无料钟炉顶技术以及矮身液压泥炮、双向开口机、卡丹型送风组件的专利技术。通过与卢森堡的技术交换协议，该项技术首次向国外出口，同时也使首钢的无料钟炉顶装置技术得到进一步完善。

之后，首钢的多项技术开始走出国门，走向世界。1981 年 5 月 1 日，中冶进出口公司、首钢与英国戴维麦基公司就高炉喷吹煤粉技术转让达成协议。戴维麦基公司在 10 年合同期内，在双方同意的地区销售首钢高炉喷吹煤粉的专有技术，每销售一套设备，中方按固定比例提成。首钢还直接为用户提供设计咨询以及特定的试验、检验工作，同时负责培训操作人员及投产后的技术服务等工作。1982 年 5 月 31 日，首钢向美国科伯斯公司转让顶燃式热风炉专有技术协议正式生效。美国科伯斯公司是世界知名的热风炉和焦炉建造的承包商，根据这一协议，科伯斯公司先付给首钢一定数额的技术入门费用，以后每销售一套设备再付给首钢技术提成费。首钢授予科伯斯公司在美洲地区的独占许可证，即科伯斯公司在美洲只能卖首钢的顶燃式热风炉，首钢在该地区不再向第三方转让该技术。这一技术转让协议的达成，为首钢顶燃式热风炉技术在北美地区高炉上的使用铺平了道路。

首钢通过与国外技术交流转让，既获得了国外先进的冶金技术，又推销了自己的技术。但仅仅是技术出口，获利有限，且因为不参与制造设备出口，也限制了技术的进一步开发。经过几年总结，首钢开始尝试以技术出口带动成套设备出口，并逐渐成为出口的重点。

### "酸豆乳"技术有偿转让日本

1981年12月11日，《人民日报》刊载了一则消息：《我国首次向国外出口食品领域成果——北京酸豆乳制作技术有偿转让日本》，北京酸豆乳制作技术将在日本开花结果，这是我国第一个向国外出口的食品科技成果。之后《光明日报》《经济日报》《文汇报》等10多家报刊进行专题报道，引起国内外瞩目。

北京酸豆乳是以大豆为原料，经磨浆、接种、发酵等工序制成。因其含有丰富的蛋白质、脂肪和人体必需的18种氨基酸，胆固醇含量低，极易被人体消化吸收，且质嫩爽口、酸甜适度，受到人们特别是老年人的青睐。

酸豆乳的研究，是北京市食品研究所科技人员受到酸牛奶的启发，萌发了利用植物蛋白制作"酸奶"的念头，以此来加工大豆食品。这种产品的关键在于筛选菌种。为了培养和找出一种适宜在豆浆中生长的优良菌种，科研人员进行了不懈探索。他们挤在一间无菌室里操作，一干就是一整天。课题工艺负责人黄玉燕是一位归国华侨，她身患绝症，依然坚持工作，甚至星期天还要到实验室查看菌种。在科研人员的努力下，终于锁定无杂菌、无毒性且完全符合发酵豆制品卫生标准的菌种，科研人员为其定名为"豆乳链球菌"（streptococcus sojalatis SP. DDV）。大量实验证明，用这种新菌种接种发酵的酸豆乳，形态和口感都非常理想，这项技术先后被评为北京市和商业部优秀成果，写进我国食品研究成果史册。为了使这项食品加工技术更加完善，他们又设计制造了工业化生产酸豆乳的专用设备——消毒、冷却、接种三用罐，不但减少了设备、简化了工序，还便于清洗，产品更加卫生，使酸豆乳技术更加如虎添翼，为酸豆乳的量产创造了条件。

很快，酸豆乳开始在王府井、西单等食品店出售，受到消费者的好评，同时也吸引了国内外同行们的兴趣。第一个找上门来的是日本食品专家。日本也一直在寻求这种菌种，始终没有找到。一个偶然的机会，他们意外地在北京市场上遇到了这种产品，就通过中国国际贸易促进委员会北京市分会，直接找到了小巷深处的北京市食品研究所。经过多次接触洽谈，日本太子食品工业株式会社要求把酸豆乳的加工技术和"三用罐"专用设备同时转让给他们，并邀请研究所科技人员到日本指导。1981 年 11 月 10 日，北京市食品研究所酸豆乳生产技术以 8 万美元有偿转让给日本太子食品工业株式会社，附加一套设备，全部售价 14.9 万美元。

1983年8月1日，北京酸豆乳开始在东京繁华的银座街正式出售，受到顾客的欢迎。

为了使这项食品加工技术早日走出国门，按照转让合同要求，需要尽快拿出菌种食用安全数据，提供人体安全性试验结果。消息传出，当天就有 100 多名科技人员报名自愿做试验者，经过夏秋两次人体试验，积累了几万个数据，最终得出可靠安全数据，证明了北京酸豆乳菌种及其在医学上的安全性。

合同签订以后，食品研究所先后 3 次派 4 名技术人员赴日本指导，经过一年多的筹建和试生产，产品稳定后，1983 年 8 月 1 日，北京酸豆乳在东京银座正式出售。由于日本生产厂商和政府的事前报道、召开记者招待会，上市那天引来广大食客争相购买。

酸豆乳技术成为中国食品工业第一项向国外输出的科学技术成果，在我国食品发展史上谱写了食品加工技术有偿转让外国的新篇章。一花引来百花开。我国不同的食品加工技术开始走出国门，把加工出来的各种营养美食，献给世界各地爱好美食的人们。

### 对外承包工程和劳务技术合作向多国拓展

北京的对外承包工程和劳务技术合作是在我国对外经济援助基础上发展而来的。1958 年，北京开始承担我国部分对外经济援助任务，加强了同所在国的友谊，也培育了一批在国外从事经济工作的人才，为之后的国际经济技术合作开辟了道路。1979 年，我国同尼日利亚签订第一个劳务技术合作合同，向尼日利亚派出 30 人的小型工业发展中心技术组，由此拉开了向国外输出成建制劳务技术人员的序幕。

随着同尼日利亚第一个劳务技术合作合同的签订，北京开始向国外派遣成建制的劳务技术人员。起初，劳务技术人员派遣主要是中央有关公司对外谈判签订合同，北京按照合同规定选派各种劳务技术人员执行合同。1979 年4 月至 1981 年，通过中国成套设备出口公司、中国建筑工程公司签订合同组织协调，由北京市建工局、纺织局、机械局所属企业向国外派遣技术劳务人员 1024 人次。1981 年 7 月，经市政府和国家对外经济联络部批准，中国成套设备出口公司北京市分公司成立。1982 年 9 月，国务院批准成立了中国北京国际经济合作公司，统一组织北京市的对外承包工程和劳务技术合作，按照政府间协议或民间的形式承包各类工程，提供各类专业人员、技术人员和成套设备。

中国北京国际经济合作公司建立后，把劳务输出作为重点，逐步建立各项制度，积累了一些经验。劳务技术人员派出前，严格做到"一明确、二对口、三落实、四关键"：进行出国前教育，明确为该国服务的目的，做好艰苦奋斗的准备；劳务项目和派人单位的行业对口，派出人员与对方要求的专业、工种对口；落实派人单位、项目组长、翻译及关键人员；关键要把好人员的思想、技术、身体素质的选择审查，认真进行爱国主义、国际主义、集体主义和外事纪律教育，安排好国外项目组管理和财务制度，制订好派出计划。在国外，各项目组严格实行组长负责制，认真履行合同，尊重所在国的法律和风俗习惯，加强各项规章制度，加强经营管理，安排好职工生活，充分发挥劳务人员积极性，逐步打开工作局面，用实实在在的劳动成果，树立自己的形象，创出国家信誉，赢得对方信任。

据统计，从 1982 年公司成立到 1986 年底，中国北京国际经济合作公司对外签订或执行中央有关公司的分包合同总额达 7400 万美元，向 27 个国家和地区先后派出建筑、水利、市政、建材、化工和轻工业等 90 个项目组，4000 多名劳务技术人员。[①]

北京市建工局承建的叙利亚大马士革体育场，1979 年建成。

改革开放初期，北京的劳务技术合作，主要集中在亚洲地区，从 1982 年到 1986 年底派出的劳务人员中，派往西亚地区的人数占劳务出口总人数的 95%，派往非洲的人数占 1%，派往其他地区的人数占 4%。其中，从事市政工程项目的占 50%，建筑工程项目的占 20%，工业生产项目的占 26%，厨师

① 《当代北京对外经济贸易》编辑委员会编：《当代北京对外经济贸易》，中国对外经济贸易出版社 1988 年版，第 235 页。

占 2%，翻译、医生、管理人员占 2%。尽管当时的劳务技术合作还处于起步阶段，劳务输出面还比较小，行业比较窄，但通过劳务合作积累了一定的经验，赢得了口碑，也打开了中国在国外的局面。

当时，北京派出的最大劳务项目是负责伊拉克巴格达饮水工程的卡拉赫饮水工程项目组，项目由市政工程局所属各公司承担，北京的劳务人员主要负责北水池配水厂及其附属工程，从 1983 年到 1985 年共派出 2000 多人次，现场劳务人员最多时达到 1500 人。卡拉赫饮水工程位于巴格达西部地区，当时是伊拉克重点工程之一。英国承担总体设计，美国、德国、日本、意大利等国提供材料设备，中国、埃及、孟加拉国、波兰、菲律宾等国家提供劳务。为做好这个项目，市政工程局选派一位得力领导担任项目组长，会同一批专家组成领导班子，根据工作性质将职工编成 11 个队，建立规章制度，严格管理。他们根据实际工作情况，制定了适合国外工作特点的规章制度，使整个管理有章可循，保证工程顺利进行。

项目组认真做好外事工作，对外广交朋友，沟通关系，增进友谊，并主动承担额外任务，为他们排忧解难。比如，施工开始以后，测量工作是关键环节，但伊方只有一名年轻的女测量员和一名孟加拉国测工，根本无力完成。为此，伊方希望中国技术组帮助他们解决这一难题。为了中伊友谊，项目组抽调人员组成两个组帮他们解决不在合同内的工程任务。测量过程中，大家兢兢业业，认真负责，经过反复校核，拿出了正确的测量结果。项目组成员以优良的技术、优异的质量、较高的效率，赢得了伊方的信任。因此，伊方辞退了其他国家的大部分工程师和几百名劳务人员，转让中国工程师负责。在各国的竞争中，伊拉克又与中国续签了两项劳务合同。

劳务人员也在国际合作交流中学到了先进的管理经验和技术。当时中东国家从发达国家引进了一些先进技术和设备，并雇用外籍人员管理，有些技术设备国内还没有，而在国外的劳务人员已经使用并积累了经验，开阔了眼界，提高了技术。北京人民食品厂从国外引进一条生产线，关键部位负责的工人都是去过伊拉克的劳务人员，他们在国外使用过这些设备，很快就能将设备安装完成并调试投入使用。

对外承包工程也带动了成套设备的出口。1981年7月，市进出口管理委员会和中国成套设备出口公司等单位赴尼日利亚考察小组，决定合作建设生产型合营企业。1982年1月，双方签订合同共同创立新世界制鞋有限公司，生产塑料底布鞋，中方占股40%。1984年6月厂房建好，1985年中方设备到齐并开始安装，8月试生产，开始收回投资。

随着对外开放的推进，我国的出口产品结构逐步优化，技术出口在外贸出口中所占比例越来越大，技术出口的国家也越来越多，知识产权的保护问题也提到议事日程上。1980年6月3日，我国加入世界知识产权组织；1985年4月1日，第一部《中华人民共和国专利法》正式实施，各项有关技术出口的法律法规逐步健全，为技术出口提供了宽松的政策环境和畅通的渠道。同时，北京发挥高校、研究所和企业及技术人员众多的优势，加强对技术出口的管理协调及组织规划，制定技术出口暂行办法，技术出口逐渐取得突破。

# 第四章
# 利用外资创办各类企业

党的十一届三中全会后，北京市贯彻执行对外开放基本国策，积极利用外资创办各类企业的探索。1980 年 5 月，北京市域内成立了全国第一家合资企业——北京航空食品有限公司，由此开启了引进外资和兴办外商投资企业的序幕。一大批中外合资企业相继出现，如饭店领域的北京建国饭店、北京长城饭店、丽都饭店等；工业领域的北京吉普汽车有限公司、中国迅达电梯有限公司等；农业领域的北京正大饲料有限公司、北京大发正大有限公司；金融租赁领域的中国东方租赁有限公司、中国国际包装租赁有限公司等。这些企业的创建，为北京的发展注入了新的活力。

## 一、创办合资企业"001 号"

在北京航空食品有限公司的荣誉室里，存放着一件特殊的展品——一页镶在镜框里的批准文件，上面写着"外资审字〔1980〕第一号"。这是 1980 年国家外资管理委员会批准该公司成立的通知。① 北京航空食品有限公司是中国第一家合资企业，由中国民航北京管理局和香港美心集团共同出资成立。作为第一家合资企业，北京航空食品有限公司不仅结束了中国民航没有航空

---

① 与北京航空食品有限公司一同获准成立的首批合资企业还有北京建国饭店、北京长城饭店等。

配餐的历史，更具意义的是，它开创了创办中外合资企业的先河。

## 打开创办合资企业之门

1979 年 1 月 29 日，时任国务院副总理邓小平应美国总统卡特邀请，开始对美国进行正式友好访问。此时，两国正式建交仅 20 余天。在这次"破冰之旅"中，中美双方计划签订中美通航协议，① 要在 20 世纪 80 年代初首先开通旧金山直飞北京航线。

要开通远程航班，飞机上配备餐食是其中一个必要条件。当时中国并没有正规的航空配餐企业，中国民航北京管理局只有一个 30 余名职工的配餐供应室，设备落后，更没有相关的配餐技术和经验。中国的餐食适合现做现吃，如果做好了在飞机上放几个小时，再经过二次加温送到乘客手上，色香味则会大打折扣。西餐制作水平也不高，连最基本的面包也做得不好。曾为几代国家领导人及外国元首执行专机任务的中国民航北京管理局局长徐柏龄曾说过，有一次邓小平乘坐飞机出访，在吃了飞机上提供的面包后对他说："你们的面包不好，老掉渣儿。"并提出要提升飞机配餐的水平。

虽然中国是一个有着美食传统的泱泱大国，但是当时情况就是如此，航空配餐水平与国际水平相去较远，以致没有一家外国航空公司愿意在中国配餐，一些通航北京的外航公司一般都是到香港和日本配餐。即将开通中美航班之际，美国泛美航空公司工作人员来到中国考察后，认为中国内地没有一家企业有能力提供合格的航空餐食，提出了航班经停日本东京，在东京配餐。

邓小平得到消息后马上表示："不行，中途停就不叫直航。"他坚持配餐问题必须在北京解决，要求尽快建立并发展中国的现代化航空配餐企业。以当时的情况来看，要在短期内发展中国现代化的航空配餐企业，利用国外的资金、先进技术以及管理经验，与外商合资创办企业成为解决问题的出路。而当时负责这项工作的民航局同志并没有任何经验。

---

① 1980 年 9 月 17 日，《中华人民共和国政府和美利坚合众国政府民用航空运输协定》在华盛顿正式签署。

改革开放以前，中国对外资的利用程度较低。随着对外开放政策的确立，邓小平多次表示欢迎外商到中国投资。早在 1978 年 10 月 9 日，邓小平在同中国旅行游览事业管理总局、中国民用航空总局负责人卢绪章、沈图等人谈话时就指出："民航和旅游这两个行业很值得搞。……民航可以同外国公司签订协议，这样做，有利于民航和旅游业的发展。"①

1979 年 1 月，邓小平在与工商界元老谈话时指出："现在搞建设，门路要多一些，可以利用外国的资金和技术，华侨、华裔也可以回来办工厂。吸收外资可以采取补偿贸易的办法，也可以搞合营，先选择资金周转快的行业做起。"②同年 7 月，在邓小平的倡议和指导下，第一部《中华人民共和国中外合资经营企业法》出台。此后，《中华人民共和国中外合作经营企业法》《中华人民共和国外资企业法》等法律陆续制定颁布。

邓小平的指示和相关法律的出台让当时负责引进外资工作的同志吃下一颗定心丸。可是，"门"怎样打开？在当时的条件下，合资企业这株"舶来树"能否成活？大家心里都没底，压力非常大。民航局相关负责同志多次与外商谈判成立合资公司事宜，但由于外汇缺乏，只有瑞士和日本愿意与中方合资成立现代化的航空食品公司，并且都附带了苛刻的条件，如要求有优先起降权或是谋取巨额经济利益等。眼看中美直航在即，民航局的领导们心急如焚。就在这时，一位满怀爱国情怀的香港企业家出现了，他就是香港美心集团董事局主席伍沾德。

### 香港美心集团助力建立"001号"合资企业

美心集团创立于 1956 年，发展到当时，美心集团已经包揽了全港近 1/5 餐饮业务，在海内外有 300 多家餐饮企业。

1978 年 12 月，伍沾德的女儿伍淑清受邀到内地访问。她在从武汉到广州的列车上的广播里听到了邓小平的声音："要以经济建设为中心，欢迎外商到

---

① ② 中共中央文献研究室编：《邓小平年谱（一九七五—一九九七）》（上），中央文献出版社 2004 年版，第 397、471 页。

中国投资。"听完这番话，伍淑清立刻被这春雷般的声音所振奋。当时她已经是世界贸易中心协会的16位理事之一，作为爱国人士，她非常希望为内地的经济发展做点事情。尽管从未做过航空餐食，但当伍沾德父女得知内地急需一家达到世界水平的航空配餐公司时，仍然主动北上。

1979年深秋的一天，伍沾德来到北京，与中国民航总局局长沈图第一次见面就相谈甚欢。由于当时中国没有审批中外合资企业的先例，双方握手为约。作为香港爱国人士，伍沾德非常乐意帮助中国发展航空食品业，由此拉开了创办北京航空食品有限公司的序幕。

伍沾德父女与中国民航北京管理局的领导们经过数轮洽谈，决定合办航空食品公司。当时，中国合资企业还没有先例，谈判双方心里都不是十分有底。民航总局的领导将此事汇报给了邓小平。邓小平得到消息后首先询问了美心集团是否会做面包，他少年时期曾留学法国，深知在国外，面包相当于中国人的米饭，他推断面包做得好，其他西餐也不会有太大问题。得到肯定的答案后，邓小平当即表示了同意。

1980年4月，北京航空食品有限公司开业通知书。

国家领导人的直接关心，给了谈判双方极大鼓舞。因为是中国成立的第一家合资企业，没有先例，为了审批这个合同，国家经委、国家外国投资管理委员会、财政部以及税务、海关等部门先后开了 3 次会，对合同上的 21 项条款逐一斟酌，反复讨论，有时还要多方请示。谈判中，伍氏父女不会讲普通话，就在纸上写字沟通；中方代表不懂股份制，伍沾德就给他们解释。经过多轮谈判，协议推进有了重大进展，曾对《中华人民共和国中外合资经营企业法（草案）》提出书面意见的全国政协副主席荣毅仁最后一语定乾坤："合同的初稿、章程我都看过了，根据国际惯例是可行的。"[①] 1980 年 4 月，中华人民共和国外国投资管理委员会批准了京港合资经营北京航空食品有限公司，这是国家外国投资管理委员会审议批准的全国第一家合资企业（港商投资，享受外商投资政策）。双方约定公司定名北京航空食品有限公司，共同投资 588 万元人民币，中方占股 51%，港方占股 49%，由中方控股，合同期限 8 年。

创建北京航空食品有限公司的资金全部到位后，香港方面还派出一名欧籍厨师和 20 名有经验的员工参加筹建工作，很快北京航空食品有限公司就完成了装修厂房、购买设备、人员培训、制定业务规则、开拓市场等各项准备工作。

1980 年 5 月 3 日，在首都机场宾馆西侧的广场上，京港合资的北京航空食品有限公司举行了隆重的开业典礼。中港双方代表数百人，出席了隆重热烈的开幕典礼和剪彩活动，时任外国投资管理委员会副主任的江泽民到场祝贺。由此，中国改革开放后的第一家合资企业诞生了，被称为"001 号"合资企业，中国没有自己航空配餐的历史宣告结束，也拉开了中国航空食品配餐业快速发展的帷幕。由于公司是生产天上飞机用的航空食品，所以也被称为"天字第一号"。

**合资企业充分吸收国外先进设备、技术和管理经验**

在中国大陆创办经营第一家中外合资企业，同时也是第一家民航配餐企

---

① 林晓虹：《北京航食：外资审字"第一号"》，《中国外资》2007 年第 7 期。

业，不仅要引进资金、技术，更要引入理念和制度。

当时中国的对外开放程度还不高，企业缺乏从西方购买先进设备的渠道。合资后，伍家父女以香港公司的名义从法国、德国等地订购面包烤炉、洗碗机等厨房设备，货到香港后用轮船转运至天津，再用火车运送至北京。

从国外引进的设备有比人还高的冷藏库，比写字台还大的油炸锅，全套机械化的搅拌机，和面机和自动化的餐具洗涤机、云石台、不锈钢工作台……这些从未见过的先进设备让当时年仅19岁、后来成为北京航空食品有限公司行政总厨师长的付燕君大开眼界。他曾在北京知名涉外饭店工作过，但他此前从未见过这样的"厨房"。当时的大部分饭馆还在烧煤，但这里的厨房已经用上了管道煤气。他还看到很多市面上极少见到或根本没有的食材：抱子甘蓝、甜豆、青芦笋等蔬菜；来自澳大利亚、加拿大的大块牛排、羊扒；从挪威进口的有漂亮的白色油脂线的橘红色三文鱼；成箱空运来、到北京还是活的大龙虾……走出厨房，公司里还有可以供应热水的饮水机，旁边放着一摞锥形的一次性纸杯，员工可以随时取用。

港方提供的不仅是外汇、设备购买渠道，他们在食品制作方面的经验也十分宝贵。在公司，付燕君学习的第一道菜品是炒鸡丁。在学校里，付燕君主攻鲁菜、川菜，炒鸡丁从来讲究急火爆炒。但在北京航空食品有限公司，餐食制作的工艺并不一样，航空餐的特点是制作后要迅速冷却，冷链储存运输，在飞机上还要进行二次加热，所以必须探索创新工艺流程，让餐食在飞机上再加热后不干。

在港方高级厨师的具体指导下，中方工作人员学会了先进的配餐技术。国内的面粉筋度不够高，烤出来的面包没有嚼劲。为了改变这一情况，公司从澳大利亚进口面粉，在外籍厨师的技术指导下，烤出了又香又软不掉渣的法式面包。邓小平品尝后赞扬说："你们的面包很好吃，不掉渣了，很好嘛！"[1] 当时北京没有其他食品厂生产法式面包，北京航空食品有限公司是独家经营，人民大会堂、钓鱼台国宾馆、北京饭店、建国饭店等许多单位

---

[1] 林晓虹：《北京航食：外资审字"第一号"》，《中国外资》2007年第7期。

闻讯后，纷纷向北京航空食品有限公司订购面包，合资后仅生产法式面包一项，就打出了一个开门红，同时，也带动了航空客座率的迅速上升。1981 年 1 月 7 日，中国民航的一架波音 747SP 飞机从北京起飞，经上海、旧金山飞往纽约，拉开了中美两国定期商业航班的序幕。这个航班的配餐工作，正是由北京航空食品有限公司负责的。此后，北京通航的外国航空公司全部在该公司配餐。

此后，北京航空食品有限公司进一步加大食品研发力度，公司针对不同国家、地域的饮食习惯以及消费者身体状况的差异性，根据各航空公司的不同要求配餐，生产出了适应五大洲各地域风味、既合国际标准又富中国特色的美味佳肴，并独创了糖尿病餐、穆斯林素餐、婴儿餐、低热能餐、高纤维餐等，最大限度地满足航空食品的个性需求；公司还突破了航空食品不能即席烹饪的难题，把具有民族特色的烤鸭、托蒸鱼、锅塌鲍鱼等中华经典美食送上了蓝天，捧到了世界各地顾客的面前。公司多年来一直为中外政党、政府首脑以及重要客人的专机、包机提供配餐及服务，多次受到国家领导人和外国元首的称赞。由于卫生搞得好，饭菜、糕点品种多，能适合各种乘客的不同口味，公司的业务已从空中发展到地面。北京友谊商店、故宫、国际俱乐部等都开设了北京航空食品有限公司的寄售柜台或零售部。

作为国内第一家航空配餐公司，北京航空食品有限公司成立后迅速占领了航空配餐市场。伍沾德从香港请来教师，组织业务训练，讲授如何搞好机上餐食、饮料的供应和服务，还专门向内地员工开设英语课。北京航空食品有限公司还广泛采纳国内外的先进经验，建立了一套规章制度，明确了各级负责人员职责。在全国，它也是率先实行"打卡上班"、率先改制的企业。

由于劳动纪律严明，管理方法得当，工作效率和经营效果均能保持较高水准，基本实现了"餐食质量和服务工作达到国际先进水平"的合营目的，取得了良好的经济效益。公司成立 8 个月后，日配餐量就翻了一番。1980 年 5 月开业至当年年底，总营业额就达到 336 万元，1981 年达到 840 万元，

1982 年达到 1132 万元。[①] 合资三年内，双方就收回了全部投资。

### 采取开拓型经营战略，积极打开市场

公司勇于创新，不断地扩大经营范围，力争取得更大的经济效益。合资后，公司充分适应环境的变化，采取开拓型多样化经营的战略。

为了适应国内外旅游事业发展的需要，北京航空食品有限公司与上海管理局合资在虹桥机场开设了"上海航空食品公司"，主要经营由上海始发或中转的国际航线、地区航线和国内航线上飞机旅客的餐食，销售具有特色的糕点和饮料。为了满足首都北京国际友人多、外事人员多、外贸人员多的市场需要，1982 年，北京航空食品有限公司还在位于长安街东延线建国门外的"国际俱乐部"大楼开了一家具有国际先进水平的豪华西餐厅。通过这一经营方式，大大地增加了外汇收入。

为了适应外交礼节的需要，公司还先后为巴西、瑞士、美国使馆和英国石油公司等承包酒会，供应餐食，扩大了国际影响。为了满足国外旅游者的需要，公司为北京友谊商店和日本伊藤忠商事株式会社供应糕点、面包等食品；为了满足北京市民及外地观光者的需要，在北京东单的春明食品店等处供应三明治、热狗、牛角酥、面包等食品。到 1984 年，北京航空食品有限公司已与美国、日本、瑞士等国的航空公司建立合作关系。在 14 家通航北京的国外航空公司中，除英航在香港配餐外，其他航线的餐食均由北京航空食品有限公司负责。

为了与国际充分接轨，航空配餐食品安全管理标准也不断提高。厨房里的刀、铲、炒勺等用具不能配木质把手，要使用易于清洁的不锈钢材质，因为木质的不易清洗，容易滋生微生物；生产区域的加工间洗手要使用 43 摄氏度的温水，为了不造成二次污染，统一调整为感应式水龙头。

北京航空食品有限公司积极开拓将中国航空食品配餐业带入了快速发展、

---

① 《一家欣欣向荣的合资企业——北京航空食品有限公司》，《国际贸易》1983 年第11 期。

与国际先进航空配餐业一争高下的快车道。公司通过不断完善和创新，先后通过 ISO 9001 和 HACCP 体系认证，为 50 余家中外航空公司提供机上配餐服务，其中包括汉莎、美西北、美联合、日航、加航等外国航空公司以及国航、东方、南方等国内航空公司。日均服务航班超过 300 架次，每天为数万名旅客提供上千种航空餐食。

2008 年北京奥运会与 2010 年上海世博会等诸多利好因素，推动了北京航空食品有限公司三期扩建工程总体目标和整体规划的确立。在贴近首都机场东航站区主干线上，一座占地 43000 平方米的北京航空食品有限公司新配餐楼拔地而起并投入使用。

从落后的手工作坊到先进的现代化生产线，"北京航空食品有限公司"的业绩映射着改革开放的闪光足迹。公司在许多方面的大胆探索，为利用外资提供了宝贵的经验；它的实践成果，也向世人证实了外资对于中国经济的推动力。合资的成功，增强了外商的投资信心。从"北京航空食品有限公司"勇"吃螃蟹"始，中国逐渐冲破"旧"的思想藩篱，引进外资事业得到了迅猛发展。

## 二、建立建国饭店等首批外商投资饭店

从 1976 年开始，赴中国旅行、参观、交流的境外人士开始增加。1978 年 2 月，第五届全国人民代表大会第一次会议审议通过的《政府工作报告》中提出"要大力开展旅游事业"。党的十一届三中全会后，改革开放政策进一步打开国门，来京的国外和港澳台地区游客急剧增加。1976 年，北京接待国外旅游者约 1 万人次，1977 年接待境外来京的人数，达 4.5 万人次；1978 年又比 1977 年翻了一番多，达 11.3 万人次；1979 年在限制来京人数的情况下仍比 1978 年增加了 65%，[1] 1980 年达到 28.6 万人次。[2] 随着旅游人数增加，

---

[1]　北京市政协文史和学习委员会、中共北京市委党史研究室、北京市老干部局编：《改革开放话北京》，北京出版社 2008 年版，第 87 页。

[2]　北京市地方志编纂委员会编著：《北京志·旅游卷·旅游志》，北京出版社 2006 年版，第 198 页。

从中央到北京市，开始重视旅游事业的发展。

### "搞旅游要把旅馆盖起来!"

改革开放初期，北京市住宿接待能力非常有限，能够接待海外旅游者的设施较好的涉外饭店只有 11 家，客房不足 5000 间，很多房间经常处于停用维修状态，实际上可提供的客房不足 4000 间。这些饭店大都功能单一、设施陈旧，只能为客人提供简单的食宿。

1978 年、1979 年，国家计委安排了 4200 万元低息贷款给北京市，用于建造华侨旅游饭店和燕春饭店，北京市政府筹集资金建造燕京饭店。即便如此，这些饭店建成之后也只能增加 2000 多间房间，远远不能满足需要。[1]

由于饭店短缺，驻外使领馆给来华外国人发签证时，需要事先确认到北京的住宿是否能落实。1979 年美国申请来北京的有 17 万人，却只批准 2 万人。即便是这样，因不可预知的因素，还经常出现外国客人游览结束后在北京无处可住的情况，只能调用专车或飞机把客人送到天津、南京等城市去住宿。

这种情况严重制约了旅游业的发展，也不利于对外交往和现代化建设。面对这种局面，邓小平同志指示，要打好"侨牌"（即利用侨资），做好做足旅游。他还指出："同外国人做生意，要好好算算账。一个旅行者花费一千美元，一年接待一千万旅行者，就可以赚一百亿美元，就算接待一半，也可以赚五十亿美元。"[2] 为解决因饭店严重不足而影响旅游业发展的"瓶颈"问题，国务院成立"利用侨资、外资建设旅游饭店领导小组"，加快建设旅游饭店。根据邓小平的谈话精神，国务院将旅游饭店列为首批对外开放、利用外资的行业之一，成立了由副总理谷牧、陈慕华和全国人大常委会副委员长廖承志为组长的利用侨资、外资建设饭店领导小组。这个特殊的领导小组下

---

① 北京市政协文史和学习委员会、中共北京市委党史研究室、北京市老干部局编：《改革开放话北京》，北京出版社 2008 年版，第 88 页。

② 中共中央文献研究室编：《邓小平年谱（一九七五——一九九七）》（上），中央文献出版社 2004 年版，第 398 页。

设办公室负责具体工作，办公室主任由当时中国旅行游览事业管理总局局长卢绪章兼任，负责具体工作的常务副主任是旅行游览事业管理总局副局长庄炎林。与此同时，北京市也成立了建设饭店领导小组。

1978 年 12 月，谷牧和廖承志在北京京西宾馆主持召开研究利用侨资、外资建设旅游饭店的会议。会议纪要上报后，受到邓小平的高度重视。邓小平在同国务院负责人谈话时指出："搞旅游要把旅馆盖起来，下决心要快。"①

### 筹办建国饭店

1979 年 1 月 2 日，还在元旦假日期间，北京市相关领导与外商就合作建饭店的事宜进行商谈。国家侨办、外资办的人员也先后与美国、日本、法国、菲律宾、新加坡和中国香港的 10 家公司进行了 30 多次谈判和广泛接触，但一直未找到合适的合作伙伴。就在这时，廖承志将美籍华人陈宣远引荐给了庄炎林。

陈宣远早年在上海圣约翰中学读书，后来到美国定居，拥有饭店管理者和建筑师双重身份，在美国设计并建造过旅馆，也经营管理过饭店，当时拥有美国加州旧金山、帕罗沃特、拉古娜、帕萨迪娜 4 家假日饭店和巴夫罗一家希尔顿饭店，还有一个建筑事务所，对饭店的建设、经营和管理都颇有经验。

廖承志引荐陈宣远后，双方正式开始商讨创办合资酒店之事。时任北京市旅行游览事业管理局副局长的侯锡九与庄炎林代表中方，开始进行正式谈判。1979 年 4 月 21 日，中国旅行游览事业管理总局以中国国际旅行社总社的名义与陈宣远代表的香港中美旅馆发展有限公司签订在北京合资建造一座500 间客房的中档饭店《协议书》。6 月 7 日，庄炎林签发中国旅行游览事业管理总局送呈国务院的一份报告——中外合资建造一座旅游饭店的方案，因为饭店拟建在建国门外，名字就定为建国饭店。报告说明：由陈宣远负责筹集全部资金，分别作为双方贷款投资，合作建造及经营。中方负责提供地皮、

---

① 《旅游业要有大的发展》，《旅游学刊》1992 年第 6 期。

劳力和砂石料等（均计价收外汇），对方负责设计和进口材料、设备等。

在推进过程中，由于需要贷款 2000 万美元，出现了不同声音。有人认为建合资饭店是亏本生意，不能干赔本买卖。还有部门做了"可行性分析"，指出贷款高达 2000 万美元，建国饭店经营 22 年也还不清借贷的本息，反对上马这个项目……国务院办公会议一时难以定夺，谷牧决定将报告送中央高层决定。在短短的几天内由邓小平、华国锋、李先念等 16 位党和国家领导人审核批准了这个投资 3891 万元人民币（按当时汇率折合 2229 万美元）的建设项目，并批示指出："这个项目经反复研究，我们认为合作方式与条件较好，造价低，工期短，拆迁与市政配套问题少。这是我国与外资合作建造和经营的第一个旅游饭店，可以作为试点，创造点经验，请各有关部门积极给予支持配合。"①

国家领导人的大力支持有力推动了北京建国饭店的建设。中央批准《协议书》后，1979 年 6 月下旬，谈判小组与陈宣远集团开始进行合营合同的谈判。有了中央的批示，以及当年 9 月出台的第一部中外合资经营企业法作为法律支撑，合同谈判进行得比较顺利。1979 年 10 月，北京市旅行游览事业管理局以中国国际旅行社北京分社的名义，与美籍华人陈宣远代表的香港中美旅馆发展有限公司，最终签订《合作建造和经营北京建国饭店合同》。之后经过两轮谈判，双方根据合营合同制定了合营公司章程。

1980 年 4 月，国家外国投资管理委员会召开会议，审查建国饭店的合营合同和公司章程。4 月 21 日，国家外国投资管理委员会发出"一致通过，现予批准实行"的通知。按照合营合同和公司章程的规定，北京建国饭店由北京市旅行游览事业管理局（中国国际旅行社北京分社）和香港中美旅馆发展有限公司共同投资、建造和经营，属有限责任公司。公司自主经营、自负盈亏。合营公司成立董事会，成员由股东分别委派，不同于我国当时的饭店作为事业单位实行行政管理的体制。饭店总投资额为 2229.3 万美元。其中 2160

---

① 北京市政协文史和学习委员会、中共北京市委党史研究室、北京市老干部局编：《改革开放话北京》，北京出版社 2008 年版，第 91 页。

万美元系向香港上海汇丰银行贷款，贷款总额的 51% 作为中方投资，49% 作为外方投资，合营期限 10 年。代表中方的股东是中国国际旅行社北京分社（北京市旅游局下属机构），代表美方的股东是香港中美旅馆发展有限公司（陈宣远集团在香港注册）。建成后总收入扣除支出和按期返本付息后，剩下的净得按照投资比例分配，合营期满后，中方象征性地以美金 1 元购得对方所有的股份，饭店全部归中方所有。

1980 年 5 月 24 日，国家工商行政管理总局核准北京建国饭店公司登记注册，北京建国饭店公司正式被批准，开始进入施工建设阶段。

### 饭店建设一波三折

在建国饭店具体设计过程中，还出现了一段小插曲。由于中西方设计理念不同，中外双方两种观念开始发生碰撞，由谁来设计建国饭店的图纸，引来了当时的谈判代表侯锡九与陈宣远的争论。

侯锡九认为美方不了解中国实际情况，坚持中国设计师来设计；美方认为中国的大型酒店太少了，经验不足。为此僵持不下，最后经过谈判，陈宣远介绍了一些他的设计设想，侯锡九考虑到中国人建造豪华酒店的经验的确太少，经请示后，最终同意陈宣远来设计。

陈宣远认为，凭借其在美国设计酒店的经验设计建国饭店是拿手戏。但他忽略了一点，他对中国的具体国情并不了解，也没有在中国设计类似的饭店的经验。完成设计后，陈宣远带着设计图来到侯锡九的办公室，让他感到意外的是，之前精心设计的图纸让中方十分不满。这是因为他将原定为 3.6 米的标准客房设计成了将近 4 米，有空调，还有游泳池、酒吧，而中方要求的职工宿舍和澡堂在设计图纸上压根没有出现。

在西方人的思维模式里，酒店的土地只有用在客人身上才能产生效益。陈宣远不知道当时的中国人家中有洗浴设施的寥寥无几，大部分人全靠在各单位的澡堂保障个人卫生。如果没有类似设施，单位招聘员工都会有困难。几经讨论，在中方的强烈要求下，陈宣远在图纸上拿出一块地方作为员工宿舍和浴室。

1980年6月，北京建国饭店工程开工典礼举行。

1980 年 6 月 27 日，北京建国饭店举行开工典礼，正式开工兴建。尽管有了国家领导人的支持，但建设过程并不是一帆风顺，仍然有一些阻力，饭店拖了一年才正式动工兴建。

1982 年 4 月，建国饭店终于顺利竣工。饭店位于建国门外大街，总体占地 1.1 万平方米，建筑面积 3 万平方米，总体设计仿照陈宣远在美国的帕罗沃特假日饭店的设计，由两座楼和裙房组成，外观高低错落，既隔绝了来自大街的噪声，又照顾到客房的视野。天窗采光的中央大厅，白天温暖，夜晚明亮，两侧的花园内设景观，典雅秀丽，这种花园式建筑风格在当时独树一帜。饭店共有客房 500 间左右，温馨舒适。每个客房都设有单独的卫生间和壁柜，并安装有窗式空调设备。

4 月 28 日，建国饭店正式开业，全国人大常务委员会副委员长廖承志出席开业仪式并亲自剪彩，中国旅行游览事业管理总局、北京市人民政府相关负责人参加开业仪式。中央人民广播电台做了长篇报道，《北京日报》《文汇报》等报纸进行了报道。英国路透社评价道："中国第一家真正西方式的旅馆在北京开张。"

## 建国饭店优质服务赢得国内外赞誉

饭店开业后，由世界著名的香港半岛集团管理。他们把先进的管理方法、工作作风、服务标准直接带进来，结合我国的实际情况形成一套有自身特点的科学的管理办法。

饭店建立了指挥机构，实行董事会领导下的总经理负责制，并下设 5 个层级的职能机构。各级负责人在各自的职权范围内独立地、正确地执行上级的意图。这种集中领导和分级管理的原则，有效保证了董事会领导下的总经理负责制的权威性，又使中层和基层管理人员可以充分发挥自己最大的积极性，从而使整个企业的经营活动协调进行。饭店全部经济活动实行预算管理的办法，预算一经通过，就具备权威性。全店职工必须为实现预算目标而努力。无论哪个部门，如果完不成预算就将被认为是失职。饭店还有一套例会制度，每天上班第一件事是由总经理主持召开所有部门经理参加的会议，通报前一天的工作，布置当天的工作，协调部门之间的关系，这一制度起到了及时交流情况和解决问题的作用。

饭店贯彻"宾客至上，服务第一"的宗旨，一切从方便客人出发，尽可能为客人提供最好的服务。经营方法灵活，服务内容多样。一位在建国饭店工作的员工说，"当时每一位来的客人，我们都要非常清晰地记录下来，这是我们服务的一个要求，当这个客人再次踏入饭店的时候，我们的工作人员要能热情地叫出他的名字"。北京建国饭店的一位负责人将北京建国饭店行之有效的酒店管理模式总结为 4 句话 16 个字，即科学管理、热情服务、灵活经营、奖罚分明。

建国饭店在开业筹备期间就建立了党、团组织和工会筹备组。开业以后成立了党总支和团总支，随后又成立了工会，并向外方管理人员讲明饭店有共产党和共青团的组织，请外方在工作上给予支持。党员、团员自我严格要求，虚心向外方管理人员学习经营管理经验和服务技能。

饭店开业不到一年的时间就接待了境外来京客人 12 万人次左右，之后连续几年接待人数都超过了 20 万人次，[①] 其中也有许多外国元首下榻该饭店，如澳大利亚的两任总理弗雷泽和霍克，英国首相撒切尔夫人，美国前总统卡特、国务卿舒尔茨等。饭店对缓解首都外国客人住宿紧张的状况起到了积极的作用，并以优良的服务质量蜚声中外。

饭店的成功经验，受到各方面的重视。1984 年 1 月，北京市人民政府外事办公室派出一个调查组进驻建国饭店，写了一份《建国饭店的经营管理值得重视》的调查报告。2 月 10 日，中共中央书记处研究室《情况通报》转载了北京市外办的调查报告，并加按语写道："建国饭店的经营管理经验值得各地同类型企业借鉴，对其他行业的企业也有参考价值。"7 月 24 日，国务院向全国各省市自治区和中央各部委、直属机关发出了批转国家旅游局请示的通知，请示内容包括按照建国饭店方法进行管理的饭店应具备的条件、饭店领导体制问题、扩大饭店自主权问题、关于实行职务和技术津贴问题等内容，同时指出"推广建国饭店的经营管理方法是我国饭店管理的一项重大改革"，"各地要加强领导，认真总结经验"。在国务院的号召下，一个学习北京建国饭店经营管理方法的热潮在全国兴起，这有力推动了全国饭店经营管理方法的改革，开创了我国饭店现代化经营管理新阶段。

建国饭店开业当年人均创汇超过 2 万美元。此后，利润逐年上升，仅用 4 年就还清了全部银行贷款。10 年所创利税总额等于 76 个建国饭店的投资额。而这时，美方投资人陈宣远兑现了"十年后以一美元的价格把股权卖给祖国"。

北京建国饭店，是改革开放后第一家中外合资饭店，是利用外资创办合资饭店的一个大胆而有开拓意义的尝试和探索。在这之后，一大批设备先进、装修豪华的合资饭店如雨后春笋般在北京城矗立起来。

### 长城饭店等其他合资饭店相继建立

在推进建国饭店谈判的同时，1979 年 5 月，国务院同时批准了由中国国

---

① 北京市政协文史和学习委员会、中共北京市委党史研究室、北京市老干部局编：《改革开放话北京》，北京出版社 2008 年版，第 89 页。

际旅行社与美国托尔国际公司签署的在北京和上海各建一座饭店的《协议书》，北京建设的即长城饭店。长城饭店由中国国际旅行社北京分社与美国伊沈建设发展有限公司合资创办。双方于 1979 年 10 月 26 日签订合作合同，规定中方占股份的 51%，美方占股份的 49%。长城饭店的建设，得到了党中央、国务院和北京市的大力支持。饭店按照国际上第一流水平的大型旅游饭店标准，由美国贝克特国际公司进行设计，北京市第六建筑工程公司和北京市设备安装公司等单位施工。1980 年 3 月 10 日开工，于 1983 年 12 月 10 日部分竣工试营业。长城饭店是中国首家中外合资的五星级饭店。1984 年 4 月，尚在试营业中的长城饭店便成功地接待来我国访问的美国总统里根，6 月 20 日，饭店正式开业。

1984年6月20日，北京长城饭店正式营业。

长城饭店坐落于北京市朝阳区亮马河畔，靠近使馆住宅区，占地面积1.5万平方米，建筑面积8.3万平方米，客房约1000间。饭店设计按最高国际标准的现代化旅馆考虑，总体由3个18层翼楼和1个4层八角的"圆帽"组成，俯瞰呈"Y"形，极富现代建筑艺术的神采。客房层由三座18层高的长方形高层建筑组成，总高度为79.8米。该建筑主要入口面向东环路，旅客由接待厅进入6层高的内庭。内庭布置有喷泉、水池、花木，并设可容310人的茶座，并装有4部玻璃游览电梯，旅客可直达八角形的屋顶餐厅，以俯瞰北京城市风光。内部设计吸取了中国传统的装饰风格，体现了中国传统庭园的情趣，这也成为饭店的最大亮点。

饭店设施完善，功能齐全，设有咖啡馆、餐厅、夜总会、电影院、室内游泳池、娱乐室等。

饭店东侧，建有一座以长城为主题的中国古典园林。在地下建有停车场，这也是北京第一家修建地下车库的豪华饭店。1985年3月，美国喜来登饭店管理集团受聘全面接管长城饭店，酒店名称更换为北京喜来登长城饭店[①]，饭店实行董事会领导下的总经理负责制。

饭店学习吸收了国外先进的管理经验，建立起一整套严格的规章制度，规范了员工的服务行为。大到大型团队的接待和大型宴会的举办，小到为客人倒饮料、换烟缸等，都有固定的工作规范和标准，使客人处处感受到热情的服务。饭店在严格科学管理的基础上，坚持对员工培训，培训项目有数十个种类，包括新员工培训、服务标准培训、服务技能技巧培训、外语培训、异国文化风俗培训、西方礼仪培训等。在长城饭店，各级管理人员首先要接受"训导师培训"，即学习怎样培训员工，而总经理是"第一训导员"。员工工作中出现失误，首先要检查他的上级是否对他进行过这方面的培训。训练有素的员工队伍服务彬彬有礼，热情周到，受到了中外宾客的称赞。

这一时期，除了建国饭店和长城饭店外，其他一些大型饭店也相继成立。1981年4月，中国中旅（集团）公司和香港益和有限公司成立京港合作企

---

① 2017年6月，北京喜来登长城饭店摘牌，用回原名北京长城饭店继续运营。

业——丽都饭店有限公司，该公司投资总额 22074 万美元，注册资本 7358 万美元，中国中旅（集团）公司占 40%，香港益和有限公司占 60%。1983 年 8 月 22 日，饭店正式开业。饭店有 700 间客房、300 多套公寓及 14000 多平方米的商业楼和会员俱乐部、国际幼儿园等服务项目。1984 年 2 月，饭店正式由假日集团接手管理，更名为北京丽都假日饭店。

在当时，除了中外合资经营的方式之外，还有中外合作经营的方式。合作企业与合资企业相比，具有更大的灵活性，主要表现在合作各方的投资或合作条件，可以不折算成股权，或者虽折算成股权，但在收益分配、风险承担、债务分担及企业终止时剩余财产的分配等，可不按投资的股权状况来决定，等等。当时，中外合作饭店有北京贵宾楼饭店、北京京伦饭店等。北京贵宾楼饭店成立于 1986 年，是一家投资规模较大的中外合作饭店企业；北京京伦饭店于 1984 年 9 月 20 日开业，是由北京旅游公司、香港北京假期有限公司、中国银行北京信托咨询公司 3 家合资经营的四星级饭店，聘请日本航空开发株式会社协助管理。

中外合资、合作饭店的引入有力地缓解了北京市饭店紧张的局面，推动了北京旅游事业发展。同时他们带来了先进的管理经验、先进的设备和技术以及国际化的服务理念，对整个饭店行业的发展起到了重要的推动作用。随着第一批合资饭店的建立，合资饭店进入大发展时期。

## 三、兴办中外合资工业企业

随着我国对外开放政策的实行和对外经济法的逐步完善，对外经济贸易合作的形式日趋多样，合作项目逐年增加，中外合资企业逐渐从单一的饭店旅游业向工业等其他领域扩展，其中比较具有代表性的是北京吉普汽车有限公司、中国迅达电梯有限公司以及密日兴食品工业公司。

**中国第一家汽车合资企业——北京吉普汽车有限公司**

新中国成立之前，我国还没有汽车工业。随着新中国成立，才有条件发展自己的汽车工业。1964年，北京汽车制造厂①（以下简称北汽）根据部队需要自行设计、定型了BJ212轻型越野车。毛泽东等党和国家领导人曾乘坐过BJ212敞篷车，增加了这款车的知名度。但在当时，由于中国汽车工业刚刚起步，整个行业存在着品种单一，更新较慢的现象。到了20世纪七八十年代，BJ212的技术水平仍然相对较低，产品质量不高，与国际水平差距较大，缺乏竞争力。

为了满足国内对轿车日益增长的品质需求，提升汽车生产水平，北汽放眼全球寻求合作伙伴，希望能引进国外先进的汽车生产技术。1978年11月，国家计委副主任顾明就轿车项目可不可以搞中外合资向邓小平请示，邓小平答复：可以，不但轿车可以，重型汽车也可以嘛。同时，讲了中外合资经营的六大好处。②

邓小平的指示给中国轿车发展带来新机遇。时任第一机械工业部（以下简称一机部）部长饶斌指出："通过合资，引进新技术，开发新产品。"即希望能通过合资的方式"用市场换技术"。在中国汽车工业蹒跚前行时，北汽由此开始了对外合资的尝试，先后与日本、英国、法国和中国香港等国家和地区的多家企业探讨合作生产轻型越野汽车项目。而最终北汽能够合资成功，实现技术引进，得益于一个关键人物——美籍华人沈坚白。

沈坚白1945年毕业于上海交通大学，1947年留学美国，毕业后留在美国工作。1967年当选为本迪克斯公司副总裁，主持公司在全球的工程与研究工作。后凭着自己的能力，创建了8个独立的制造企业。沈坚白虽然在美国事业有成，但他始终没有忘记自己的祖国，从1973年开始，他经常回国，与中国专家交流科技方面的工作经验，还受聘担任了北京工业学院的顾问和名誉教授。一次偶然的机会，饶斌听到了沈坚白工业方面的授课，十分感兴趣，并就此认识了他。

---

① 1973年成立北京市汽车工业总公司，1980年更名为北京汽车工业总公司，1987年成立北京汽车工业联合公司。

② 中共中央文献研究室编：《邓小平年谱（一九七五——一九九七）》（上），中央文献出版社2004年版，第418页。

饶斌希望通过沈坚白在美国的资源与知名的汽车公司开展合作，引进技术，发展我国的汽车工业。沈坚白了解到饶斌的想法后，认为此事可以做，美国汽车公司①就非常符合条件。美国汽车公司是生产越野型汽车的公司，产品与北汽公司较为吻合。其生产规模当时在美国国内排行第四，是最早生产越野车的世界知名企业，拥有 Jeep 这一著名商标。越南战争结束后，美军的订货大大减少，美国汽车公司顿时陷入困难境地，之后的石油危机也使美国汽车公司受到沉重打击。为走出困境，美国汽车公司开始将眼光投向国外，希望以扩大国际市场份额来谋求新的发展，庞大而神秘的中国市场对其具有极大的吸引力。

1978 年 12 月，沈坚白向一机部转达了美国汽车公司同中国合作生产吉普车的意愿。本着"学习技术、利用外资、学习先进管理经验"的目的，北汽开始与美国汽车公司接洽。而此时中美关系的正常化，为北汽与美国汽车公司的谈判提供了更为有利的条件。

1979 年 1 月初，一机部汽车局和北汽共同派相关人员赴美考察，与美国汽车公司就吉普汽车合资经营问题进行谈判。1979 年 1 月 16 日，沈坚白与 4 位美国汽车公司的代表飞到北京进行谈判。谁也没有料到，这竟然是一场旷日持久的马拉松式谈判。虽然有沈坚白做中间人，但中美双方毕竟是初次接触，为慎重起见，从 1 月 16 日到 23 日，双方花了一个星期的时间进行谈判准备。交谈过程中，美方主要向中方介绍美国汽车公司的情况，中方也请美方到工厂里参观。

此时距离党的十一届三中全会召开仅仅过去一个月，中国虽然决定实行开放政策，但长期以来对外交流十分有限，与外国人特别是美国人谈经济技术合作，这是从来没有过的事情。没有对外合资的先例，没有相应的法律法规，与美国人谈到什么程度，谁有拍板决定权？这些统统都是未知数。虽然北汽对与美国汽车公司这样的大公司合作很高兴，但由于当时的管理体制制

---

① 后美国汽车公司被克莱斯勒收购，北京吉普成为北京汽车制造厂和戴姆勒—克莱斯勒的合资公司。

约，企业自主权又较少，大家都是小心谨慎地和美方沟通交流。这个时候虽说是谈判，实际上双方只是进行先期接触，互相摸底。

1979年2月2日，根据中国汽车业发展态势，一机部和北京市联署向国务院呈报了《关于北京汽车制造厂和美国汽车公司合资经营吉普车公司》的报告。同年3月，副总理余秋里批示："经研究，拟原则同意。"并请副主席李先念、王震、耿飚、王任重、谷牧、康世恩等领导同志批示。各位领导均做了圈阅。

1979年10月，北京汽车工业公司成立商务谈判组，中方与美方的谈判才算正式开始。由于《中华人民共和国中外合资经营企业法实施细则》尚未出台，北汽与美国汽车公司的谈判与其他合资企业的创建一样，许多事情只能"摸着石头过河"。从1979年1月到1983年5月，四年半时间内，美方来华18次，中方赴美3次，中方向各级领导机关汇报500多次，中方谈判小组五易其人。美方代表尽管一年多次往返中国，但由于他们看好了中国市场，所以他们仍然积极推进谈判。

经过前后四年多的谈判，中美双方合作框架逐步明朗，双方于1983年5月5日在人民大会堂签署了《北京汽车制造厂与美国汽车公司合资经营北京吉普汽车有限公司总合同》。合同于1983年6月1日生效。北京汽车工业总公司总经理吴忠良、美国汽车公司董事长铁伯特分别代表双方在合同上签字。国务委员陈慕华、一机部部长饶斌、北京市相关领导、中汽公司等相关单位领导出席了签字仪式。合同规定，企业合营期为20年，投资总额15233万美元，注册资金5108万美元，其中北汽以制造BJ212的南厂区的部分厂房、设施和660万美元投入，合计约3503万美元，占总股本的68.65%；美国汽车公司占股31.35%。

1984年1月15日，北京吉普汽车有限公司正式开业。合资公司以美国汽车公司的CJ系列汽车为基础，采用联合设计的方式，开发中国的第二代轻型越野车。中国汽车行业第一家合资企业自此诞生，开启中国汽车业合资经营的先河。

公司开业后，一方面继续生产老产品BJ212，一方面按合同约定，计划借助美方先进技术，开发二代车 BJ213 轻型越野车。为了能够推动 BJ213 轻型越野车快速生产出来，北京市委领导多次指示要加快研发生产速度。

与此同时，1983 年 9 月，美国新上市了一款全新的轻型越野车——切诺基。切诺基从 1974 年起开始设计，耗资近亿美元，从设计到投产耗时近 10 年，在当时无论是设计水平还是技术性能，切诺基堪称世界一流。对此，北京吉普汽车有限公司经过研讨商议，决定改以全散件形式进口切诺基整车车型。由北京吉普公司进行组装并销售，以此为起点，在掌握了这款车的技术后，再逐步过渡到自己生产，逐步实现国产化。

1985年9月26日，一种新型吉普轿车在中美合资的北京吉普汽车有限公司正式投产。

北京吉普汽车有限公司引进美国汽车公司切诺基轻型四轮驱动车生产技术，采取来件组装和国产化相结合的方式生产汽车获得了成功。1985 年 9 月 26 日，第一辆命名为"北京吉普"的切诺基牌汽车驶下生产线。北汽引进这款美国耗时近 10 年、耗资近亿美元的新车，建设生产线，投入仅 3148 万人民币。

"北京吉普"切诺基上市后就赢得用户的好评，销量与日俱增。企业合资也促进了北汽产品技术的提升，北京吉普汽车有限公司在引进切诺基后，将许多技术移植到 BJ212 越野车上，并进行了百余项改进，延长了其生命周期，大幅提升了技术水平。企业合资还带来了北京汽车生产资源的分化重组，深刻地影响了北京汽车产业发展的走向。

### 中国机械工业系统第一家中外合资企业——中国迅达电梯有限公司

我国兴办合资企业的序幕拉开后，首批被批准的在京中外合资企业中，就有中国迅达电梯有限公司。中国迅达电梯有限公司是北京市工业系统第一个中外合资经营的企业，是由中国建筑机械总公司、瑞士迅达股份有限公司、香港怡和迅达股份有限公司 3 家合资经营的电梯企业，公司的总部设在北京。

我国 20 世纪 70 年代即能生产自动电梯、自动扶梯和自动人行道三大系列 60 多个品种的产品，但生产水平远低于国际先进水平。要想改变中国电梯工业的落后面貌，实现电梯工业现代化，就需要引进先进技术。当时的瑞士迅达股份有限公司，已是世界上第二大电梯公司，拥有 106 年的生产历史，它的电梯产量居世界第二位，技术与管理水平均居世界领先地位。而香港怡和迅达股份有限公司是瑞士迅达股份有限公司在远东地区的分公司，具有较为丰富的销售经验。三十出头的乌力·希克①促成了瑞士迅达电梯公司与中国组建合资企业。他是瑞士迅达股份有限公司的驻华代表，从 1979 年 8 月起，中国建筑机械总公司同瑞士迅达股份有限公司、怡和迅达（远东）股份有限公司开始谈判。乌力·希克负责与中方在北京谈判。在协商过程中，三方对有关厂房、设备、制造技术、投资费用等作出估算预测，进行经济可行性分析研究。经过谈判，中外三方 1979 年 11 月达成草签协议，1980 年 3 月 19 日，三方在北京正式签署合资创办中国迅达电梯股份有限公司的协议。

经过几个月的商讨和部署，1980 年 7 月 4 日，中国迅达电梯股份有限公司正式成立，这标志着中国机械行业第一家中外合资企业诞生。根据协议约定，中国迅达电梯股份有限公司的总投资是 1600 万美元，中方占 75% 股份，以上海电梯厂和北京电梯厂的厂房、设备、库存折价 1200 万美元投入，外方

---

① 乌力·希克，中国当代艺术的收藏家、瑞士前驻华大使，1977 年加入迅达。

占 25%，以现金入股，其中瑞士 15%，香港迅达占 10%，共投入现金 400 万美元。合资期限为 20 年，到期可酌情商谈是否继续延长合资期限。

合资公司着眼提高中国电梯、自动扶梯和自动人行道的生产能力，主要生产客、货、杂物电梯，医用电梯，自动扶梯，自动人行道及辅助设备和零部件。他们积极改进产品结构，提高产品性能；生产适用于内销和外销的产品，以获取外汇。同时进行电梯、自动扶梯和自动人行道的有关研究发展工作。瑞士迅达公司通过签订技术转让、顾问、维修特许，外销代理商等协议向中国转让先进的生产及管理技术，提供给中国迅达电梯股份有限公司有关产品的设计、生产、安装和维修的全部技术，包括产品设计制造技术和方法，生产和质量管理方法，工厂设计和改造工厂组织方法，安装维修方法，工程技术援助。

中国迅达电梯股份有限公司成立后设有两个生产厂，分别为北京电梯厂和上海电梯厂。北京电梯厂是在一个小弹簧厂的基础上发展起来的，与上海电梯厂相比，虽然历史不长，但仍然拥有较好的新厂房和一定数量的生产设备。改革开放之前，中国已有 8 家被建设部确定为定点生产电梯的厂家，其中就包括北京电梯厂。

合资后，为了充分与国际接轨，北京电梯厂以国际上"用户是上帝"的理念为宗旨，秉持从提高电梯的产品质量和服务水平着手，促进技术提升。电梯厂对原来生产的电梯进行用户回访，了解到所生产电梯的关人、有噪声、不平稳、轿门不开等 200 余个质量问题，并组织技术骨干和有经验的老工人进行一一攻关。电梯厂针对访问中发现的"限速器"质量不高的问题，把全国各家生产的电梯限速器的图纸全部找来，从分析图纸开始，对工艺工装和毛坯加工逐一进行审查，并运用数理统计方法，找出合理的几何尺寸和加工工艺，使限速器的质量有了显著提高。

北京电梯厂借鉴国外先进的管理经验，从方便消费者的角度出发，改革销售机构，把过去由计划、供应、设计、财务等多个部门办理，改为由销售部门统一办理，减轻了用户购买电梯往返多部门的负担，大大方便了用户。

随着技术革新的不断推进，公司产品的销路越来越宽，从我国东北到西南，从我国华东到西北，从中国香港、澳门地区到东南亚一些国家，都在使用迅达有限公司的产品。公司产品还荣获国际伊斯兰贸易大奖，在国内150多个城市都有迅达电梯的踪迹。北京、深圳等地高级建筑里的宾馆和饭店，有的原来打算用进口电梯，当得知迅达电梯品质水准高，以及价格、安装维修等方面比较优惠时，毅然决定使用他们的电梯。北京的国际饭店、国际大厦、建国饭店、香山饭店、民族饭店、首都机场，上海的希尔顿饭店、上海宾馆，广州的东方宾馆、华夏公司，深圳的国际商业大厦、海丰苑大厦以及厦门的鹭江大厦、辽宁电视塔等国内大型建筑都安装了迅达的新型电梯。

为适应货运、客运、医疗和客货两用梯各方面的需要，北京电梯厂还增加了品种规格。1981年，电梯品种由原来的46种增加到140多种，还试制出10吨大型货梯，客户由合资前的16个省市的67个单位增加到25个省市的250个单位。① 公司成立不到一年，就完成了原计划全年的内销电梯任务，并同国外签订31万美元的合同，在国内外赢得颇多赞誉。

公司在合资之初也曾走过一段弯路。当时在样机的试制上，由于经验不足，沿用过去采用手抠的办法试制，生产出的样机质量达不到瑞士迅达的标准，也不能形成批量生产能力。此后公司总结教训，并根据国内外电梯市场发展的趋向，及时调整了技术政策，一方面，进口关键零部件，边组装边消化，加速了技术引进步伐；另一方面，完善工艺工装，切实解决好横向配套问题，提高国产化自配率，形成批量生产能力，制订出新产品发展规划。与此同时，公司果断转变思路，把老产品的电梯零部件扩大到兄弟厂生产，使自身能集中精力尽快掌握引进的核心技术，加速新产品的发展。调整技术政策对新产品的发展起到了积极的推动作用，1985年第一台用一位微机控制的交流调速电梯通过了部级鉴定，② 填补了我国的一项技术空白。

通过引进先进技术及实行严格的全面质量管理，我国的电梯水平提高到

---

① 《这个公司为什么在国内外赢得信誉？——记前进中的中国迅达电梯有限公司》，《北京日报》1981年8月10日第2版。

② 《合资十年，业绩非凡——中国迅达电梯有限公司成立10周年》，《国际经济合作》1990年第6期。

80 年代的国际水平，电梯的使用效率、安全性以及震动、噪声、平层精确、加速度稳定等几个主要技术指标均达到了国际同类产品的先进水平。电梯产品技术水平的提高，为我们占领国内市场，开拓国际市场奠定了良好的基础。

从 1980 年起，电梯产量以每年增加 150 台的速度增长，技术上由老产品向新产品飞跃，1985 年底，电梯年产量达到 1053 台，比合资前的 490 台增加一倍多，产值每年递增 28.7%，合资 5 年多的总利润额达 4000 多万元，相当于合资时投资额的两倍。在我国外汇紧缺的情况下，中迅公司合资三方采取灵活多样的方式，发扬各自优势，共同开拓产品外销渠道。他们在积极利用香港怡和迅达公司原有销售渠道寻找客户的同时，还采用三个结合的方式推销产品，即整机出口和零部件出口相结合；直接出口和争取国内中标顶替进口相结合；委托国内经贸部门经营和海外商社经营结合，把各种积极因素充分调动起来。出口创汇出现了新局面，到 1985 年出口产品创汇 1200 多万美元。

随着中国改革开放的深入推进，城镇化带来房地产业的迅速发展，迅达电梯迎来了更大的发展机遇。在中国的基础设施项目，如机场、地铁线上，迅达公司表现得十分活跃，也促使中国电梯行业掀起了引进外资的热潮。

### 京郊农村第一家中外合资企业——密日兴食品工业公司

随着北京市对外开放程度的深化以及对外合资企业的增多，京郊地区也逐步开始对合资办企业进行初步尝试，各区县相继成立了对外贸易机构。改革开放后，密云县充分认识到，实行对外开放、发展外经外贸对经济发展的重大作用。县委县政府积极响应党中央的号召，发展对外经贸，打开招商局面。在认真分析本地情况和国内外环境的基础上，密云县提出了利用资源，引进外资，发展外向型经济，推动全县农村经济进一步发展的新构想。

1984 年，密云县委成立对外经济委员会（1988 年改称对外经济贸易委员会），该机构主要职能是贯彻执行北京市的对外经贸方针，负责本区的对外贸易工作。对外经济委员会编制了《密云投资指南》，向外商介绍密云情况、利用外资的重点及优惠政策。同时，选派了相关干部、工人到专业院校学习外语和外经外贸知识，还派人到外国企业驻京机构实习，通过这些方式培养了一批素质较强的外经外贸人才，为发展外向型经济做足了准备。

县委县政府积极同外商建立多方面的联系渠道，及时捕捉信息，主动接触洽谈。同时根据国家和北京市的有关政策法规，制定优惠的税收政策，给合资企业以支持和保护：在合同期内，前两年免征企业所得税，前5年内减半征收所得税，以增强合资企业的应变能力和发展后劲，这进一步调动了外商投资的积极性。

在各项吸引外资的政策的刺激下，1984年，密云县十里堡乡农工商贸易总公司与日本名古屋市前进公司达成协议，双方联合投资51.4万美元，创办了密云县首个合资企业——密日兴食品工业公司。该企业专门生产以花生、大豆为主要原料的高级营养食品——"美味酥果"，主要出口日本。之所以成立以花生为主要原料的食品生产公司，与当时密云县的农业种植情况息息相关。当时全县的花生种植面积7万亩，花生年产1000万公斤，占郊区总产量的1/3。根据本县花生种植面积大、产量多、品质优和农村劳动力资源充裕的特点，密云县委县政府决定首先把花生深加工作为发展外向型经济的突破口。1984年12月，京郊区县首个中外合资企业——密日兴食品工业公司在十里堡乡破土动工，1986年5月正式投产。

为了加快建设，县委县政府及相关部门严守信誉，努力工作，不断改善投资环境，创造了与日方合作的良好条件。县委县政府将中外合资企业优先纳入基建和改造计划，协调发挥规划、建委、银行、物资、能源等职能部门的作用，在选址、征地、施工、物资供应等方面优先安排。县政府指派得力人员参加密日兴食品工业公司的立项、谈判、可行性研究、赴日考察和企业筹建全部工作。

按照合同规定，中方负责密日兴食品工业公司的整个基建工程。由于"美味酥果"是一种高级食品，生产过程比较复杂，工艺和技术指标要求较高。因此，在基建过程中，负责部门通过多方协调聘请高水平的施工队，严格按照设计要求施工，确保了工程质量。为了与外商顺利合作，密云县规定了合资企业所需水、电、煤等能源的供应和通信设施使用的费用，均享受与国内同类企业同等待遇。当时，密云县内电力供应十分紧张，但密日兴食品工业公司投产后基本上没有发生断电现象，保证了企业生产的稳步进行。

为了生产出高质量的产品，密日兴食品工业公司引进国外先进的产品生产线。这条生产线在国内属独此一家，大大提升了"美味酥果"的生产效率，使得产品质优价廉。公司基本按照国际惯例组织生产、管理。他们认真吸取国内外全面质量管理的先进经验，建立了产品质量的监测保证体系，形成了一支从厂部到车间、班组的质量检验队伍，使产品从原料投入到出口销售，始终处于受控状态。与此同时，他们还积极改善生产条件，更新设备，投资 10 多万元修建了恒温仓库。由于制度健全，管理严格，以及广大职工强烈的质量意识，产品质量达到了客商的要求。

作为外向型企业，密日兴食品工业公司还十分注重企业的自身建设。企业苦练"内功"，建立了一套先进的管理程序和科学的经营方式。在领导体制上，实行董事会领导下的总经理负责制，董事会负责企业生产经营等重大问题的决策；公司设一名总经理，负责具体的经营管理工作，各部门直接向总经理负责，以他为中心，建立了精干灵活的生产指挥系统。企业全部经营管理人员有 7 人，只占职工总数的 5.8%。减少了管理层次和中间环节，大大提高了工作效率。

公司还建设了一支适应外向型经济的干部职工队伍，并十分重视干部、职工的技术培训工作，总经理和主要技术人员都到日本同行业厂家考察学习过。职工必须接受技术训练，期满后进行考核，不合格者不能上岗。全公司120 名职工都已不同程度地接受过技术培训。

企业实行自营出口的方针。公司直接与客户谈判，按照客户的要求，有计划、有步骤地安排和组织生产，产品入库、出库、制单、报关等由公司统一管理，配载后厂内运输车辆直接运往港口，简化了手续，减少了仓储时间，产品从生产到发运上船，一般只用 12—15 天。公司严格供货时间，千方百计为客户创造条件，始终坚持用户第一，信誉至上的原则。

企业还注重掌握信息，重视市场动向，灵活调整经营对策。出口的"美味酥果"原定价为每吨 1400 美元，根据测算以及和国外同类商品的价格相比较，这个定价不合理。企业投资双方经过协商，日方同意把价格提到每吨

1800 美元。随着生产规模的扩大和产品质量的稳步提高，公司不断拓宽产品销售渠道，在日本国内主要城市建立了稳定的销售市场和销售网络。公司先后与北京饭店、长城饭店等本市十几家大型宾馆、饭店建立了销售关系。中国民航也停止了从美国进口飞机上食用的花生食品，改用密日兴食品工业公司生产的"美味酥果"，每天需要量达 400 公斤。企业还重视开发新产品，根据市场需求"美味酥果"生产了多种型号，后期又上马了油炸花生米、油炸蚕豆两个新项目，使企业有了新的发展后劲。

在各方面的努力下，中日合资的密日兴食品工业公司在密云县十里堡乡不断发展壮大。公司成立一年后，产品顺利打入国际市场。1987 年，这个只有 50 多人的小厂，实现产值 300 万元，利润 53 万元（人均创利 9500 元），出口创汇 22 万美元。[①]"美味酥果"符合当时国际上对健康食品要求取向，因而，受到了国内外消费者的欢迎。外商一再提出增加出口的要求，产品出口地域也从日本拓展到韩国、东南亚、欧美等国家和地区。

在良好的经济效益面前，精诚合作的中日双方，谁也没有"短视眼"，忙于分红利，而是在企业的发展和扩大再生产上达成了共识与合力。他们把红利全部投入企业发展。从 1988 年起，密日兴食品工业公司开始进行第二期工程的扩建，企业占地面积增加了 2 倍多，生产线由原来的 1 条增加到 3 条，产品由一两种发展到 18 种。

到 1992 年，企业销售收入达 2500 万元，利润达 315 万元，固定资产也增加到 1200 万元，公司的年均产值、利润分别以 111% 和 124% 的速度递增。[②]它不仅成为北京 20 家效益最佳的合资企业之一，而且还跻身全国外商投资双优企业之列，后期企业为适应市场进行了股份制改革。密日兴食品工业公司合资企业被称赞为外商投资企业的典范。

改革开放后，当时北京市确立了电子、汽车、建筑材料、轻工等为重点发展行业，并通过引入外资的方式创办了一些外商投资工业企业。截至 1984

---

① ② 谭有为、郑云秋：《股份制使"密日兴"再跃新高度》，《学习与研究》1993 年第 7 期。

年，在京中外合资工业类企业共 9 家，涉及石油、机械、食品领域。党的十二届三中全会后，工业领域的合资企业实现了新的发展，开办了北京巴布科克·威尔科克斯有限公司、① 北京松下彩色显像管有限公司②等一批规模较大的工业类合资企业。利用外资创办工业企业为改革开放初期北京的工业发展注入了生机和活力。

## 四、探索设立租赁中外合资企业

随着对外开放政策的确立和开放领域的扩大，北京市中外合资企业涉及的行业也越来越多，从传统的合资饭店、食品公司、工业企业等逐渐向更广阔的领域扩展。这一时期，北京市的各大小企业急需进行技术改革和设备更新，资金不足是当时大部分企业面临的最大难题，为了降低企业成本，节省资金，一些企业在吸收先进技术，添置先进设备时，逐渐从传统的购买方式转变为被誉为"轻骑兵"的融资租赁方式。由此促成了中外合资租赁企业的相继成立。

### 日益活跃的租赁业务引起多方重视

现代融资租赁业务是在第二次世界大战后迅速发展起来的。当时美国的工业体系需要尽快实现军转民，科技进步与设备陈旧的矛盾突出。许多中小企业想购买设备缺少资金，而他们难以取得银行的贷款，具有租赁性质的中介机构替其购买后租给中小企业使用，租赁公司应运而生。1952 年美国成立了世界第一家融资租赁公司——美国租赁公司，开创了现代租赁的先河，之后租赁公司由美国国内市场逐步扩大到国际市场。

融资租赁，是一种以契约形式建立的财产使用关系。从本质上说指的

---

① 北京巴布科克·威尔科克斯有限公司由北京锅炉厂与美国 B&W 公司合资经营，主要生产各种电站锅炉、工业锅炉。

② 北京松下彩色显像管有限公司由北京电子管厂等和日本松下电器公司合资经营，主要生产彩色显像管。

是设备的所有权和使用权相分离。租赁者作为出租人，根据承租人的意愿和选择代为购买技术设备，再出租给承租者使用，出租者暂时让渡财产使用权，而取得相应的报酬，即租金；承租者则在租赁期内如约向租赁公司交付租金，借以获得设备的使用权。通俗地讲，融资租赁就是把借钱和借物结合在一起，好比是"借鸡下蛋，以蛋卖钱，还钱得鸡"。与传统的现金或贷款购买方式相比较，融资租赁有一些独特的优越性。企业用融资租赁方式获得国内外先进技术设备，可以少花钱、多办事，或者说用未来的盈利来租赁现在的设备。一定程度上减少了购置设备的费用支出，客观上能够提升企业的经济效益。

改革开放初期，北京已有租赁的需求，也有租赁性质的机构。当时北京市机电公司租赁站已经成立多年，是一家全民所有制租赁站。租赁站主要出租建筑、风动和通用设备以及机加工刀具，例如吊车、空压机、搅拌机、电焊机、水泵和防风销等多种通用机械，共计250个品种左右。北京市肉类联合加工厂曾通过这家租赁站租赁设备解决需要紧急扩大存猪棚的问题。1980年，为了满足北京蓬勃发展的旅游业需要，北京友谊商业服务总公司向日本东京银行利市（香港）有限公司租赁了一批彩色电视机、空调机、电冰箱、吸尘器，并将这些现代化设备安装在北京一些大的饭店、宾馆和招待所的特等房间，通过花少量的钱解决了当时饭店设备落后的问题。

用户通过租赁，可以不需要花很多的钱就能及时使用上所需要的设备。人们充分感受到和传统购买相比，直接租赁手续简便，交货迅速，有修理保证，还可以及时更新所租赁的物品，租赁业务日趋活跃。

当时的情况是，中国企业需要更新技术设备，有一定的租赁需求，更需要通过合资经营融资性租赁公司引进外资。1980年10月，我国组织召开了中国首届租赁研讨会，并邀请了日本租赁公司、美华银行等机构参加。租赁开始作为一种利用外资的新方式，被正式介绍到我国。

针对我国需要大量引进外国的先进技术与国内资金短缺的矛盾，1979年10月成立的中国国际信托投资公司率先开展国际租赁业务，以开辟利用外资的新渠道。中国国际信托投资公司是由荣毅仁一手组织创办，其成功创办得到了邓小平等国家领导人的大力支持，公司的主要业务是进行国际的外资融资等。创办之初，邓小平就对荣毅仁授意："你主持的中国国际信托投资公司，要规定一条：给你的任务，你认为合理的就接受，不合理的就拒绝，由你全权负责处理。处理错了也不怪你。国际上资本主义有用的东西，可以拿来为我所用。要用经济方法管理经济，从商业角度考虑签订合同，有利润、能创汇就签，否则就不签。所谓全权负责，包括用人权。只要是把社会主义建设事业搞好，就不要犹豫。总之，你来牵头办实体，搞成对外开放的窗口，人由你选，业务由你管，事情由你负责。"[①] 这番谈话让荣毅仁深为感动，也在当时的环境之下促成了中国首家融资租赁公司的诞生。

### 创办中国东方租赁有限公司

中国旺盛的租赁需求很快吸引了其他国家投资公司的目光。当时世界首屈一指的专业租赁公司——日本欧力士株式会社（时称"日本国东方租赁股份有限公司"）的经营者看到了中国市场的潜力。中国国际信托投资公司成立后，该公司主要负责人就前来拜访参观，并提出与中国合资建立金融租赁公司的想法。荣毅仁敏锐地洞察出融资租赁将是我国企业引进利用外资的一个新途径，欣然同意双方互访、筹备创立合资企业，并明确指示要借鉴国外的经验，努力"探索出一条具有中国特色的租赁事业之路"。[②] 1980 年初，中国国际信托投资公司组团赴日本考察现代租赁业。经过多次协商沟通，1 月12 日，中信公司和北京市物资局在东京与日本欧力士株式会社签订了筹建中国东方租赁有限公司（以下简称东租公司）的协议书，同年 6 月 2 日东租公司筹备组开始筹建。

同其他领域的合资企业一样，当时国家对外开放不久，尚没有创办这类合资企业的现成经验可供借鉴，连合资合同、章程的文本，条款也必须从头逐条研讨和草拟。虽然当时融资租赁在世界上已有 30 余年历史，但毕竟是在

---

① 中共中央文献研究室：《回忆邓小平》（上），中央文献出版社 2004 年版，第 17 页。
② 丁广义：《中国东方租赁有限公司的创立和启示》，《中国外资》1998 年第 S1 期。

西方资本主义市场经济体制下形成和发展起来的，能否适合中国国情，这对于合资三方来说谁都没有把握。

但三方投资者没有畏缩不前，而是积极探索用融资租赁为我国经济服务的方法和模式。经过将近一年的筹备，1981年4月8日中国第一家经营融资租赁业务的租赁公司——东租公司正式开始营业，办公地点在北京展览馆内。公司总投资额为300万美元，其中中国国际信托投资公司出资20%，北京市机电设备总公司出资30%，日本的东方租赁公司出资50%。这家公司是北京地区，乃至全国第一家中日合资企业，也是全国第一家从事金融服务业的专业租赁公司。公司的目标是从事融资租赁，境内企业通过公司采取融资租赁方式引进外资，实际上是由公司作为中介机构从境外筹集的一种类似于商业贷款的外资。在遵守中外合资企业法的前提下，租赁公司拥有从境外自主筹资和进出口租赁物件的权限。东租公司的成立，标志着新兴的融资租赁事业开始在我国形成。

开业后，公司对我国的融资租赁方式进行了开创性的探索。中国当时的情况主要是缺少外汇资金，据统计，1980年底，国家的外汇储备是-12.96亿美元。许多老企业急需引进国外先进设备和先进技术，而多数企业除了缺少外汇资金外，也没有进出口经营权。于是，东租公司筹办人综合研究我国当时外贸、金融、海关、外汇管理、税收、工商行政等方面的政策规定，寻求既符合政策法规，又兼顾融资租赁特点的结合点，开创出基本适合我国国情的租赁新模式，即对企业既融通资金，又代办进口，实行"一揽子"服务，使用户在引进设备进行技改的过程中减少中间环节，节省时间，降低成本，早得设备，早见效益。这种具有金融和贸易双重职能的业务模式，既不同于国外的现代租赁，也有别于国内的传统租赁和信贷，成为改革开放初期我国融资租赁业的一大特点。

公司开业当年的第一份租赁合同是为北京东风电视机厂租赁电动叉车。从开业到承做第一个项目，东租公司经历了很大周折。按照中国的传统观念，设备的所有权和使用权是不可分离的，否则当事人会被公众批评为"空手套白狼""皮包公司"等。从引进融资租赁起，公众普遍认为融资租赁是"二银行"。甚至有人以为"租赁不过是放债、是一种高利贷"。这种观念认识，导致东租公司一时难以打开局面。为此，东租公司多次组织有关现代租赁内容的讲座和研讨会，印发《租赁简介》《租赁通讯》等宣传材料，主动向外贸、税收、财政、海关、工商等部门介绍融资租赁的原理和操作程序。在他们的努力下，政府有关部门对合资租赁业尽可能地予以支持，针对企业的审批登记、业务环节、外汇管理、关税征收、财会处理和税收等方面，颁布了多项通知和规定，尽力为东租公司开展业务铺平道路。

东租公司的实践为我国企业获得世界先进科学技术和设备、提高生产能力、走现代化发展之路做出了很大贡献，也使租赁这种一开始不被认可的方式逐渐进入大众的视野。租赁公司的用户反映，与贷款买设备相比，通过融资租赁方式进行技术改造，可以用较少的资本开办多几倍资金才能办成的事，避免大量资金一次性转为固定资产、不能参加流动周转的情况。与花几年时间积累资金买设备相比，融资租赁方式可以尽早获得设备的使用权，避免几年后设备价格上涨或产品市场变化造成损失和风险，便于企业瞄准国际市场，生产出优质对路的产品。

在各地用户对融资租赁方式认识的逐渐提高和各级政府部门的推介下，东租公司的租赁业务量逐年增加，1983 年成交额达到 4000 万美元，到 1984年，东租公司开展业务成交额累计已达 1.82 亿美元。[①]

### 开拓进取，打破困境

随着租赁需求的日益旺盛，东租公司的业务逐步从北京地区扩展到全国范围内。生产"健力宝"牌饮料的广东三水饮料罐厂，先后与东租公司签订了 7 个租赁合同，得以引进意大利先进的生产设备，从而由原先的一家小小的地方国营农机修造厂一跃而成为拥有全新易拉罐铝质罐生产设备的饮料专业生产厂，生产产品替代进口产品，每年为国家节省外汇数百万美元。

1985 年，东租公司与东租公司的日方投资者日本欧力士株式会社合作，

---

① 闵一民、屈延凯：《中外合资租赁业的回顾与展望》，《中国外资》1998 年第 S1 期。

成功地将一艘广东黄浦船厂制造的 1.8 万吨散装货轮出租到北欧，创汇 750 万美元，实现了出口租赁。这种出口租赁，是东租公司的首创，在公司历史上留下了开创性的一页。

随着租赁市场的扩大，东租公司的租赁对象也从单机发展到生产线设备，从新设备发展到各类二手设备，从小型单机发展到大型成套设备、生产线，已进入轻工、纺织、化工、电子、冶金、建筑、包装、印刷、邮电、交通、旅游、医药、广播电视及科学研究等行业和部门，通过引进设备使得能够增加出口创汇产品的项目越来越多。东租公司还在全国各地设立多个代理部，初步形成了一个全国性的租赁网。在国际上，同日本、法国、加拿大、美国、澳大利亚等 10 多个国家和地区的银行和金融机构建立了合作关系，开展了业务往来。

东租公司在发展过程中也曾面临一些困境。公司前期承做的一些项目论证并不充分，在没有把握的情况下，一些项目也急于上马。加之后来国际金融市场日元兑美元及国内人民币汇率的急剧变化，国内融资租赁法律、法规不健全和企业转换经济机制等，造成了其中约 10% 的项目发生严重欠租，甚至本息难归。一些承租人和担保人的长期拖欠，致使东租公司资金流动困难，经营陷入窘境。然而，即使在资金紧张的情况下，东租公司仍然设法优先偿还国外银行的贷款利息，赢得国外银行的赞许，维护了自身的信用。此后，公司承做项目时，侧重研究国家产业政策和项目本身的市场前景以及可靠的担保条件，确保租金按期回收。公司还对多年来形成的业务流程进行了新的探索和修改，努力提高融资租赁业务的经济效益，降低融资租赁的风险。

东租公司开创了现代租赁业在中国的发展之路，首创了租赁企业与"三来一补"等灵活贸易相结合、租赁与中外合资项目相结合、租赁设备与租赁技术相结合以及出口租赁、国内集团租赁等多种业务方式，并参与了国际银团租赁的融资实践，为我国融资租赁业务制度化、规范化做了很多工作。东租公司实践的成功，带动了我国租赁业的发展。让融资租赁这门新兴行业介入我国经济生活，改变了传统，使我国企业由重视设备的所有权，向注重设备的使用权转变，这适应了越来越快的产品升级换代和日益激烈的市场竞争的要求。

## 其他租赁公司相继成立

在东租公司之后，伴随我国对外开放、对内搞活经济政策的深入贯彻，以及国家在融资、进出口和税收等方面对租赁采取的扶植政策，融资租赁这一新兴事业在我国蓬勃兴起。

1981 年 7 月，同样是由荣毅仁倡议创办的中国租赁有限公司成立，该公司由中国国际信托投资公司与原国家物资总局共同组建，办公地点位于北京西长安街 50 号。公司成立后，曾协助北京自行车厂用租赁的方式从日本兰斯株式会社引进静电喷漆生产线，大大提升了该厂自行车车架的生产效率。到 1984 年，中国租赁有限公司的营业额已达到 1.19 亿美元，短短三年时间，中国租赁有限公司和东租公司共完成 726 个租赁项目，业务范围涉及轻纺、电子、冶金、建材、化工等行业。随着公司用户委托的融资租赁项目日渐增多，营业额成倍增长，信誉亦日益提高，1984 年股东单位由原来的两家增加到 10 家，即除中国国际信托投资公司、国家物资总局之外，新增了中国工商银行、中国建设银行、中国人民保险公司、轻工业部、化学工业部、电子工业部和水利电力工业部，注册资本为 2 亿元。

除此之外，这一时期外国投资者相继进入租赁市场，北京市域内成立了一批中外合资的租赁公司。这些外资租赁公司大致有两种类型。第一类是以工业部门及银行为依托，以经营某些行业性技术为主要内容的专业性租赁公司，如中国国际包装租赁有限公司、中国国际有色金属租赁有限公司等。1984 年 11 月 7 日，中国国际包装租赁有限公司成立，公司由中国包装总公司、中国银行信托咨询公司、意大利商业银行和法国巴黎银行合资组建，企业办公地点位于北京西苑饭店。该公司成立半年就签订了 80 多个租赁合同，成交额达 4000 万美元。1984 年 12 月 7 日，中国国际有色金属租赁有限公司成立，公司由中国有色金属工业总公司、中国工商银行、美国第一联美银行、法国巴黎国家银行合资组建，办公地点位于北京紫玉饭店。1984 年，中信、东租公司、中国环球租赁公司等以融资租赁方式向北京、哈尔滨等城市的出租汽车企业提供日本制造的小客车，累计2万多辆。

第二类是以金融、贸易等机构为依托，经营综合性租赁业务的综合性租赁公司，如东租公司、中国环球租赁有限公司等。1984年11月1日，在外贸部和中国银行的支持下，由中国银行信托咨询公司、日本三和银行、德国德累斯登银行和外贸部所属中国机械、中国仪器、中国技术进出口公司合资成立中国环球租赁有限公司。

中外合资租赁公司业务的迅速推广，使外国投资者通过这个窗口，直接了解我国的市场和投资环境，也使得改革开放初期急需资金的各个企业获得了一种新的融资方式。外国的资本和技术为改革开放初期北京的融资租赁市场注入了新鲜的血液。

截至1984年6月，北京共有中外合资企业16家，中外合作企业8家，中外合资合作领域日益宽广，投资水平不断提高。通过创办外商投资企业，吸引了大量外资，引进了先进技术和管理经验，促进了企业的技术改造和产品的更新换代，还培养了具有国际水平的现代化人才，对现代化建设起了很好的推动作用。

# 第五章
# 对外文化交流合作

1978 年，中美建交时签订了文化教育交流的有关协定，与此同时，中国与欧洲各国也签订了类似的协议，并以此为契机，促使北京市教育、科技、文艺等领域的中外交流进入一个快速发展时期。北京是中国的文化中心，是中国传统文化艺术精华荟萃之地，教育、科技、文化资源丰富，在对外文化交流中占有十分优越的条件。这一时期，教育领域对外交流以互派留学生、开展校际交流为主，科技领域活动增多，对外文化交流蓬勃发展。北京体育的对外交流也很频繁。

## 一、教育对外交流

随着对外开放逐步扩大，中外教育交流也进入一个新的阶段，中国与各国互派留学生成为新的亮点。北京市各类高等院校按照国家的总体要求，积极组织赴国外开展进修和留学。在留学国别选择上，从苏联及东欧社会主义国家转向美、日等资本主义国家，改变了以社会制度、意识形态异同决定主要留学国的做法，并改变以往向资本主义国家派遣留学生学语言多、学科技少的局面。在出国学生选拔条件上，改为以本人政治状况和业务水平为主。进一步扩大招收外国留学生，北京地区接收外国留学生数量在全国各省、市、自治区中居第一位。积极开展高等学校的校际交流活动，活动内容主要有互访、召开学术会议、互换学术成果等。

## 赴美日等国留学进修

邓小平复出后，对出国留学工作，尤为关注。1978年6月23日，邓小平和国务院副总理方毅听取清华大学校长刘达的汇报。谈到派遣留学生问题时，邓小平说："我赞成增大派遣留学生的数量，派出去主要学习自然科学。要成千上万地派，不是只派十个八个。请教育部研究一下，在这方面多花些钱是值得的。这是五年内快见成效、提高我国科教水平的重要方法之一。"①

同年7月，美国总统卡特的科学顾问弗兰克·普雷斯率领美国政府科技代表团访华，普雷斯与邓小平会谈时，邓小平直接提出："你们提出近期内接受五百人，我们提出的人数可能更多一些。用你们现成的条件，为我们培养更多的科技人才，为什么不干呢?"②此后，中美两国就互派留学生工作继续进行沟通。

教育部立即着手做当年的留学生派出工作。10月初，教育部向日本和美国派出两个代表团，商谈留学生接洽事务，并以与美国谈判为主。当月，中美两国达成《中华人民共和国和美利坚合众国互派学生和学者的谅解备忘录》，正式宣布互派留学生和访问学者，中国首先向美国派遣留学生50人，前往其他国家留学生稍后派出。

由于时间紧迫，出国前要按惯例组织短期培训，教育部立即从北京、上海、天津的成绩优异者中选拔出50人，以便于迅速集中，同时这三地考生占全国考生相当部分，成绩也明显居前。其中，来自北京大学的13人，清华大学的9人，来自中国科学院不同院所的12人。这三大单位共有34人，约占总数的2/3。来自北京市的有北京工业大学郑庸、王以铭，北京邮电器材厂冀复生、北京汽车厂计算机室檀中维。52名留学人员来到北京语言学院（今北京语言大学）进行培训，大家积极强化英语水平，也学习了

①② 中共中央文献研究室编：《邓小平年谱（一九七五——一九九七）》（上），中央文献出版社2004年版，第331、340页。

生活、工作应注意的问题。北京市结合实际情况，确定由中共北京市委教育工作部牵头，北京市科委和北京高教局具体负责，在全市范围内选拔出国留学人员。

1978 年 12 月 26 日上午，方毅在人民大会堂接见即将到美国留学的访问学者，当晚八九点，小雪纷飞，一架飞机静静地停在首都机场停机坪上，赴美留学人员陆续登上飞机。52 名留学人员陆续来到美国各个大学学习，他们争分夺秒，就连大部分节假日都在实验室里度过。来自北京工业大学的王以铭进入麻省理工学院物理系，从事理论物理学研究。一年多的留学生活，除了专业的收获外，他增进了对美国高等教育和社会的认识，更促进对中西文化交流的思考。他提前完成学业回国，并很快晋升为教授，担任北京工业大学电子科学系主任、北京工业大学副校长。[1]

北京邮电器材厂的冀复生到康奈尔大学学习，那里研究氛围活跃，科研资源丰富，他很快融入美国大学生活，研究水平得到很大提高。学习期满，尽管对留学生活充满感激之情，但他还是想尽快赶回祖国，将所学投入应用，融入现代化建设之中。冀复生回国后，先到自己先前所在工厂，不久调到清华大学电子工程系任教。1985 年，冀复生调入国家科委，任技术市场中心主任、高技术司司长等职。1999 年任中国常驻联合国代表团科技参赞，2002 年底卸任回国。

来到华盛顿大学学习的吴德炎，寄宿于一户普通人家，房东是一名退休美国中学老师。他们相处很融洽，成了忘年交。吴德炎教房东学中文，房东教吴德炎学习英语。吴德炎常常参加学校里各类论文答辩会。他发现，与会者踊跃发言，直率提问或质疑，会上大家争得面红耳赤，会后握手言欢，不会有成见和妒忌。学术权威也乐意接受挑战，而不是唯我独尊。他感到大开眼界，对日后科学管理很有教益。[2]

---

①② 钱江编著：《1978：留学改变人生——中国改革开放首批赴美留学生纪实》，四川人民出版社 2017 年版，第 266—268、336 页。

1979年7月25日，中国留学生、研究生利用暑假到日本府中市东芝府中工厂参观。

根据与各国签订的文化教育协定，中国随后向日本、英国、法国、联邦德国和加拿大等国家派遣留学生和进修人员。北京大学讲师魏庆鼎于1979年前往日本东京大学留学，从事我国流体力学中比较薄弱的环节——湍流的研究。为了争取宝贵的时间，他每天清晨离开宿舍，晚上11点才回去，即使节假日也是如此，大部分时间都花在学习和研究上。在研究最紧张的时候，他常常留宿在研究所的地板上。因如此努力，魏庆鼎不断取得新的成绩。1980年6月，他在日本湍流学会年会上发表了一篇论文，受到学术界的好评。1981年，魏庆鼎通过了东京大学博士论文答辩，取得博士学位。

首批留英生于1979年4月17日飞赴英国，他们努力学习，取得了一系列成绩，除了一位继续攻读博士学位外，其他人都按时回国。北京工业学院（今北京理工大学）学生冯长根进入英国利兹大学物理化学系攻读博士学位，他的导师是英国皇家学会会员彼得·格雷教授。格雷教授被这个中国学生拼命苦学的态度所惊讶。冯长根一进实验室、计算室、图书馆，就好像粘在那里了，一干就干到晚上12点，困了就倚在椅子上闭一下眼，渴了喝点儿冷水，肚子饿了吃点剩面包。圣诞节前夜，利兹大学校园漆黑而静谧，只有物理化学系实验室的窗户射出一缕灯光。格雷教授夫妇驾车经过那里，格雷教授感慨地对妻子说："这就是我的学生，Mr. 冯，他节日还在干。"第二天，格雷教授对冯长根说："哎哟，你昨天晚上还在工作，我都感到很惭愧。"

1982 年，29 岁的冯长根与导师合作发表了第一篇论文。论文共 3 页，虽不长，却解决了这个领域内正在争论的一个问题。1983 年底，冯长根完成了博士论文。不少外国同窗喜欢在论文扉页上写上一行献词"本论文献给我的妻子"。冯长根却工工整整地用中英两种文字写道："本论文献给我的祖国，中华人民共和国。"获博士学位后，他立即回国投入学校的教学工作之中。

北京市属高校按照国家统一部署，积极组织教师出国留学或进修。从 1979 年开始，北京师范学院（今首都师范大学）陆续选派 50 多名教师出国进修，回国后他们大多数成为教学和科研骨干，形成一支实力较强的队伍。

到 1981 年底，我国已派出公费留学人员 7000 多人，分布在五大洲 50 多个国家，300 多个城镇。对已结业回国的 1000 多人，国内有关部门非常注意发挥他们的专长和骨干作用。他们有的带研究生，有的著书立说，有的应邀到有关单位教课，有的开辟新学科领域，有的挑起学科带头人重担。清华大学发挥归国留学人员所学专长，积极安排他们上教学第一线。鼓励他们用国外的最新学术成果充实教学内容，提高原有课程的教学质量，并力争短期内为高年级和研究生讲授新课。热能工程系一位教师刚从国外回来，就为高年级开设一门新的选修课《对流换热》。工程化学系一位从美国留学回来的年轻教师兼任年级主任，工作认真负责，做学生思想工作时，注意结合自己在国外的见闻和感受，引导学生正确认识西方社会，收到良好效果。

**招收外国留学生**

1979 年 1 月，教育部、外交部召开外国留学生工作会议，明确接收外国留学生方针，确定首批接收外国留学生学校和专业，以人文学科居多，如北京大学的汉语言文学、中国历史、考古学和哲学等专业，北京语言学院的现代汉语、基础汉语专业，还有北京邮电学院（今北京邮电大学）的无线电技术等少量理工科专业。以此为契机，中国接收外国留学生进入新的一页。北京地区 31 所高等学校先后成立留学生办公室，由原来校长办公室兼管，转变为设立专职机构管理来华留学生的有关事务。

外国留学生到中国高校学习，首先要克服语言关。为此，教育部强调各大学要做好留学生汉语教学工作。1978 年，北京语言学院利用假期为 30 名法国人开办短期汉语学习班，效果很好。还有一些国家向中国政府提出参加这种形式的短期汉语学习班。

翌年 7 月，北京语言学院积极创造条件，利用暑期学生离校，教师稍有空闲时间的机会，举办外国留学生汉语进修班。参加进修班的有来自法国、西德、美国、意大利、芬兰、西班牙等 6 国的 150 名学员，时间为两个月。汉语进修班根据学员程度分别编班教学，开设有汉语文选、口语、听力、翻译及基础汉语等课程。为了配合课堂教学，还举办了讲座，邀请校外教授、作家和学者做专题报告。

哈萨克斯坦前总统托卡耶夫于 1983 年在北京语言学院短期进修 10 个月。两年后，他以二等秘书（大使馆中的一种职务层级）身份到苏联驻华使馆工作。2012 年，北京语言大学举行 50 周年校庆，时任联合国副秘书长的托卡耶夫于百忙之中发来贺信，称"作为一名校友，我亲身体会到北京语言大学在推动语言和文化多样性方面发挥的作用，这也是联合国优先发展的重点"。

1982 年开始，北京外国语学院分院（后并入首都师范大学）开始举办外国来华学生汉语培训班，组织一支专业对外汉语教师队伍，并聘用一部分外语教师兼任汉语课。为保证教学质量，学校与所有任课教师均签订了职责分明的聘用合同；每年选派一些有培养前途的教师到国外教授汉语，以培养自己的对外汉语教育骨干。学校还积极开展教学研究，与国内外同行和来访外国学者一起就如何教美国人学汉语，如何利用北京的语言环境、不同国家学生的文化背景与学汉语中出现的难点的关系等问题进行研讨，取得很好效果。

北京语言学院为外国留学生设立了学制一、两年的留学生现代汉语班和 4 年制本科基础汉语班。要把一句汉语也不会说、一个汉字也不会写的外国人，教到基本上能到我国的高等学校听懂汉语课的水平，这个任务是很重的。

即使用 4 年时间，培养一个合格的汉语翻译或教师，也不是一件易事。

对于初学汉语的留学生，教师就要在师生毫无共同语言基础上，通过各种手段和方法，克服很多困难，让学生一句一句地学会汉语，做到听、说、读、写全面发展。对于有一定汉语基础的留学生，则是教他们提高汉语水平。一位来自非洲的留学生说："学习汉语并不像我原来想象的那样高不可攀。只要真正钻进去，就能掌握它。当我们在学习上碰到困难时，中国师生就来关心、帮助我们，使我们感受到了朋友和兄弟的温暖。"有一位留学生，初到语言学院时，学习松散，通过教师耐心做工作，不到半年，这位留学生转变了，每天上午 4 节课，一节不缺，认真听讲，积极练习，每天下午必到教室自学。看见老师，老远就打招呼，拉着中国同学就练习汉语会话，学习成绩直线上升。

为了配合课堂教学，帮助各国留学生深入了解中国的文化、历史和现实，北京语言学院经常组织学生观看京剧、评剧、话剧、昆曲及相声演出，组织学生参观北京的工厂、农村、名胜古迹等。1982 年 8 月 12 日，北京京剧院三团演员李慧芳为北京大学汉语短期进修班日本留学生讲授京剧。她讲授京剧表演艺术特色时，时而手持马鞭，做骑马动作，似骑马奔驰荒野；时而空手表演开门、纫针、绣花等动作。她还身穿戏衣表演《贵妃醉酒》中一段戏，说明京剧载歌载舞特点。讲京剧行当时，她一人分饰三个角色，分别演唱了《女起解》中苏三、《白门楼》中吕布、《空城计》中诸葛亮的唱段。课堂里不时爆发阵阵热烈掌声。

经过汉语强化培训后，来自各国的留学生分别到各个学校开始留学生涯。当时，到北京学习人文科学的留学生和进修人员占较大比例。日本学生樋口胜 1979 年至 1983 年在北京大学历史系学习，并获得学士学位。此时的北大校园里，外国留学生还不是很多，樋口胜被历史系同学们当作"自己人"对待，他经常到中国学生宿舍区聊天，还和小自己 4 岁的班长刘根成为知己。他认为北京大学留学期间种种际遇，对自己人生影响最大，回到日本后，继续攻读研究生，后来做了大学老师，跟北大的四年学习密不可分。

美国人舒衡哲 1979 年到北京大学中文系学习，她是 1949 年后美国首批来中国学习的官方交换学者。当时的舒衡哲已经在美国获得中国历史专业博士学位，年纪稍大于其他研究生。学校很周到地为她安排单人宿舍。不过，舒衡哲总是努力寻找机会和中国同学在一起，体味生活。

进入具体研究工作后，舒衡哲没有想到，当她提出研究"五四运动"这一课题时，学校老师和同学积极提供帮助，协助她寻找那些曾经属于"五四运动"时代的知识分子。她成功拜见并采访许德珩、张申府、叶圣陶、俞平伯、梁漱溟、朱光潜、冯友兰、金岳霖等著名学者。乐黛云、王尧、侯仁之、张岱年、汤一介、章朱洪、张芝联、陈阅增和季羡林等著名教授，都给予热情的帮助。她在这里找到了心里真正的"母校"，一个让她获得丰富知识，并为她写作提供各种条件的地方。

重大节庆时，北京市经常邀请留学生参加各种联欢活动。1979 年 12 月 29 日，教育部、文化部、全国学联、北京市人民政府联合举办 1980 年北京市中外师生联欢晚会。人民大会堂张灯结彩，喜气洋洋，5000 多名中、外师生济济一堂，笑语欢歌，迎接 1980 年元旦的到来。教育部部长蒋南翔向参加新年联欢晚会的外国朋友和师生们表示节日祝贺。他希望所有中国学生同外国留学生搞好团结，互相帮助，增进友谊。1981 年 12 月 30 日，在北京高等院校学习的 81 个国家 1000 多名留学生，和中国师生欢聚一堂，共庆新年。教育部副部长浦通修、北京市副市长白介夫，分别代表教育部、北京市人民政府向在京各国留学生致以新年佳节祝贺，希望他们新的一年里在学习上取得更好成绩。联欢会上，中外学生互相亲切交谈，处处洋溢着欢乐友好的气氛。

教育部、外交部高度重视外国留学生管理工作，对他们开展遵守中国政府法律和学校纪律的教育，建立必要的规章制度。1980 年，北京市各高校按照教育部制定的《中华人民共和国教育部关于外国留学生入中国高等院校学习的规定》，加强对外国留学生在考勤、休学、退学和纪律处分等方面的管理。到 1985 年，101 个国家和地区的 1700 余名留学生在北京市 15 所高等院校学习，约占在华外国留学生总数的 70%。

## 校际交流与合作

1978 年 7 月 12 日，邓小平会见联合国教科文组织总干事阿马杜-马赫塔尔·姆博前，同教育部部长刘西尧谈话，指出："可以派人到一些外国大学考察，直接同它们建立联系，它们可以帮助我们，送些设备给我们。这些方面，不要再患'神经衰弱症'了，不要怕出去的人受外国的坏影响。"① 在邓小平的关心和推动下，解除了疑虑，中外大学之间日常交流逐渐增多，并以校际合作的形式固定下来，成为中国对外教育交流的一条重要渠道。校际交流主要内容是互换学者和教师，互换留学人员和进修人员，互换图书资料和学术论文，以及双方商定的在教学和科研方面的合作等。

此后，中外大学建立校际联系活动，进入大发展时期。北京大学和清华大学作为中国最著名两所大学，建立校际联系的学校最多。1979 年，北京大学与美国的加州大学等 6 所大学建立联系，还与日本创价大学签订校际交流协议。第二年，北京大学与美国芝加哥大学等 11 所高校，清华大学与美国 6 所高校建立联系。北京大学与加拿大两所大学建立联系，清华大学与加拿大一所大学建立联系。北京大学、清华大学还分别与一所日本大学建立联系。

清华大学代表团一行 6 人于 1981 年 11 月 7 日至 26 日赴西德进行工程教育考察。阿亨工业大学（今德国亚琛工业大学）是这次访问的主要邀请单位，代表团于阿亨大学停留 7 天，并与该校校长签署了两校合作协议中文文本，商讨未来两年执行协议的具体方案。同年，北京大学与美国哈佛大学、斯坦福大学建立联系。从 1982 年到 1985 年，北京大学与日本早稻田大学等 5 所大学、美国密苏里大学等 7 所大学，以及法国、荷兰各一所大学建立联系。清华大学与日本东京大学等 4 所大学建立联系。

其他高校也与国外对口学校建立联系。1980 年，中国农业大学与西德霍恩海姆农业大学、美国明尼苏达大学农学院、加拿大圭尔夫大学农学院建立校际联系，就交换访问学者、接收研究生、开展合作研究和交换书刊资料等问题进行了协商，并分别签订了"合作协议书（五年）和年度执行计划"。霍恩海姆农业大学派 3 位教授来中国农业大学讲学。中国农业大学 3 位教授

---

① 中共中央文献研究室编：《邓小平年谱（一九七五——一九九七）》（上），中央文献出版社 2004 年版，第 342 页。

和 1 名研究生也分别到霍恩海姆农业大学访问、考察，并在有关研究所进行短期研究工作。西德斯图加特市还在报纸上刊登了两校合作的消息。中国农业大学与明尼苏达大学农学院和圭尔夫大学农学院的协议和合作计划，于 1981 年正式执行。

日本国会教育振兴会委员、东京工业大学庆伊富长教授于 1981 年访问北京化工学院（今北京化工大学）。经庆伊富长教授推荐，日本东京理科大学远藤隆一教授于同年 11 月 2 日至 12 月 1 日来北京化工学院讲学，通过这次访问，双方均表示了建立友好关系的愿望。1982 年 10 月，北京化工学院代表团一行 6 人回访日本东京理科大学，这次访问中，双方正式签署友好协议书。此后，两校交往日益密切，北京化工学院向东京理科大学派遣代表团、进修交流人员，东京理科大学向北京化工学院派遣代表团、大型学术代表团、交流访问教授。

到 1982 年，北京航空学院（今北京航空航天大学）确定一所联系学校，为美国麻省理工学院；北京钢铁学院（今北京科技大学）确定一所联系学校，为美国宾夕法尼亚大学工程与应用科学学院；北京体育学院（今北京体育大学）确定 2 所联系学校，为美国马萨诸塞州春田大学、纽约州立大学柯特兰学院。其中，对美校际交流在中国高校对外校际交流中占比非常大，一半以上校际交流是在中美之间进行的。

北京工业学院选择柏林工业大学作为开展校际合作的重点。柏林工业大学历史悠久，学科种类齐全，与北京工业学院专业对口，学术水平高，且重视开展对华交流，并设有专门基金。1984 年 4 月，北京工业学院与柏林工业大学正式签订校际合作协定，规定双方就共同感兴趣的学科领域进行科研合作，互派教授、学者，以讲学、考察等形式开展学术交流、共同召开学术会议等方面进行有效合作。经过双方不断努力，协定顺利推进，两校交流一直保持稳定发展并逐步深入。

北京市属高校也积极与国外高校建立联系。1980 年 6 月 12 日，美国纽约州立大学科特兰学院代表团到北京师范学院（今首都师范大学）访问，经过细致交流沟通，两校签署交流协议，双方合作建立"北京市高校英语培训中心"，为市属高校准备出国进修的教师进行短期英语培训。1983 年，北京师范学院又与美国纽约州立大学奥斯威戈学院签订交流协议。

1980 年 7 月，纽约州立大学布法罗分校工学院院长李兆治博士，经北京市市长林乎加推荐，到北京工业大学讲学。他代表该校与北京工业大学初步签订了两校交流协议书。在双方校长推动下，布法罗分校与北京市高等教育委员会签订了合作协议。该协议规定：北京工业大学每年至少有一个交流名额，北京工业大学可与工学院有单独的合作项目。其中抗震研究的合作，被列为中美两国政府间的合作项目。

出国留学工作逐渐成为北京市改革开放事业的重要组成部分，广大回国留学人员在社会主义事业各个领域中建功立业，在促进经济发展和社会进步方面起到积极作用。吸收外国留学生是北京高等教育发展的重要内容，逐渐成为促进教育对外开放，建设教育强国的重要工作之一。

## 二、科技对外交流

北京地区对外科技交流形式多样、方式灵活。相关部门积极开展多种多样的科技交流活动，采取请进来、派出去等多种形式，多次邀请国外科技工作者、学者和专家来京访问、讲学。科技领域的这些交流活动，促进中外交流，开阔眼界，为经济建设提供了重要支撑。

### 邀请国外重要科研人员来京交流

邓小平于 1977 年 8 月 8 日主持召开的科学和教育工作座谈会上强调，"请外国著名学者来我国讲学"。[①] 当月，邓小平接见美籍华裔物理学家丁肇中时，再次提出"请人来讲学。不但科研机构要这样，企业也要这样"。[②] 翌年 6 月 28 日，教育部正式发出《关于申请参加国际学术会议，邀请外籍科学

---

① ②　中共中央文献研究室编：《邓小平年谱（一九七五—一九九七）》（上），中央文献出版社 2004 年版，第 179、184 页。

家、工程技术专家来华讲学的通知》。①

北京市各部门积极落实，采取各种措施邀请国外专家、学者、工程技术人员来北京开展讲学、咨询和技术交流等活动。北京市科协针对各行业需求，连续邀请国外专家交流讲学。1981 年 4 月，新加坡塑胶电镀有限公司主席陈清洪、经理邱崇德等 5 人应北京市科协邀请，与北京电子学会广播电视专业委员会深入开展塑料电镀技术交流。在参观北京无线电塑料电镀流水生产线过程中，邱崇德提出对某些工序稍加改革，可以提高生产效率 3 倍以上。该厂使用邱崇德介绍的快速分析法，将工序由 4 小时缩短到 20 分钟，该厂还采用邱崇德的建议，为注塑毛坯件配备挂装孔，彻底改变过去圆圈式镀件保证不了质量、完不成任务的情况。

8 月，日本东京大学名誉教授池森龟鹤应邀来京举行了"除尘和粉粒空气输送技术"讲习班，引起很大反响。参会的北京有色金属设计研究总院认为，池森教授介绍的日本粉尘技术规定，对我国制定此项标准很有参考价值，他讲解的数据，如颗粒碰撞系数、固体与气体输送比等，都很有指导意义。北京市劳动保护研究所认为，池森教授带来的教材是国内少有的除尘技术资料，在除尘机理论研究上很有深度，并计划将该教材作为本所研究生辅助教学用书。北京市皮毛工业公司也认为，这次讲座对处理本行业生产中纤维状粉尘很有启发，准备在皮毛三厂试用。9 月，日本工学博士大和久重雄在北京进行热处理技术讲座和交流。参加者一致认为，大和久重雄的热处理技术经验十分丰富，尤其对工具钢热处理，根据他的建议，将油冷改为风冷，不仅可以淬透，还可以延长模具使用寿命。在参观北京量具刃具厂时，针对卡尺框热处理后产生裂纹问题，他当即指出这是磨削加工量大造成的，不是热处理原因，这给该厂工人很大启发。②

美国堪萨斯州立大学副教授沈运德来京讲解美国食品科技现状，带来不少食品样品，还在前门饭店亲自展示美国家庭蛋糕的制作方法。北京市食品

---

① 季明明主编：《中国教育行政全书》，经济日报出版社 1997 年版，第 1616 页。
② 《北京市科协国际部 1981 年工作总结》，北京市档案馆，档案号 010-003-00138。

研究所根据沈教授提供的婴儿食品样品，研制出离乳期婴儿速溶高蛋白麦片，经化验其成分和营养价值与美国产品基本类似，对丰富和发展北京市儿童食品和促进婴儿的健康很有意义。这一年，北京市科协邀请 10 个国外团组来京交流，举办报告会 35 次，参观座谈 67 次，参加活动科技工作者达 1.3 万人次。[①] 1982 年，日本富山机械代表团、国际照明委员会、国际煤气化访华团等团组来京交流，对相关领域的发展起到促进作用。

北京市农林科学院蔬菜研究所于 1984 年 10 月 5 日至 12 日，邀请美国威斯康辛大学农学院副院长劳沃博士、美国威斯康辛大学教授加贝尔曼博士、联合国粮农组织的陶嘉林博士、美国植物细胞研究所辛思文博士、英国国家蔬菜试验站站长勃列斯达里博士，以及日本原米可多育种农场副场长森田欣一来京讲学，主要讲授了蔬菜遗传育种和良种繁育、蔬菜病害和抗病育种、西瓜甜瓜栽培、育种和良种繁育以及遗传工程的先进技术和最新成就。

北京地区大学也注重邀请国外专家学者来京讲学。1979 年，中国科学院邀请美籍华裔物理学家李政道到北京讲学。他每天讲课 3 小时，用 7 周时间讲完"粒子物理"和"统计力学"两门课程，总计 110 学时，这是他在美国 3 年的教学量。为搞好这次讲学，李政道教授一年前就开始了准备。1978 年 10 月，他寄来了两门课程讲义手稿，接着又陆续寄来了一些材料。为了把"粒子物理"方面的最新成果加到讲义中去，他又用了四五个月时间，把"粒子物理"讲义重新改写一遍。

4 月 2 日下午，来自全国各地的研究生、科研人员和教师，怀着十分喜悦的心情和强烈的求知欲望聚集在北京科学会堂。500 多个座位的礼堂座无虚席，楼下休息厅和中国科技大学研究生院教室的转播电视机前也坐满了听课的人。上课铃声响了，中国科学院副院长、研究生院院长严济慈教授向大家介绍李政道教授后，李政道教授面带微笑在热烈的掌声中谦虚地说，即使自己在理论物理方面取得了一点成绩，也是同过去的老师、同学以及许多物理界同事的帮助和鼓励分不开的。简短的开头，博得了一阵掌声。

---

① 《北京市科协国际部 1981 年工作总结》，北京市档案馆，档案号 010-003-00138。

"粒子物理"和"统计力学"这两门课，都是理论物理的重要基础课，要教好难度还是较大的。李政道教授对教学内容做了独特的处理，既集中当代理论物理研究的精华，又结合自己的工作，从基础理论讲起，选择最短的途径，用最快的速度，把听者带到了世界理论物理学的最前沿。两门课程的讲法又各有不同，"粒子物理"是先打好场论的坚实基础，然后直插前沿，"统计力学"却打破了传统的讲法，不是先从古典统计讲起，而是单刀直入量子统计的教学。微观世界奇妙的对称性、宇宙的守恒与破坏、粒子的色香味与作用……人们的思维随着李政道的精彩讲解，在奥妙无穷的微观世界中翱翔。短短一个多月时间，听课人得到了巨大教益，纷纷赞不绝口，大家认为李政道学识高深，方法科学，治学严谨，诲人不倦。

当年7月13日至8月10日，美国纽约州立大学石溪分校化学系主任、物理化学教授朱鹏年到北京大学化学系做为期4周的讲学，讲学主要内容有光散射理论，激光散射原理、实验及在激光测速与高分子溶液方面的应用。

1980年，北京农业大学邀请美籍华裔学者戴威廉教授为植物遗传育种讲习班授课。此后，又组织讲习班，邀请外国专家从概念、理论、方法、实践上全面系统地进行讲解，尤其注重介绍各自学科领域最新科技成果，为科技人员了解某些学科的水平和研究动向提供途径。学员是来自全国农业院校和科研单位的教师、科研人员，共900多人。

5月26日至6月2日，美国哥伦比亚大学亨利·克罗蒙布矿冶学院院长布什可夫教授，应邀到北京钢铁学院讲学，百余名技术干部和大学教师听了布什可夫教授讲课。布什可夫教授对美国矿产资源状况做全面介绍，并对中国矿山建设提出不少建议。他认为，中国矿山公路铺设不到位，对设备、轮胎、劳动生产率影响太大。在充填法上，美国正在使用相关设施，可为中国改进充填工艺提供借鉴。在脉冲矿床开采上，美国自行机械落矿设想方案，是促使薄矿脉开采方法改革的一个途径，对中国也有参考价值。

6月，北京工业学院邀请美国费尔蒙特大学赖钦教授来校讲学，做题为"非线性谱估计理法论"的讲座，主要内容为现代谱分析方法的基本概念。同年，美国专家福克斯来校讲授工程设计中的优化方法，赠送一套CMIN-19

程序，这是当时国际上优秀工程优化设计程序。美国华盛顿大学谈自忠教授应邀两次来校讲学，第一次讲授"随机控制理论"，第二次讲授"机器人控制"，包括运动学、动力学、控制论等。

此后，北京工业学院多次请国外教师到校讲学。美国约翰霍普金斯大学茹夫教授应邀于 1983 年到北京工业学院讲学，题目是"非线性系统理论"系统、非线性系统算法以及应用举例等。瑞士巴塞尔大学物理化学研究所所长海尔布鲁诺教授应邀来校讲学，题目是"紫外光电子谱在有机化学中的应用"，并对本领域进展、新动向做较为系统介绍。日本九州大学相良节夫教授来校讲学，主要内容为动态优化设计，随机振动的最优控制理论及应用，用现代控制理论解决振动问题，等等。

1984 年和 1985 年，该校继续邀请联邦德国专家来校讲解计算机辅助设计（CAD）和计算机辅助制造（CAM）。这是 20 世纪 60 年代以来国际上发展很快的一门新兴技术，是现代技术革命的重要组成部分，在发达国家已广泛应用，并取得显著效果。通过讲学，学校筹建了 CAD 实验室，开始了本领域的科学研究工作。

### 举办国际学术会议

随着改革开放的逐渐推进，北京举办的国际学术会议逐渐增多，中美、中日、中日美联合召开的国际会议，颇具影响力。1979 年 6 月 11 日至 12 日，根据中美在高能物理领域进行合作协议的要求，中美高能物理联合委员会第一次会议于北京举行。11 日晚，邓小平会见中美高能物理联合委员会第一次会议的美方成员，听取美国高能物理发展情况的介绍和对中国高能物理发展的建议。谈到中国该不该搞 500 亿电子伏特加速器问题时，邓小平指出：既然要搞四个现代化，就得看高一点，看远一点。搞 500 亿电子伏特加速器是一件困难的事情，但可以带动许多方面，也许下这个决心可以帮我们把科技发展速度提高得快一点。[①] 会议期间，双方就高能物理领域进行交流，充满

---

① 中共中央文献研究室编：《邓小平年谱（一九七五—一九九七）》（上），中央文献出版社 2004 年版，第 523 页。

热情友好气氛。12日下午，中华人民共和国国家科学技术委员会和美利坚合众国能源部在高能物理领域进行合作的执行协议附件上签字。

10月5日至10日，中美双边高分子化学和物理讨论会于北京举行，这是中美建交后首次举行大型学术讨论会。参加讨论会的12名美方代表，由诺贝尔奖获得者弗洛里教授率领，成员分别来自美国的斯坦福大学、麻省理工学院等高等院校和贝尔实验室、杜邦公司等机构。中美两国科学家共提出33篇论文，就高分子化学和高分子物理方面研究工作进行广泛交流和探讨。弗洛里教授和密执安大学奥弗伯杰教授分别做题为"在硬链高分子中线性排列的理论""在有机化学反应中高分子的催化剂"的学术报告，听众达400人，博得中国同行一致好评。中国化学家王葆仁向与会中美科学家报告了近年来中国高分子研究工作状况；北京大学讲师陆承勋宣读的题为"新型生物活性丙烯酸酯的研究"论文，受到美国科学家热烈赞扬，有的美国科学家听完报告后，立即走上讲台和陆承勋握手，表示祝贺。会议期间，大家进行亲切交谈，不仅交流了学术，也建立了友谊。

由日裔美籍科学家筒井稔教授倡议，会同日本科学家石井义郎教授与中国有关部门于1980年6月10日至14日联合召开中、日、美金属有机化学学术讨论会，近百名中外科学家参加这次会议。出席这次国际讨论会的美国科学家有19位，来自各大学和一些工业公司科研发展部门。日本15位科学家来自各个大学和研究所。6月10日大会正式开幕，中、日、美三方主席黄耀曾、石井义郎、筒井稔分别发表热情洋溢的讲话，接着进行3天大会报告与讨论。

在14日的闭幕式上，中方主席黄耀曾教授为庆贺大会成功，满怀激情吟诵的一首诗，生动地描述了大会盛况及所取得的丰硕成果。

嘉宾日美御风来，四日华堂盛会开，
妙语联珠呈杰作，琳琅壁报展雄才。
切磋磨琢铸深情，三国交欢笑语盈，
友谊固如二茂铁，有机融合金为心。

1981 年，根据中国金属学会和日本铁钢学会签订的协议，中日双边钢铁学术会议第一届炼钢学术会议于 9 月 6 日至 15 日在北京举行。日本铁钢学会对这次会议很重视，会前做了充分准备，选派的代表大都是日本各大钢铁企业研究单位专家和有关大学著名教授，同时又是热心于中日友好的人士。

9 月 7 日上午，中国金属学会副理事长周传典致开幕词。松下幸雄博士回顾了 1979 年 9 月签订召开中日双边钢铁学术会议协议以来的情况，表示通过这次炼钢学术会议将更加增进双方的友谊和了解。参加这次会议的共有 90 名代表，日方 21 名，中方 69 名，共提出 30 篇论文。这次会议不仅对学术论文进行热烈讨论，而且在会下进行对口交流，深入探讨共同感兴趣的问题，加深了友谊和合作。中方代表普遍反映，这次会议开得很成功，相比派少数人出国参加国际学术会议，无论在了解技术广度上，还是在深度上，收益都大得多，并为组织国际学术会议积累了经验。会后，日方代表参观访问了首都钢铁公司、北京钢铁学院和冶金部钢铁研究总院，并组织了游览。

11 月 13 日至 22 日，第一届中美双边冶金学术会议在北京举行。美国代表团成员有著名大学教授 20 人、美国铝公司等 11 个公司研究部的高级研究人员 13 人，以及两个学会的负责人，他们大都是冶金学科著名教授和专家，很多人也是国际知名人士。在学术交流环节，与会专家对提交的学术论文进行了讨论。这次学术会议上介绍了物理冶金和化学冶金发展方向，一些重要问题得到明确，对于确定今后研究工作的方向有很大帮助。来自中国高校的代表认为，不少综合评述文章的内容，包括了直至 1981 年的最新研究成果，对于教学特别有用，有的可以成为很好的教材或数学参考材料。一些从事生产工艺研究的代表反映，对某些新技术有了更加深入的了解。美方代表反映，我国冶金科学技术方面有些研究工作是有较高水平的。通过这次学术会议，中美两国冶金界许多老朋友加深了友谊，又结识了许多新朋友。

1982 年 8 月 28 日，中美"科学技术对社会的影响专题讨论会"在北京工业大学举行。美方参加的有洛厄尔大学、纽约工业大学等 7 个单位的 11 位教授。中方除北京工业大学外，还邀请北京建筑工程学院、北京经济学院、北京外国语学院分院、北京市高等教育局、中国科协自然辩证法研究会等团体参加。讨论会上，美方宣读了6篇论文。这次专题讨论会，学术气氛浓郁，中美两国学者坦率地交换了意见，双方对一些感兴趣的问题进行了较深入的探讨。与会者对科学技术在社会发展中的历史地位，科学技术与经济、社会协调发展，高等学校开展文理结合的教育，以培养全面发展的人才等问题有了进一步的认识。

这一时期，邀请多国科学家参加的国际会议开始增多。经美籍华人科学家王正平博士倡导，中国光学学会、北京光学学会和上海激光学会主办国际激光会议，这是在我国第一次举办的有关激光学科的国际性会议。1980年5月，会议如期召开，第二阶段会议在北京举行，根据国家科委的要求，北京市科委将此次会议接待等任务交给北京市科学技术协会。

5月19日晚，北京市政府举行招待会，国务院副总理方毅、北京市市长林乎加发表讲话。来自奥地利、英国、意大利、日本、瑞士、美国和联邦德国等7个国家的60多位激光科学家和技术专家参加会议。招待会后，邓小平会见了参加会议的中外科学家，很高兴地与每一位邀请他照相的外国学者合影留念，这给与会代表留下深刻印象。①

会议期间，中外科学家宣读了54篇论文，交流激光光谱学、新型激光器和激光化学等方面的研究成果。美国斯坦福大学汉斯教授在会上做题为"氢的激光光谱学"的特邀报告。会议主席、光学家王大珩在会上做激光化学和中国激光应用等方面的特邀报告。参会外宾游览故宫、颐和园、长城和十三陵等著名历史文化遗址。美国国际技术公司和中国科学器材公司联合举办了激光仪器展览，展出100多台仪器。

1981年10月13日至16日，中国金属学会主办的古代冶金技术国际会议在北京召开。参加会议的有美国、英国、印度、澳大利亚、加拿大、日本等国的学者13人，提交论文14篇；中国学者34人，提交论文22篇。会议交流古代冶金技术研究成果。美国麻省理工学院教授、国际知名科学技术史权威

---

① 中共中央文献研究室编：《邓小平年谱（一九七五——一九九七）》（上），中央文献出版社2004年版，第536页。

史密斯宣读《关于材料本质和人类特性的推想》的哲理探讨论文，北爱尔兰贝尔法斯特大学理学院考古学系主任乔佩教授做关于西方冶金史的报告、皮科特博士做关于中东冶金考古的报告、印度阿格拉瓦教授做关于印度古代冶金的报告。

中外学者高度评价会议成果。史密斯认为，这次会议可以和 1954 年在日内瓦召开的和平利用原子能会议相媲美，在相应领域里发挥相似作用，促进相互了解，对世界科学技术史研究产生重要影响。有的学者认为，中国冶金技术是独立发展的，具有不同于其他地区的独特风格，中国古代冶金成就是全人类共同的财富。参会的切斯博士说，研究中国青铜器非到中国亲自看不可。他们希望这次会议，成为今后更大规模学术交流的开始。①

**赴国外考察科技**

党的十一届三中全会以后，北京市各领域，如农业、环保等加大派人赴国外考察学习的力度，均取得很好效果。其中赴美考察奶牛机械的团组较为成功。为了提高农场奶牛生产的机械化水平，通过阳早和寒春②两位在北京红星人民公社工作的美国朋友联系，美中交流协会会长韩丁大力支持和帮助下，③ 1979 年 10 月，北京市奶牛机械化考察团到美国开展 40 天的对口访问。这个团 14 名成员，除团长和副团长是国营农场管理局和公社主管领导干部外，其余都是奶牛工作行家：奶牛场场长、工程师、技术员和工人。他们行前做了充分准备，制定了详细考察提纲，人人都有具体考察任务。

为节约外汇，以便购买更多技术设备，40 天里，考察团成员一次旅馆都没有住，生活交通费用只花了原计划的 1/4，都是分散住在美国朋友家里。④

---

① 《古代冶金技术国际会议在北京召开》，《钢铁》1982 年第 4 期。

② 阳早和寒春是一对美国夫妇，他们在解放战争时期来到中国，毕生致力于推动我国畜牧业发展和奶牛场机械化。

③ 张蓝水：《科学要为人类造福——〈寒春阳早画传〉读后感》，《农业技术与装备》2018 年第 10 期。

④ 《同中国人民一道建设"四化"——记美国朋友阳早、寒春二三事》，《人民日报》1980 年 8 月 15 日第 2 版。

每到一户人家住下，周围邻居都纷纷前来探望，并对这家人能接待来自中国的客人感到羡慕。清早4点半，美国农民起床干活儿，身穿蓝布工作服的中国客人早已在牛棚等候了。夜里，直到11点，双方还在热烈地交流经验。①

40天里，从美国西部洛杉矶到东部纽约州，他们参观访问美国几十家奶牛场和几家知名的奶牛机械设备工厂，对口座谈不下数十次，从饲养、乳品消毒、贮存到粪便处理，几乎涉及奶牛工作全过程。有时，为更好地解答问题，美国朋友特别请来相关专家做深入交流。康奈尔大学一位退休老教授，还不辞辛苦，花一整天工夫陪同中国客人参观康奈尔大学的农业机械化实验室和实验牛场。

整个访问过程中，考察团总是联系中国实际来进行比较。他们发现，最大差距是劳动生产率。美国现有奶牛1000万头，平均每头年产奶5000多公斤，一人负责饲养30头。我国奶牛单产虽然不低，但仅有约40万头，北京市一人负责饲养不过5头，差距关键在于生产机械化程度。他们准备带着适合我国情况的经验回去，结合实际提出大胆方案，通过实验来改进工作。考察团利用节省下来的外汇，购买一大批奶牛机械设备、资料和样品。

一个学过两年中文的美国女青年，好不容易才在华盛顿找到一个工作，听说中国考察团需要翻译以后，她立即决定推迟三周报到，自费乘飞机到费城来当义务翻译。她的父母提醒说："这样你很可能失去这个难得的就业机会。"她的回答是："那我也愿意。"

美中友协负责人说："美中关系正常化，已经给我们两国人民之间友好合作开辟了广阔道路。能够为中华人民共和国现代化，哪怕就是做一点点事情，美国人民都感到特别高兴，特别欢迎这种民间来往。我们可以交流经验，也可以唠唠家常。人走了，友谊种子留下了。"

回国后，阳早和寒春帮助北京红星人民公社奶牛场改造旧式牛棚，并安装管道式挤奶设备。牛奶从挤奶器直接输入管道，提高工效，减轻挤奶工劳动强度，又保持牛奶清洁。他们又参加了中国农机研究院奶牛机械化成套设

---

① 《这样出国考察值得提倡》，《人民日报》1979年10月4日第4版。

备课题组，组织和领导几十名科技人员试制奶牛喂饲、挤奶、清粪和牛奶处理全过程的机械化设备。

北京地区内高校陆续开展赴国外考察科技活动。1979年8月6日至10月4日，清华大学副校长张光斗教授应美方邀请，前往美国进行考察、讲学。他一踏上美国国土，就被邀请去做演讲，在美国土木工程学会年会全体会议上，做一个小时关于中国水坝工程的报告。回国后，张光斗教授起草《关于美国科研工作的考察和发展我国基础科学与应用科学的一些意见》，上报给方毅和邓小平，得到邓小平批示，转给国家财委、国家计委负责人参阅。①

张光斗提出，美国科学技术比较发达，在工程管理，施工自动化、机械化上都值得学习。同时，立足于我国四个现代化需要，能自己解决的就要自力更生，能自己做的就不要请外国人做，能自己设计制造的就不要从国外引进，这样不仅能节省外汇，集中使用有限的外汇在必须用的项目上，而且可以使我国科学技术力量在实际工作中尽快地成长。

北京钢铁学院代表团一行5人，于1981年2月15日至26日，到日本东京工业大学考察。日本东京工业大学正式参加接待座谈和学术交流的有校长代表工学部长、长津田区研究院负责人，以及与北京钢铁学院专业对口的教授21人。代表团访日期间还参观访问了东京大学、日本科学技术厅金属材料技术研究所、日木钢管公司研究所和扇岛钢铁厂、日立公司神奈川计算机工厂、东方公司热处理设备工厂等。北京钢铁学院副院长林宗彩、冶金系副主任周荣章也于2月26日至3月9日应日本科学技术厅邀请，访问日本科学技术厅金属材料技术研究所。经过学术交流和友好商谈，双方共同拟定合作进行含铌（包括其他一些元素）生铁冶炼技术研究协定，具体商讨实施协定安排和各自研究内容，成为中日两国政府科学技术合作协定实施后的第一个科学技术合作项目。

通过对外科技交流与合作，北京市学习和借鉴国外先进科学技术和管理

---

① 中共中央文献研究室编：《邓小平年谱（一九七五——一九九七）》（上），中央文献出版社2004年版，第574页。

经验，对促进北京市经济建设和社会发展起到重要作用。

## 三、文艺对外交流日益活跃

波士顿交响乐团等国外演出团多次来北京演出，广大市民享受着国际艺术盛宴，赞不绝口。北京市京剧团、北京人民艺术剧院等各种艺术团有组织地赴国外演出，宣传中国优秀传统文化和社会主义建设成就，受到外国朋友的热烈欢迎。

### 各国交响乐团到京演出

1979年3月16日，波士顿交响乐团到达北京，当晚文化部于北京饭店举行宴会，文化部部长黄镇等同乐团团长日裔美国人小泽征尔、美国驻中国大使伍德科克及其夫人等出席。小泽征尔说，波士顿交响乐团为这次来华访问演出，感到非常兴奋，乐团很愿意同中国同行们互相学习。

1979年3月19日，中央乐团向波士顿交响乐团指挥小泽征尔赠送字画——周恩来总理的诗《大江歌罢掉头东》。

3月17日当晚，首场演出于红塔礼堂举行。宋庆龄身体抱恙，医生叮嘱她要静养，但她执意要来观看波士顿交响乐团的演出。在几个人的搀扶下，她走进红塔礼堂。邓小平、宋庆龄同首都群众2000多人欣赏了演出。

乐团先后演奏了美国现代作曲家乔治·格什温的《一个美国人在巴黎》，中国作曲家吴祖强、王燕樵、刘德海的琵琶协奏曲《草原小姐妹》，以及法国古典作曲家柏辽兹的《幻想交响曲》，全场观众报以热烈掌声。演出结束后，在听众强烈要求下，美国音乐家们加演了中国《白毛女》组曲选段等。当全部演奏结束时，小泽征尔和中央乐团琵琶演奏家刘德海，在全场观众的热烈掌声中紧紧拥抱，庆祝演出成功。

邓小平和宋庆龄在演出中场休息时，到后台会见乐团团长小泽征尔和乐团副团长托马斯·莫里斯、阿瑟·罗森等乐团主要负责人，同他们进行亲切交谈。邓小平对波士顿交响乐团表示热烈欢迎，他指出：这是中美两国关系正常化以后美国第一个艺术团到中国访问，表明中美两国人民间的交往在日益增多，将有助于增进中美两国人民之间的了解和友谊。[①] 演出结束时，邓小平、宋庆龄等走上舞台，同小泽征尔以及美国音乐演奏家们亲切握手，祝贺他们演出成功。

此次演出后，波士顿交响乐团和中央乐团又联袂在首都体育馆演出。演出前，中美两国乐师进行联欢。虽然语言不通，但并不妨碍大家切磋技艺。波士顿交响乐团乐手们也是有备而来，琴弦、哨片、号嘴，甚至一摞一摞的乐谱等都慷慨地赠给了中国同行，可谓雪中送炭。

演出时，小泽征尔指挥波士顿交响乐团和中央乐团全体217位乐师，合演贝多芬的《命运交响曲》以及加演的《星条旗永不落》。每对中美乐师共用一个谱架。当音乐会最后一个音符消失，全场掌声雷动，为全场1.8万观众带来了极其震撼的视听效果。

从成都赶到北京观看演出的指挥林亦民，形容那份涌自内心深处的欣喜，

---

① 中共中央文献研究室编：《邓小平年谱（一九七五——九九七）》（上），中央文献出版社2004年版，第494页。

不由得想起唐诗中的名句"忽如一夜春风来，千树万树梨花开"。中央乐团卜大炜看了波士顿交响乐团乐师的演奏状态和方法，感到非常震撼，他说："他们没有以师长自居，也没有西方文化至上态度，让我们从他们演奏中得到了深深启迪。"

中央电视台实况转播这场音乐会。小泽征尔一头雄狮般的长发，动感十足的"大动作"指挥，连同他的名字，深深地烙印于中国听众脑海中。之后，凡是谈起古典音乐，很多人都知道有一位头发蓬松的指挥大师，中国指挥也竞相模仿他的指挥动作。

3月20日，波士顿交响乐团登机返回美国，小泽征尔邀请中央乐团钢琴家刘诗昆和琵琶演奏家刘德海随团赴美演出。23日，刘诗昆和刘德海应邀在波士顿音乐厅，分别重演了于北京演出的李斯特《第一钢琴协奏曲》和琵琶协奏曲《草原小姐妹》，深深震撼了美国观众。演出结束后，很多美国听众拥向后台，向两位中国音乐家献花祝贺。刘诗昆、刘德海于波士顿逗留了短短12天，却深深感受到了美国人民的热情。波士顿电视台两次邀请他们与电视观众见面，请他们介绍中国音乐。哈佛大学师生代表组织座谈会，邀请他们介绍中国的情况。荷兰飞利浦唱片公司还把他们这次合作演出的曲目录制成唱片，在全球发行，后来成为销量最多的古典音乐金唱片之一。

4月8日，法国里昂交响乐团在京举行音乐会。主要演奏19、20世纪法国几位著名作曲家的作品，其中有些在我国还是第一次演出，如德彪西的《大海》、福列的《佩莱阿斯与梅利桑德》，以及俄罗斯作曲家斯特拉文斯基早年侨居法国时创作的《火鸟》等。8月，正当中日和平友好条约缔结一周年之际，有"亚洲乐坛的女皇"之称的日本广播协会交响乐团，到北京演出。在北京举行的最后一场公演中，中央广播乐团同日本演奏家们密切合作，同台演出贝多芬的著名乐曲。台上管弦之声相交，台下友谊之情交融。

10月，根据中国与联邦德国签订的文化交流协定，小泽征尔的老师，欧洲乐坛著名指挥家卡拉扬率德国柏林爱乐乐团访华，于北京连演三场音乐会。演出结束后，中国方面安排爱乐乐团一行游览故宫、天坛和长城等名胜古迹。漫步在故宫，壮丽皇家殿宇、精美国宝级文物，让卡拉扬深感中国古代文化博大精深。当他听到故宫展陈中国古乐器的声音"竟感动得流泪"。卡拉扬访华后，他的录制唱片开始在中国热销。很多年轻人省吃俭用也要在家里配置一套高档音响，并以收集交响乐唱片为爱好，尤其是卡拉扬的唱片。一时间，欣赏西方古典音乐成为一种时尚。

### 北京市院（团）赴国外演出

北京京剧院演出团赴美、日演出。1978 年 7 月，中国艺术团赴美期间，演出的几个京剧片段，让美国观众产生了观看京剧的强烈愿望。为增进中美两国友谊，同时慰问喜爱京剧的侨胞，应美国国际创作艺术公司邀请，1980 年 8 月，中国演出公司经理侯甸、北京京剧院院长张梦庚率北京京剧院赴美演出团共 74 人，赴美国开展为期 13 周的演出，著名京剧演员赵燕侠担任艺术指导。

为了保证演出成功，演出团出发前做了一系列精心准备工作。美国国际创作艺术公司总裁戈尔德于 1979 年前后 3 次来到北京，与赵燕侠一起，在几十出戏中，挑选出适合美国观众的 9 出戏，主要有《碧波仙子》《拾玉镯》（赵燕侠主演）、《十八罗汉斗悟空》（李元春主演）、《雁荡山》《三岔口》（杨少春主演）等。演出团于 6 月中旬完成组建，他们不畏炎热酷暑，紧张排练，反复切磋带去的剧目，认真加工整理，既保留原剧精华，又做到精练紧凑。7 月下旬，演出团在北京市工人俱乐部举行 5 场出国前汇报演出，文化部、外交部和市委有关领导，与几千名首都观众观看演出，予以一致好评。

8 月 12 日晚，演出团在美国纽约林肯表演艺术中心大都会歌剧院进行首次演出。富有中国京剧艺术特色的打击乐声划破剧场寂静，优雅动人的前奏曲将美国观众带入了"仙境"，鹅黄色的大幕在乐曲声中冉冉吊起，骤然间暴风雨般的掌声经久不息……这是继 50 年前梅兰芳和他的剧团之后，再次来到美国访问演出的中国京剧团。开场戏是《十八罗汉斗悟空》，为了丰富舞台色彩，演出团将十八罗汉的灰色袍子换成红、黄、紫等多种颜色，外面披上红色的袈裟。52 岁武生李元春扮演猴王，他技艺娴熟，动作轻盈，把孙悟空演得活灵活现，博得观众一阵又一阵掌声。接下来演出《雁荡山》，这是一出硬武功戏。杨少春饰起义军领袖孟海公，他扮相俊美、武功扎实，一招一式，干净利落。扮演两军战士的演员演技熟练，在舞台上翻腾跳跃，博得观众长时间喝彩。

之后，赵燕侠走到台前，演出做工戏——《拾玉镯》，开戏五六分钟内，完全是无声表演，台下开始是鸦雀无声，随着赵燕侠每一个虚拟表演动作，台下表现出强烈反应，舞台上是开门、出门、轰鸡、喂鸡……台下则是赞许声、笑声交织在一起。待到起唱"南梆子"第二句尚未收住，掌声便如雷鸣般骤然而起。

演出结束后，大都会歌剧院一名工作人员说："我们接待过无数外国艺术团、舞蹈团、歌舞团，都是世界第一流剧团。这么大剧场，上座率达到一半就很满意了，还没见过像你们这样连续爆满的，而且每场演出后，观众都是全场起立，谢幕总是在七次以上。"纽约侨胞们见到万里迢迢来美演出的北京京剧院演员，格外亲热，他们手拉着手嘘寒问暖。有的送鲜花，有的买水果、点心，总是想对来自祖国的亲人表示一点小小的心意。第二天《纽约时报》便以"舞台艺术的奇观"为题，对北京京剧团首场演出给予充分赞许。

三个月里，演出团横穿北美大陆，先后访问了纽约、费城、新泽西、华盛顿、洛杉矶、旧金山、芝加哥等10座城市，共演出82场，受到各地热烈欢迎。芝加哥市长下令，把每年10月18日定为该市京剧日，马萨诸塞州将10月28日定为该州京剧日。路易斯维尔市和波士顿市向北京京剧院演出团每个成员颁发"荣誉市民"证书。不少美国朋友看到团员们手持证书时，羡慕不已地说："这在美国人当中，是少有的崇高荣誉。"

演出剧目和京剧表演艺术得到美国艺术界人士的欣赏和赞扬。芝加哥大学艺术系一位教授连看了三四个晚上的戏，还要继续买票，他表示有机会一定要到中国来研究戏曲。他说："我在你们舞台上看到的，不像我几十年来在我们舞台上经常见到的那样，你们的京剧不是把生活照搬上舞台，而是把人带到艺术化的境界。台上没有鸡，可是你们舞台上赶鸡喂鸡的小姑娘把人带入了丰富的艺术想象。台上没有水，可我好像看到了在波涛汹涌中武士们的搏斗，这才是真正的艺术。"

洛杉矶有一对从事艺术研究工作的夫妇，他们连着看三四场演出，特地请北京京剧团演员到家中做客。在洛杉矶告别宴会上，他激动地说："我应当告诉诸位，洛杉矶人民把你们来这里演出，引为自己历史上的荣幸，洛杉矶人把看了你们表演当成自己的一种骄傲，你们的京剧不愧为艺术王冠上的明珠。我多年研究艺术，也获得钢琴演奏艺术家的称号，但我老实地说，自从看了你们的京剧，我比起你们的艺术水平，相差太远了。"坦波大学教授、费城公共关系系主任拉别德·维特克感慨地说："你们让美国人民认识了京剧崇高的艺术价值，你们的成功是伟大的。"

11月2日，美国国际创作艺术公司总裁戈尔德认真观看了演出团在波士顿举行的告别演出，他感慨地说："中美隔绝30年，通过你们的演出，丰富了中美文化交流，增进了中美人民的友谊，愿我们今后更好地合作下去。"

1982年4月，北京京剧团赴日本演出剧照。

两年后的1982年，为纪念中日邦交正常化10周年，北京京剧团应日本的日中艺术协会邀请，前往日本开展为期两个月的演出。出国前，北京市京剧团在焦化厂集训一个月，进行节目排练。北京市委第一书记段君毅、市长焦若愚和市委宣传部、中国演出公司负责人出席节目审查会议并提出相应建议。会后，京剧团聘请专家指导，听取各方面意见，对节目反复修改。4月6日，北京京剧团离京到达下榻的东京都饭店，大厅正门横额高挂"欢迎中国北京京剧团访日演出"巨幅标语，饭店经理亲率职工代表迎候。

当天，日中艺术协会为京剧团召开记者招待会。《朝日新闻》《每日新闻》《读卖新闻》三大报系和各家电台、电视台以及其他报刊的记者云集饭店。当主要演员李玉芙扮白素贞、叶红珠扮凌波仙子、李崇善扮许仙、张四全扮孙悟空、马永安扮楚霸王出现在招待会现场时，记者们即刻开动摄影机，闪光灯频频闪动，摄影机快门发出的声音响彻大厅。记者们高举话筒要求演员们发表访日观感，接着提问有关京剧艺术方面问题，几位演员都给予非常专业的回答。之后举行欢迎酒会，日中艺术协会副会长、前任驻华大使小川平四郎，日本电视网副社长高木，日中艺术协会顾问黑田寿男先后发表热情洋溢的讲话。

4月10日，北京京剧团于东京日本广播协会（NHK）大剧场进行前两场演出，这座拥有3600个座席的日本最大剧场全部客满。很多日本政界知名人士前来观看演出。北京京剧团一共演出了《霸王别姬》《白蛇传》《十八罗汉斗悟空》《虹桥赠珠》《金钱豹》《三岔口》等6出戏。

《霸王别姬》由梅派弟子李玉芙和马永安合演。戏里没有惊险、热闹场面，也没有多少起伏情节，但是在场观众都看得津津有味。一位日本女性聚精会神地听着虞姬缠绵凄怆的唱腔，看着她轻柔婀娜的舞姿，感动得流起眼泪来了，这就是中国京剧的魅力。

演出结束后，不少观众来到后台同演员见面，并拍照留念。有一位日本朋友在节目单空白处书写了四个大字"日中友好"，以表示日本人民对中国人民的深情厚谊。《白蛇传》散场时，记者采访日本前驻中国大使小川平四郎，他满意地说："演得好，舞台的节奏，快慢相谐，有唱有武打，场面比我在中国看到的《白蛇传》场面略有删节，这样可能更适合我们日本人的兴趣，因为一般日本人看这样的戏总是喜欢剧情进展得快一点。"演出团领导每场都带着翻译人员看戏，观察观众反应，密切关注演出质量，发现问题及时指出并加以纠正。

北京京剧团还为丰田汽车厂职工做了专场演出。丰田市市长西山孝到场观看，并携他的女儿一同上台祝贺。西山孝 1981 年访问中国时，曾买回一把胡琴，因无人指导总是拉不出味来。当这位市长知道当年随梅兰芳访日演出的琴师韩恩华也在剧团时，便立即当场请教，了解有关京胡演奏方法、指法，还请韩恩华把着他的手教练。

为纪念福岛县磐城市同辽宁省抚顺市结成友好城市，当地特地邀请北京京剧团于 5 月 5 日去演出。市政府、市议会、市日中友好协会为京剧团举行充盈着友好气氛的盛大欢迎酒会，当地艺术团体在会上表演了古典民族舞蹈，拳士们表演了少林拳。

5 月 8 日，北京京剧团在日本各地巡回演出后，转回东京进行第二次演出。部分演员应旅日华侨吴先生邀请，与东京的中华京剧研究社联欢。晚上，号称中华戏校"四块玉"之一的东京华侨著名演员李玉芝演唱了《贵妃醉酒》，赢得满堂喝彩。当她见到京剧团演员李浩天（李少春长子），立即想到李少春当年在艺术上对她的帮助。回忆往事，使她激动得热泪盈眶。她看身边没有什么礼物可送，就摘下手表和眼镜，递到李浩天手里说："请交给你的妈妈做个纪念吧！"看到这个情景，在场的所有人都非常感动。

演出团先后访问横滨、名古屋、大阪、福冈、广岛等 22 个城市，行程 9800 多公里，演出 38 场，观众达 56500 多人。本次演出加深了中日两国的友谊。

《茶馆》剧组应邀出访欧洲、日本。1979 年 2 月，《茶馆》重新由北京人民艺术剧院（以下简称北京人艺）上演，立即吸引大批中外观众，尤其是一些外国友人多次观看这部戏，西德驻华使馆成员看了《茶馆》演出后，更是击节称赏。

当年秋，中共中央领导同志出访欧洲期间，中国和西德、法国签订了官方文化交流项目，其中《茶馆》到西德、法国演出就是项目之一。话剧出国演出，语言隔阂是道难关，双方决定用同声翻译来打破语言难关。1980 年春，来京商洽具体演出业务的西德曼海姆剧院院长汉斯·迈耶，带走《茶馆》德文资料、剧照和德文剧本，同样一整套法文资料也由剧院交给法方承办人。

9月25日，《茶馆》剧组应邀赴西德、法国、瑞士三国访问演出。剧团前往欧洲途中，遇到伊朗、伊拉克战争，飞机受阻57个小时。在德国法兰克福机场，曼海姆民族剧院同行为了送给剧团每人一朵新鲜的花，他们一次又一次把鲜花放到水中浸泡，生怕鲜花枯萎。他们一直守在机场两天两夜，直到28日凌晨3点钟，剧团一抵达，他们马上献给每人一朵新鲜的玫瑰花。

《茶馆》演出团先后在西德曼海姆、汉堡、汉诺威、斯图加特、慕尼黑和弗莱堡等11个城市做专场演出。到西德曼海姆市进行首场演出时，观众反应十分热烈，谢幕24次，掌声持续7分钟。幕间休息时，曼海姆剧院院长汉斯·迈耶及其夫人，以及许多素不相识的观众，都高兴地向应邀观看首场演出的中国驻西德大使张彤、演出团团长夏淳举杯祝贺。

曼海姆剧院的一位话剧演员说："以前我们对中国知道得很少，看了这个戏知道了中国是怎样一步一步发展过来的。"《曼海姆晨报》报道，《茶馆》在演出中"用了大量的丰富的、典型化了的生活细节，丰富到如此程度，以至不必再听同声翻译便可以理解。"

10月3日、4日晚，北京人民艺术剧院演员到汉堡演出两场《茶馆》。帷幕每一次启闭，演员们精彩的表演，幽默、生动的语言，使观众情不自禁地鼓掌、跺脚。一位中年妇女说，她听得十分出神，甚至微波同声传译器接收器从手中掉落，她都没有发觉。演出结束时，观众有节奏的掌声伴着喝彩声，持续近10分钟之久。谢幕后，一批观众聚集到舞台前，要求同演员们相见，一位观众用强调的语气说，演出"给人留下深刻印象""非常有趣"。熟知汉堡剧院情况的人对记者说，北部德国人性情平稳，不像南部德国人那样感情外露；剧场中那种激动的场面是少见的，跺脚是赞赏的表示，在汉堡一般只见于歌剧院的精彩演出。西德电视台3日晚用近10分钟时间向全国放映了《茶馆》片段和剧团团长夏淳与西德记者的谈话。

演出团到达汉诺威时，一位历史教员——市长夫人正在讲授中国历史。她特地约了许多学生来看《茶馆》，让学生通过这个戏了解中国。多特蒙德市剧院院长说："这次我们是和一个遥远的国度的剧院相会，看了你们的戏之后又感到我们之间是很近的。"西德《莱茵邮报》发表评论："老舍的这出戏用高度典型的环境介绍了中国历史。"他笔下的人物"欧洲人根据自己的历史是不难体验的"。所以"这个演出既有艺术欣赏上的意义，也有国际政治意义，因为它有助于人们更加理解一个完全陌生的民族及其历史。"

1981年1月，话剧《茶馆》剧组到法国演出。

《茶馆》剧组到达法国后，《茶馆》被列入法兰西喜剧院300周年纪念演出节目，电视台、报纸纷纷展开报道和评论。在巴黎演出6场，每场都博得长时间掌声，幕间休息和散场时，观众议论十分热烈。在斯特拉斯堡演出时，戏票早早卖完，剧场不得不临时加卖站票，闭幕时观众欢呼叫好声不绝。奥尔良两场演出全部满座，这在当地是破纪录的。法国《费加罗报》专题评论《茶馆》时写道："72个人物使人们在两个半小时内生活在中国半个世纪的历史中。"

11月9日，《茶馆》剧组到瑞士苏黎世访问演出。早在《茶馆》剧组到达苏黎世前两天，当地报纸、电视台就做了大量介绍，刊登《茶馆》剧照。苏黎世电视台还做了"中国文化"专题节目，播放从西德买去的《茶馆》录像片段。苏黎世闹市区早就张贴了海报，两场演出的入场券销售一空。

第二天晚上，《茶馆》剧组在苏黎世举行首场演出。剧场里座无虚席，同声传译使得苏黎世人看懂了话剧的每一细节。演员们发现，如同在国内演出一样，哪儿该乐、该急、该忧、该愁，苏黎世人都做出了恰如其分的反应。看到精彩的时候，瑞士观众又是鼓掌，又是跺脚的，欢呼声经久不息。演出结束时，热情的瑞士朋友从剧场的天桥上撒下一束束芬芳的鲜花，来代替向演员献花。还有许多观众拥到后台，请演员在说明书上签名留念。翌日，苏黎世各报纸发表了文章、剧照，热烈祝贺《茶馆》在瑞士首演成功。有一家报纸以"茶馆：记载了半个世纪的历史"为题，高度赞扬了老舍这一不朽的名剧。

《茶馆》剧组赴西德、法国、瑞士演出获得圆满成功，历时50天，访问15个城市，演出24场。本次演出是我国话剧有史以来第一次登上国际舞台，它所获得的成功，远远超出了国内外各方面人士的预料，向欧洲观众介绍了中国话剧。

1981年春，日本演员杉村春子和千田杉树率日本话剧团访华，演出《华冈青洲之妻》《文那啊，从树上下来吧!》。行将离京前，在人民大会堂举行的告别宴会上，杉村春子举杯来到北京人艺演员蓝天野面前，聊起《茶馆》剧组1980年的欧洲之行，她也打算邀请《茶馆》剧组赴日演出。几位日本著名演员小泽荣太郎、森塚敏、伊藤巴子等都齐声赞同。

此后，杉村春子四处奔走，日本国际交流基金会积极给予支持，形成由官方和民间联合举办，列为1983年中国赴日本文化交流项目之一。1983年2月，杉村春子及日本各筹办单位负责人来到北京，看到《茶馆》的排练和演出之后，杉村春子愉快地说："现在我完全放心了。"从3月开始，日方《朝日新闻》等报刊展开了宣传。

9月10日，《茶馆》剧组到达东京，日本国际交流基金会事务部部长中川经治、日本演出委员会各方代表、东京各话剧团体领导人和主要艺术家、中国驻日本使馆文化处同志到成田机场欢迎，并陪送到驻地。

两天后，北京人艺剧组于东京阳光城剧场，首次演出老舍的话剧《茶馆》，剧场前厅摆满了日本外务省、文化厅、国际交流基金会、日中文化交流协会，以及各戏剧团赠送的大花篮。这出三幕大型话剧通过同声传译，打动了日本观众的心。演出结束后，千田杉树等上台为剧组演员献花，热烈祝贺演出成功。

9月28日，《茶馆》于京都进行第二场演出时，曾预报台风将要经过当地，接待办公室一早就打电话通知中方，团长夏淳答复说，只要有观众，我们就演出。后来台风警报解除，风雨依然很大。开演前，接待人员都到剧场门口去观察上座情况，没想到连不太适合观看话剧的三楼包厢，都已经坐满。日方配音演员说，京都人是不怎么热情的，可是演出闭幕后，居然还坐在那里一动不动，热烈鼓掌那么长的时间，真是太少见了。

在广岛演出期间，市政厅门口、剧场门口、剧组驻地都悬挂了中日两国国旗。广岛市市长接待了剧组的拜会，他当天要赶到东京开会，不能观看演出，请其夫人代表他观看演出并到后台看望剧组成员。

截至10月15日，《茶馆》剧组先后访问日本4个城市，演出23场（东京16场、京都2场、大阪4场、广岛1场）。演出活动受到日本文艺界人士好评，称赞这是一部现实主义优秀作品。戏剧评论家户板康二于《每日新闻》上撰文说，具有代表性的优秀剧团——北京人艺把深受观众欢迎的老舍的《茶馆》带到了日本，实现中国话剧第一次在日本演出。他说，这出三幕话剧，可以使人们充分地了解近代中国历史的特殊转变。它是一部彻底的现实主义作品。演员们出色地塑造了一个个人物。尤其于是之、蓝天野、郑榕这三位演员的演技扎扎实实，表演实实在在，没有一点造作。

剧作家兼导演藤田朝也撰文说，人们被《茶馆》的舞台魅力吸引住了。清朝末年茶馆景象，活生生地出现在观众面前。舞台上每个人物都非常生动真实，演员们的表演都恰到好处。一位日本戏剧评论家说，中国访日的演出团体，梅兰芳是第一次轰动了日本，《茶馆》是第二次轰动了日本。

中日友好协会会长夏衍寄语这次演出，北京人艺保留剧目《茶馆》访日演出，是中日文化交流史上的一件大事。因为话剧这一艺术形式，是本世纪初从日本传到中国的，而新中国的话剧访日演出，这还是第一次。

北京歌舞团赴欧洲演出。根据国家对外文委和中国演出公司安排，应法国德波演出公司邀请，1981 年底，北京歌舞团前往法国、比利时、瑞士和摩纳哥等 13 个国家做巡回演出。

12 月 22 日，北京歌舞团在巴黎大剧院举行首演。帷幕升起后，在龙凤呈祥天幕衬托下，出现了手持琵琶、二胡、古筝和唢呐的民族乐队，全场观众立即被这富有中国特色的开场节目吸引。演奏还没有开始，就获得一片喝彩。乐声响起，人们仿佛置身于东方的风土人情中。先是一曲《阳关三叠》，继而是一曲《满江红》古曲，巴黎观众被中国乐曲陶醉。他们认为，与西方艺术的美有很大不同，中国舞蹈深沉、含蓄、幽默地表达出民族的丰富生活和人情。最受观众喜爱的是独舞《海浪》，表演者刘文刚成功地表现出海燕搏击风浪的美。

演出结束时，剧场灯光再次开启，掌声、欢呼声从剧场里迸发出来。观众拥向舞台，祝贺演出成功。在巴黎的 62 场演出中，观众都以一睹中国歌舞为快。巴黎广播和电视台先后在黄金时间播放演出实况和录音。《曙光报》评论说："中国歌舞演出，纯正、细腻、流畅，具有造型美和难以形容的优雅。"

巴黎市市长希拉克为感谢北京歌舞团给巴黎人民带来享受和欢乐，举行隆重招待会，把一枚巴黎荣誉勋章和证书授予北京歌舞团。他热情洋溢地说："新世界中永恒的中国，他在远东和古希腊一样闻名于世，他们文化遗产属于人类的文明。每一个看过你们舞蹈的巴黎人都为之激动。你们得到了巴黎人民的敬意和友谊。"北京歌舞团团长李湘林致答谢词，希望中法两国人民之间的友好联系和文化交流活动，得到不断发展。第二年 3 月底，北京歌舞团结束历时 3 个多月的访问演出回国。该团是我国第一个派往法国演出的歌舞团，也是我国首次出国进行商业演出的歌舞团。

### 在京举办外国电影周

1977 年 6 月 30 日，南斯拉夫影片《瓦尔特保卫萨拉热窝》在北京上映，荒漠已久的电影市场立即引起极大轰动，标志着停顿 10 多年之久的中外电影文化交流，又重新恢复了。1978 年 8 月 21 日，罗马尼亚电影周在首都剧场举行。电影周期间，放映《橡树，十万火急》《汽车行动》《侦察英雄》3 部影片，观众达 7 万人次。

1978 年 10 月 25 日，为庆祝中日和平友好条约生效，中国人民对外友好协会、中国日本友好协会、中国电影工作者协会举办的日本电影周在北京举行开幕式。次日开始，在北京各大电影院放映《追捕》《望乡》《狐狸的故事》3 部影片。《追捕》讲述了为人正直的检察官杜丘被人诬告后，一边躲避警察的追捕，一边坚持追查自己被诬告真相的故事，上映后在国内引起巨大轰动。该片中的著名台词，几乎家喻户晓，如："你看，多么蓝的天哪，走过去，就可以融化在蓝天里。一直走，不要朝两边看……"杜丘穿着的立领风衣在北京市开始流行起来。很多观众还无法忘记杜丘在原野上纵马驰骋的镜头，而影片音乐"啦呀啦"更是让人耳熟能详。

进入 20 世纪 80 年代，本着友好合作、相互交流的原则，在北京市陆续举办了多个国家电影周。1980 年 9 月，举办首次澳大利亚电影周。11 月，法国电影周在北京举行，上映影片 4 部。

1981 年 5 月 7 日，美国电影周在北京举办，有 5 部影片上映，分别是美国歌舞片《雨中曲》、动画片《白雪公主》、西部片《原野奇侠》、社会问题片《谁来赴晚宴》和儿童片《黑驹》。这些影片曾获得美国电影艺术科学协会的奖励，在内容和形式上都各具特点，从中可以看到美国电影半个世纪以来的前进步伐。15 家影院参加本次电影周放映活动，共计放映 670 场，观众达 70.31 万人次。《人民日报》一篇评论认为，这次美国电影周"在一定程度上反映出美国电影的多样化面貌，勾画出美国电影艺术发展的基本轨迹"，是"美国电影艺术的一次精品展览"。而在一些亲历者看来，观看那次美国电影周的影片可谓充满了种种震撼与新奇。

1982 年 3 月 23 日，首次英国电影周于北京举行，放映《39 级台阶》《海狼》《新天方夜谭》3 部影片，在北京市 15 家影院放映 541 场，观众达 31.37 万人次。《39 级台阶》把曲折跌宕的情节，朴实无华而又紧凑、生动地展现在银幕上，获得我国观众欢迎与赞赏。

诸多对外文艺交流活动，引进世界艺术精品、丰富人民文化生活，同时我们也传播了中国传统文化，使各国人民进一步了解了中国的历史和现实。

赴国外演出的人员同时成为友谊的光荣使者，为增进北京市和外国有关城市人民的友谊做出了贡献。北京市广大文艺工作者开阔了眼界、增长了见识。

## 四、体育赛事交流异彩纷呈

体育交流作为国际交流的重要内容，能够使不同国家和民族在借鉴和融合过程中，共享人类多样化体育成果。为使中国体育尽快地走向世界，各有关部门在北京举行了多个单项体育国际邀请赛，以锻炼队伍，加强与世界各国的联系，全面展现改革开放后中国体育的形象。

### 举办足球、排球国际邀请赛

为了促进与世界各地人民之间的友谊，共同提高足球运动水平，1977年7月17日，中国足球协会举办的首届北京国际足球友好邀请赛开幕。这次邀请赛比赛场地——北京工人体育场和北京先农坛体育场装饰一新，各种设备已经安装、检修完毕，比赛场内悬挂着巨幅标语。

1977年北京国际足球友好邀请赛。图为7月21日，墨西哥国立自治大学队同中国一队冒雨进行激烈比赛。

参加邀请赛的共有朝鲜大同江队、埃塞俄比亚队、几内亚二队、香港队、伊朗队、日本联队、墨西哥自治大学队、摩洛哥队、扎伊尔队、中国一队、中国二队和中国青年队 12 支足球队。比赛中，讲友谊、讲团结场面到处可见。当一方队员争抢或堵截中不慎摔倒，另一方队员就马上跑过去把他搀扶起来。尤其是在可能伤及对方的刹那间，运动员们都毫不犹豫地收回了自己的脚或者纵身跳了过去。按照净胜球计算，定出摩洛哥队第一、中国青年队第二。

7 月 30 日晚的闭幕式上，中共中央副主席、国务院副总理邓小平出现在决赛看台上。8 万观众自发起立，长时间鼓掌，这是邓小平再次担任中央政治局常委后的一次亮相。半场休息时，邓小平同国家体委负责人谈话，指出：你们可以派几名裁判去德国学习，要培养国际裁判，提高裁判水平。

翌年 8 月 25 日晚，第二届北京国际足球友好邀请赛于北京工人体育场开幕，刚果队、荷兰业余国家队、南斯拉夫战士队、香港愉园队、中国国家队以及北京队参加本次邀请赛。19 点 30 分，首场中国国家队同荷兰业余国家队比赛，吸引了 8 万多足球爱好者。比赛开始后，双方争夺十分激烈，最终中国国家队以 2：0 获胜。

9 月 3 日下午，中国国家队在先农坛体育场迎战最后一个对手刚果队。这场比赛，中国国家队队员容志行在中场尽显大将之风，多次传出威胁球。最终中国国家队以 1：0 力克刚果队，以五战全胜且一球未失战绩，捧起第二届北京国际足球友好邀请赛冠军奖杯。

4 年后，1982 年 7 月 20 日，北京国际足球邀请赛又一次在北京工人体育场开幕，这次比赛由北京市承办。晚上 7 时 15 分，邀请赛开幕式在《运动员进行曲》中开始。在手持鲜花女青年队伍前导下，裁判员和各参赛队运动员步入绿茵场，这时，电动计分牌上打出"热烈祝贺第三届北京国际足球邀请赛开幕""热烈欢迎各国和地区足球队"巨幅标语，观众席上掌声四起。

开幕式后进行首场比赛，南斯拉夫萨拉热窝铁路工人队与北京队进行比赛，7 万多名足球爱好者兴致勃勃地观看了这场比赛。经过 90 分钟拼搏，南斯拉夫铁路工人队以1∶0战胜北京队。比赛期间，一到傍晚，北京工人体育场和北京先农坛体育场周边车水马龙，人流如织。

7月30日晚，摩洛哥国家队同南斯拉夫萨拉热窝铁路工人队争夺冠亚军，最终，摩洛哥队获得冠军。国家体委主任李梦华向优秀射手和优秀运动员发了奖杯和奖章，中国队7号古广明、北京队3号于景连获得优秀运动员称号，中国队11号赵达裕获得优秀射手称号。

1983年，北京国际足球邀请赛改名为中国长城杯国际足球锦标赛，组委会邀请国际足联、亚洲足联和泰国足协的代表前来观看比赛，并担任锦标赛的裁判工作。1984年长城杯比赛，成为经国际足联和亚洲足联批准的A级传统性国际比赛。

北京国际排球友好邀请赛举行。1974年，国际排联恢复中华人民共和国排球协会的合法席位，中国排球队到墨西哥、巴西、加拿大、日本等国参加了一系列比赛，与各国增进了友谊。为促进我国同各国人民和排球运动员之间的团结和友谊，推动排球运动的发展和提高，1978年5月18日晚，北京国际排球友好邀请赛开幕式在首都体育馆举行，巴西队、加拿大队、日本队、墨西哥队和中国队排球运动员和教练员，在乐曲声中步入比赛大厅，全场1.8万名观众长时间鼓掌，对各国朋友表示欢迎。开幕式之后，进行首场比赛，加拿大女队以3∶0战胜墨西哥女队。应邀前来指导这次邀请赛的国际排联副主席、亚洲排联主席、日本的前田丰先生观看了比赛。

5月24日晚，中国女队最终以3∶0战胜日本女队，夺得冠军，热情的观众不断为中日两国女子排球队精湛的球艺而鼓掌。双方都打出了风格，打出了水平，日本队员作风顽强，给观众留下了深刻的印象。第二天，中国男队与日本男队进行邀请赛最后一场比赛。双方经过近3小时的鏖战，最终日本队以3∶2获胜。组委会向参加邀请赛的男女队分别发了奖，全场观众长时间热烈鼓掌，祝贺这次比赛胜利闭幕。

比赛期间，各国运动员进行了友好交流。春花烂漫的颐和园里，加拿大运动员同其他国家运动员一起合影留念，中国女运动员孙晋芳、杨希向日本运动员学日语，墨西哥运动员尽情歌唱他们刚刚学会的歌曲《我爱北京天安门》，中国运动员胡进、李建新等同巴西运动员一起回忆东京世界杯赛时结下的友谊。

在此基础上，中国女排刻苦训练，不断取得新成绩。1981 年 11 月 16 日，中国女排于日本举行的世界杯决赛中以 3 : 2 击败日本女排，并以 7 场全胜战绩夺得世界冠军。作为北京市选手的郎平是中国队一名优秀主攻手，荣获"优秀运动员奖"。这是中国人首个三大球世界冠军，在全国引起巨大反响。中国女排收到贺信、贺电和各种纪念品达 3 万多件。这些来信、来电，表达了亿万人民对中国女排的敬意。北京商标一厂等许多生产单位职工来信，表示要学习女排精神，保证完成和超额完成本年的生产任务，为四化多做贡献。此后，中国女排创造"五连冠"辉煌成绩，"团结拼搏，勇攀高峰"的女排精神对鼓舞全国人民投身改革开放，建设社会主义现代化发挥了积极作用。

### 举办第三届亚洲羽毛球邀请赛

受亚洲羽毛球联合会委托，第三届亚洲羽毛球邀请赛于 1978 年 4 月在北京举行。15 日晚，在雄壮的乐曲声中，亚洲 15 个国家和地区的代表团成员步入比赛大厅，全场 1.8 万观众热烈鼓掌，对各国朋友表示欢迎。世界羽联、亚洲和非洲羽联的领导人和其他国家的羽毛球界知名人士也应邀出席。

外国运动员队伍中，有许多中国羽毛球界的老朋友，再次见面，分外亲切。缅甸队领队一下飞机，立即打听他熟悉的中国朋友。一次赛前训练中，他终于见到阔别多年的中国教练，顾不得训练，就聊了起来。把缅语、英语、几个汉语单字统统用上，他还觉得没能倾诉尽对中国朋友的情谊。孟加拉国羽毛球代表团团长到北京参加过亚洲羽毛球教练员训练班，同中国和其他亚洲国家教练员结下了深厚的友谊。他说，这次来北京，就如同回家一样，见到中国朋友，就如同见到亲戚一样。

比赛期间，外国朋友得到悉心照顾。4 月 14 日，正是缅甸、泰国泼水节，也是斯里兰卡新年。三国运动员顾不上庆贺佳节，照旧来到首都体育馆进行赛前训练。细心的中国主人并没有忘记朋友们国家的传统节日。中国羽毛球队领队带领在场陪练的中国运动员，分别祝愿朋友们在新的一年里取得新成就。中国运动员按照当地风俗，向他们象征性地泼了水。缅甸队领队激动地说，今天中国运动员向他们泼的水是友谊水、幸福水，在中国朋友中间度过今年的泼水节，将永记不忘。过了一会儿，他带了缅甸运动员来向中国朋友泼水，还说，这幸福水也应泼到中国朋友身上，祝愿中国朋友在新的一年里同样幸福愉快。休息室里，大家互致祝贺，发出阵阵爽朗的笑声。

比赛场上，有两对女子双打运动员特别引人注目。一对是中国运动员张爱玲和新加坡运动员白雅美；另一对是中国运动员刘霞和斯里兰卡运动员维·伊拉卡。赛前，新加坡、斯里兰卡各有一名女运动员，希望同中国运动员配对参加双打比赛。中国羽毛球队友好地接受了她们的要求，并将中国实力较强的一对拆开，同两国朋友分别结对。16日晚，这两对双打选手初次上场，几乎在同一时刻双双报捷。新加坡和斯里兰卡运动员个子矮小，前场拦截，中国运动员个子较高，在后场接应。她们配合得非常默契，很难使人相信她们在赛前只合练过一次。

4月22日，经过202场比赛，产生8个单项全部名次。优胜者领了奖，各队也得到了友谊杯。至此，邀请赛闭幕。当天下午，邓小平会见参加第三届亚洲羽毛球邀请赛的世界羽联、亚洲羽联领导人，国际羽毛球界知名人士和各代表团、队的团长、领队和运动员。邓小平说："通过比赛，可以互相学习，共同提高，但更重要的是加强各国人民和运动员之间的相互了解和友谊。"邓小平的讲话，博得各国运动员的一致赞同。

### 举办国际田径类赛事

为促进中国田径运动发展和水平提高，增进同各国田径界互相了解和友谊，1980年9月26日14时30分，"1980北京国际田径锦标赛邀请赛"于北京工人体育场举行开幕式，西门入口处悬挂着"热烈欢迎参加邀请赛的朋友们"的中英文标语。当来自芬兰、法国、德意志联邦共和国、英国、意大利、罗马尼亚、美国和我国的运动员入场时，近5万名观众热情鼓掌表示欢迎。

1980年9月26日，北京国际田径邀请赛举行开幕式。图为芬兰队列队进入运动场。

这次邀请赛是我国首次举办的大规模、高水平国际田径比赛。为保证比赛圆满成功，场地按照国际标准进行了严格测量、校准和检查。比赛所需器械经过严格挑选，场内安装了电子计时器。国家体委从全国各地抽调了131名有经验的裁判员。

比赛中，各国名将大显身手。实力雄厚的美国队和英国队占得优势，英国田径队夺得12枚金牌，美国队夺得8枚金牌。获得男子百米冠军的是美国黑人运动员格兰斯。在这项比赛中，他始终保持规范技术动作，而且步频快、步幅大，使我国观众看到了世界先进水平。当他领取金牌并向观众示意时，博得了观众的热烈掌声。

参赛选手都很重视友情与交流。女子400米前三名英国选手史密斯、罗马尼亚选手埃列娜、美国选手坎贝尔领奖前，特地找终点裁判，请他留下参加这项比赛的中国选手高艳清、邵洁欢。领完奖后，5名运动员手拉手绕场跑了一圈，在邀请赛上留下了一个美好纪念。西德女子跳高运动员迈法特在试跳训练中，看到了自己的老朋友——中国运动员叶佩素，连忙跑过去，两人的手紧紧握在一起，并畅叙友情。赛会安排了各国运动员参观活动，他们登上八达岭长城最高处，都赞不绝口地说："这是宏伟的工程，真是人间奇迹。"

中国队将这次比赛视为学习外国先进经验，锻炼队伍的好机会。70 名中国选手上场竞技，并取得不俗成绩。北京体育学院学生胡埃屏获得了女子400 米栏第 3 名，成绩是 59 秒 33，这是我国该项当年的最好成绩。李伟男获得男子铁饼第 4 名，成绩是 56.80 米，打破了全国纪录。

两年后的 1982 年 6 月 18 日至 20 日，北京国际田径邀请赛再次于北京工人体育场举行。本次比赛得到国际业余田径联合会大力支持，秘书长霍尔特应邀到场观看比赛。各国都派出最优秀的运动员参加比赛，其中包括 6 名奥运会冠军和世界纪录创造者。中国田径队由 25 名男运动员和 23 名女运动员组成。

在第一天男女 6 个项目比赛中，中国队刘玉煌以 7.94 米的成绩获得男子跳远冠军，袁国强以 10 秒 57 的成绩，夺得男子 100 米冠军。日本运动员秋元千鹤子于女子 400 米栏比赛中一直冲在前面，以 58 秒 50 的成绩刷新这个项目的亚洲纪录。播音员刚刚把这一喜讯公布，亚洲 400 米栏纪录保持者、中国运动员章会芬立即跑上去，热情地握着她的手，竖起大拇指向她表示祝贺。

训练和比赛间隙，中外运动员切磋技艺，共同提高。北京体育馆田径场上，刚刚放下铅球的德意志民主共和国运动员伊罗纳·斯卢皮亚内克，不顾训练后疲劳，同中国运动员沈丽娟和教练崇秀云交流起来，并手把手地辅导沈丽娟做空手滑步练习，对中国运动员提出的问题耐心进行解答。苏联撑竿跳高名将康·沃尔科夫，向中国运动员介绍自己的训练体会。他在一根吊绳上，反复给中国运动员做收腹举腿示范动作，并且认真地回答中国运动员提出的问题。

邀请赛期间，出现广大市民争看比赛的热潮。前往北京工人体育场的观众达 13 万人次之多，不仅有体育工作者、青年学生、工人、战士等，还有来自全国的田径爱好者。在每天上下午两次比赛中，观众情绪始终热烈高涨。

他们日晒不怕，雨打不散。18日下午5点半，赛场上突降暴雨，很多观众打着雨伞观看。雨停，在过道上躲雨的观众立刻回到看台，继续观看比赛。

中国运动员共夺得5枚金牌，取得较好的成绩。霍尔特热情地评价本次比赛，他说："我们在欧洲都知道中国田径水平在不断提高。中国运动员非常努力，中国选手在跳高和跳远方面很强，运动员的顽强精神给我留下很深的印象。其次裁判员也很好，他们的水平可以与欧洲任何重大比赛的裁判水平相媲美。中国的观众热情、懂行。"[①]

日本三得利公司董事长对中国的体育运动非常关心，便协助中国举办1981年首届北京国际马拉松赛。这次比赛由中国田径协会在北京举办，是中国首次举办国际马拉松比赛。

为保证比赛顺利进行，赛前进行了周密的准备工作。比赛线路选择是最重要的，经过8次测量和选线，并同中、日各方协商，负责选线的北京医科大学和清华大学体育老师经过实地勘察，最终确定了方案：在毛主席纪念堂东侧至历史博物馆西南侧画一直线为起点，绕天安门广场两圈后进入长安街往西，经西单至古城折转，最后返回天安门广场。

为了保证线路长度准确，相关人员也下了很大功夫。按照国际田联的规定，马拉松比赛距离是42.195千米，不能少于1米，也不能多于50米。为保证数据准确，测量人员开始用钢尺，虽然精确，但进度太慢，后来考虑使用红外线与激光测距，能够测定空间直线距离。但八宝山附近还有微小的地势起伏，为了更加精准，他们请来清华大学汽车工程系师生帮忙，通过高精度光电管测距仪，顺利完成了这一段的测量工作。9月13日上午，在天安门广场和比赛线路上，进行预演活动，来自北京体院（今北京体育大学）的32名学生，分成8组进行接力赛跑，跑完全程。北京市没有专业马拉松运动员，国家体委同意可以派出两名业余运动员参加比赛，分别是北京市食品公司邓乃龙、北京市医药公司海慧寺仓库刘大勇，他们于8月26日开始集训，一个

---

① 吴骅、汪大昭：《在比赛中增进友谊——北京国际田径邀请赛侧记》，《人民日报》1982年6月21日第4版。

月时间里，制订严格的训练计划，并取得很好效果。

1981年9月27日，参加1981年北京国际马拉松比赛的各国选手从天安门广场起跑。

9月27日上午，首届北京国际马拉松比赛正式开始，美国、加拿大、坦桑尼亚、芬兰和中国等12个国家的80多名选手应邀参加。国务院副总理杨静仁、国家体委主任李梦华、中华全国体育总会主席钟师统等观看了比赛。比赛中，天安门广场观礼台上、四周便道上，挤满了人。从天安门到古城20多公里长的道路两旁，人头攒动。首都近百万群众热情洋溢地观看比赛，为运动员加油、助威。观众听从指挥，文明观赛，没有越过跑道界线，没有向跑道扔放杂物。每当选手跑过，人群里就响起了热烈的掌声和亲切的"加油"声，使各国运动员感到十分亲切。

12个国家的86名运动员中，国外选手25人，22人完赛；中国选手59人，39人完赛，中国选手彭家政以2小时26分3秒的成绩获得第15名，刘大勇获得第30名。邓乃龙跑到一半转折处，右腿胫骨处阵痛，一直坚持到32公里处退赛。

1982年2月8日，国际田联主席写信通知中国田径协会，北京国际马拉松赛已被国际业余田径联合会列为正式的国际马拉松比赛。9 月 26 日上午 11 时 5 分，第二届北京国际马拉松比赛如期举行，参赛人数大幅增加，有来自 19 个国家和地区的 182 名运动员。比赛开始后，运动员们笑迎劲风，踏上赛程。刚过西单，激烈的竞争就展开了。美国、坦桑尼亚等国 20 多名选手与后面的选手逐渐拉开了距离。接近设于古城路口的回转点时，红色背心上有"38"字样的朝鲜选手李宗亨首先加快步伐，脱颖而出，第一个绕过标志物，跑到最前面，并且很快就把其他选手远远甩在后边。他最终以 2 小时 14 分 44 秒的成绩获得冠军，27 岁的中国选手许亮以 2 小时 19 分 11 秒的成绩获得第 12 名。在本次比赛中，中央电视台用 8 个频道在北京地区转播比赛实况，还在人民英雄纪念碑北面设置大型电视屏幕，观众在现场可以看到比赛的彩色电视实况转播。

在 1983 年举办的北京马拉松邀请赛中，我国运动员单长明首次进入前 10 名。在 1984 年举办的北京国际马拉松赛中，我国选手曾朝学获得第三名，时间是 2 小时 15 分 10 秒，这也是我国运动员当年的最好成绩。经过多次举办，北京马拉松赛被国际田径联合会确认为高水平的国际马拉松赛事，是世界十大国际马拉松赛之一。

### 北京市体育队出国访问、比赛

中日邦交正常化 6 周年之际，1978 年北京足球队带着中国人民的深情厚谊，到日本进行比赛。两场比赛中，日本足球队敢打敢拼，全力进攻，积极防守。在技术运用上，他们最大限度地利用充沛体力和奔跑能力，积极穿插，多方接应，所有这些，对北京队启示很大。在日本方面周到细致的安排下，北京足球队参观了人民音乐家聂耳墓、日本钢管制作所等地。

北京武术团是国内一支优秀的武术团，多次获得全国比赛冠军，团内有多次获得全国冠军的李连杰和获得全国女子全能冠军的李霞等。1980 年 8 月，北京武术团应美国华商总会邀请访问美国。8 月 13 日晚，美国华商总会为欢迎北京武术团举行盛大宴会，当武术团到达宴会地点时，为了舞狮子，经旧金山市政府批准，这段街道临时断绝了交通。

旧金山市代理市长于市政府大厦接见武术团全体人员，亲自带领参观市长办公室，并派礼宾官陪同参观市政府大厦、市议会和市法院。在北京武术团进行首场演出前，举行了隆重的仪式，由旧金山市参议员露易斯·纶尼女士代表因公外出的范士坦市长宣读声明全文，宣布北京武术团在旧金山进行首场演出的 8 月 14 日为"美中青年日"，以表示对北京武术团的欢迎。当北京武术团于旧金山演出时，有许多来自一二百公里以外的观众，甚至有来自几千里外东海岸波士顿的武术爱好者。北京武术团半个月以后也要去波士顿演出，但他们已经等不得了，坐飞机到旧金山连看了 4 场。旧金山《时代报》以头版头条位置报道北京武术团的演出，标题是：《北京武术团疯魔旧金山》，称赞上场的队员神采飞扬，青春焕发，各施绝技，"使观众看得如痴如醉，赞叹不已"，"北京武术团以精湛的中国武术技艺疯魔了中西观众"。

在波士顿，北京武术团被邀请参加美中友好协会正在召开的全国委员会大会。马萨诸塞州州长签署授予武术团全体人员"荣誉公民"证书。休斯敦中国文化协会为武术团举行盛大的招待会，政府当局授予武术团每个成员"荣誉警官"称号。纽约《华侨日报》登载一名侨胞谈话，他说："除了中国宣布爆发第一颗原子弹成功的消息外，北京武术团的表演，是最令人感到兴奋的。"

台湾、香港的"功夫"影片在美国放映很多，以至有许多人误认为武术与"功夫"是一码事。这些人看过北京武术团的演出后，吃惊地说："武术比功夫强何止十倍。武术是一门真正的、高尚的、高技巧的运动。又是一门美好的艺术表演项目。"《洛杉矶时报》等几家英文报纸都就北京武术团演出发表文章说："北京武术团的演出，简直是把体育和艺术做了美妙的结合。"

1981 年 10 月，北京足球队到泰国参加第 11 届"王后杯"球赛。首场比赛中，北京队对手是上届"王后杯"冠军、蝉联 3 年冠军的泰国"码头"队。比赛刚开始 5 分钟，双方各进一球。比赛 58 分钟时，北京队张冬平正要拔腿劲射，泰国守门员突然弃门扑了出来。张冬平当机立断，收腿纵身一跃，闪过了守门员。全场观众对北京队的良好作风报以热烈掌声。赛后，都传颂着北京队"比赛期间，不管是场内还是场外，宁失一球，不伤一人"的佳话。最后，北京队获得亚军。整个比赛期间，北京队队员得到了泰国方面周到的照顾。陪同北京队的泰国助手的家离旅馆很远，但他总是早早赶到旅馆，为队员衣食住行忙前顾后，有时连顿安稳饭也吃不上。

10 月，北京女排应邀到日本进行比赛，这是北京市和东京都结为友好城市后互访的第一支体育友好代表团。

在日本访问的 10 天里，北京队每到一地，都受到日本朋友的热情接待。立川市联欢会上，立川市妈妈排球队队员送来她们亲手烹调的肉汤，以表示她们对中国人民的友谊。在日本朋友的盛情陪同下，北京队队员相继在东京都、奈良县、神户县、大阪府等地参观了学校、体育设施和日本 NHK 广播电视中心。在岚山公园，瞻仰周恩来的诗碑，缅怀周总理为中日友好事业所建立的丰功伟绩。

1982 年，北京市各类体育队继续出国比赛。7 月，以北京市体操队队员为主组成的中国体操代表队访问意大利，男队与意大利男队进行了 3 场表演和 1 场比赛。女队与意大利女队进行了两场表演、两场比赛。意大利奥委会秘书长观看了表演，并称赞中国是体操强国、体操之乡。8 月，北京足球队赴孟加拉国参加第二届孟加拉国总统杯国际足球邀请赛，最终战胜泰国队，获得冠军。10 月 31 日，在首届亚洲城市女篮锦标赛中，北京队与汉城队争夺冠亚军。比赛刚开始，双方就全力拼搏，比分交替上升，场上先后出现 7 次平局。汉城队实际上是南朝鲜青年代表队，队员年纪轻，技术全面。北京队由于防守漏洞多，投篮欠准确，上半场结束时以 2 分之差落后。最终，北京队以 60∶58 的成绩，取得冠军。球赛结束后，观众起立鼓掌欢呼，纷纷拥向北京队队员，祝贺她们取得胜利。

在北京举办的国际体育赛事，较好地帮助我国与世界各国建立了联系，向国外参赛人员展示了国家发展成就，塑造了良好的国家形象，提高了民族凝聚力，由此而引发了国内"体育热"。

# 第六章

# 开启国际城市间友好往来

国际友好城市在国际上通常被称为姐妹城市，是各国地方政府间通过双边协议形式建立起来的城市外交和友好合作关系。作为国家首都，北京市的对外工作与国家对外关系发展有着直接联系。改革开放之初，北京市按照"为国家总体外交服务，为全市现代化经济建设和社会发展服务，为扩大首都对外交往服务"的方针，积极开展国际友好城市工作，先后同日本东京都、前南斯拉夫贝尔格莱德，美国纽约、华盛顿，秘鲁利马等城市建立友好关系，与不同国家地区开展政府与民间友好交流，为推动对外开放发挥了重要作用。

## 一、中日首都开启友好城市交往

波澜壮阔的改革开放开创了北京对外交往的新纪元，开启了北京走向世界、融入世界的伟大征程。1978 年，《中日和平友好条约》在北京签订，国务院副总理邓小平随即访问日本，不仅把中日两国的友好关系推进到新阶段，而且为中国引进国外先进的技术设备和管理方法，加快现代化建设步伐，打开新局面。1979 年 3 月 14 日，中日两国首都签署协议，正式结为友好城市。东京都成为北京市第一个缔结友好关系的国际城市。双方政府间频繁互访，在经贸科技、城市建设管理、农业卫生、文化体育等领域开展深入交流，还通过中日友好人民公社密切开展民间友好往来。

### 与东京都缔结首个国际友好城市

北京市与东京都的交往，始于 20 世纪 50 年代日方来访。1955 年 9 月 22 日，应北京市市长彭真邀请，日本六大城市访华代表团 47 人来京访问，成员为东京、横滨、大阪、名古屋、神户、京都六城市议会议员、政府代表及专家，代表团在京参观座谈并参加国庆观礼活动。彭真市长主持座谈会，回答代表团成员的提问。10 月 17 日，代表团结束访问启程返日。在临行告别信中，成员们表示要努力发展日中两国经济文化交流，早日实现两国邦交正常化。代表团回国称赞"中国是早晨八点钟的国家"，"看不到任何暴力、强迫的迹象，而看到的是愉快、团结、欣欣向荣的气象"[1]。

在 1956 年和 1958 年，北京市又相继邀请东京都组团来京访问。此后经过长期酝酿，两市结为友好城市逐步进入准备阶段。1974 年 4 月，东京都议会议长醍醐安之助率日中友好东京都议会访华团抵达北京。在拜会市革委会副主任贾汀时，醍醐安之助希望建立东京、北京间的友好城市关系。

两市共结友好城市再次提上议事日程，得益于中日友好协会的支持。1978 年 10 月，邓小平访问日本，向外界介绍中国的内外政策，还考察日本具有国际先进水平的现代化企业、高科技设施，并多次表达同日方加强经济技术合作，学习先进经验技术，以加快中国现代化建设步伐的愿望。随同出访的全国人大常委会副委员长、中日友好协会会长廖承志在东京接受采访时表示，为增进中日友好交往，希望两国的首都北京市和东京都结为友好城市。11 月，东京都知事美浓部亮吉致函北京市革委会主任林乎加，对廖承志的讲话表示欢迎，建议东京都与北京市结为友好城市。12 月，林乎加复函美浓部亮吉表示赞同，并邀请他同东京都议长河野一郎共同访问北京。

1979 年春天，北京市迎来签署友好城市协议的日方访问团。3 月 13 日，美浓部亮吉和河野一郎率东京都友好代表团一行 23 人访问北京。翌日，林乎

---

① 北京市地方志编纂委员会编著：《北京志·政务卷·外事志》，北京出版社 2012 年版，第 250 页。

185

加同美浓部亮吉签署《北京市与东京都结为友好城市协议书》。这是自中华人民共和国成立后，北京市对外交往缔结的第一个国际友好城市。时任外交部副部长何英，中日友好协会副会长赵朴初、孙平化，日本驻华大使佐藤正二等出席签字仪式。林乎加和美浓部亮吉举行会谈，会后双方在天坛公园双环万寿亭共同种下两棵象征友谊的喜马拉雅雪松。下午，双方会同首都各界1000多名群众，共同出席庆祝大会。林乎加表示这是值得中日两国和两国首都人民永远纪念的日子，它为推动双方城市各领域交流合作、人民间广泛深入往来，以及中日友好事业发展做出新贡献。美浓部亮吉认为，这将为两千多年的中日友好交往历史写下新的篇章，为这一不可抗拒的历史潮流注入新支流。在不断的热烈掌声中，双方互赠锦旗和纪念品。①

同年11月，林乎加率北京市友好访问团一行23人回访东京。林乎加同东京都知事铃木俊一签署加强《北京市与东京都友好城市交流项目协议》，同时被授予"东京都荣誉都民"称号。访问团成员出席北京市向东京都赠送一对丹顶鹤仪式，参加共植纪念树活动。

建立友好城市后的几年间，北京与东京的城际友好交往持续升温。1980年北京、东京友好城市结成一周年之际，高桥一郎率东京都议会友好代表团一行19人，于4月访问北京。市人大常委会主任贾庭三会见并宴请代表团，并与首都群众代表一起，在天坛公园与高桥一郎等共同种植友谊树。之后为庆祝国际儿童节、纪念中日两国儿童友好情谊，日本明昌特殊产业株式会社赠送给北京市一套价值6万元的儿童游艺设备"电动宇宙车"。北京市园林局将其放置在天坛北二门的儿童乐园内。5月24日，崇文区政府在现场举行设备运行仪式，组织鼓号队、150名幼儿园儿童、100余名群众参加仪式，活动现场悬挂写有"中日友好，万古长青"的横幅。该社社长冈本明昌和北京市园林局负责人共同剪彩，宣布"电动宇宙车"开始运营。

10月，东京都派出年内第二个访问北京的友好代表团，由铃木俊一率27人访问北京。林乎加与铃木俊一举行工作会谈，北京市举行欢迎大会，贾庭

---

① 《热烈庆祝北京市同东京都结为友好城市》，《北京日报》1979年3月16日第1版。

三和国务院副总理万里先后会见代表团。1981 年，日本众议院议长福田一以日本樱花会会长名义，赠送全国人大常委会委员长叶剑英樱花树苗 1000 株。11 月 17 日，中日双方在国际俱乐部举行交接仪式，北京市副市长王笑一、日本驻华大使鹿取泰卫等出席活动，北京市园林局接收其中 300 株种植到市属公园。

1982 年 10 月时值中日邦交正常化 10 周年之际，北京市市长焦若愚率友好代表团应邀访问东京。7 日上午，代表团抵达东京都政府位于新宿区的总部大楼，受到 1000 多名政府职员的夹道欢迎。铃木俊一在欢迎大会上说："今年是日中邦交正常化 10 周年，是值得纪念的一年。10 年来，日中两国的友好亲善关系发展十分顺利，两国人民间的往来逐年增加。对日本来说，今天的中国已成为一个最亲近的国家了，应进一步加强两市间的友好交流合作。"焦若愚致辞时表示，今年中日两国领导人成功互访，确定和平友好、平等互利、长期稳定的中日友好三原则，为进一步发展北京和东京的友好关系创造了十分有利的条件。铃木俊一向焦若愚赠送东京都"特别名誉都民"证书和证章。双方签署《关于促进北京—东京友好关系进一步发展的会谈纪要》，确定 1983 年政府间友好交流合作项目。[①]

1984 年，北京、东京共同迎来结为友好城市 5 周年。4 月 9 日，北京市副市长孙孚凌会见来访的东京都副知事续训弘，并共同出席翌日在玉渊潭公园举行的纪念活动——东京都赠送北京市 2000 棵樱花树苗仪式，亲手栽植两株象征友谊的大山樱树以做纪念。双方还参观宋庆龄儿童科学公园规划模型，共同来到北京天桥剧场，观看日本著名的松山芭蕾舞团为 5 周年纪念暨第 9 次访华所举行的首场演出。

同年 7 月底，中共北京市委书记段君毅以北京市政府顾问名义，率友好考察团访问日本。10 月下旬，北京市友好代表团一行 7 人再访东京都，签署两市 1985 年友好城市交流项目协议，出席 5 周年友好纪念文化演讲会。会上

---

① 新华社：《东京都集会欢迎北京市友好代表团》，《人民日报》1982 年 10 月 9 日第 6 版。

北京市政府主要领导被授予"东京都荣誉都民"称号。北京市访问团赠送东京都 30 棵龙爪槐，日本首相中曾根康弘、外务相安倍晋太郎分别会见代表团。

## 友城间交流合作硕果累累

结为友好城市后，北京与东京在经贸科技、城市建设管理、农业卫生、文化体育及青少年交流等领域展开深入交流合作。

技术经贸交流渐次展开。1981 年起，北京市经济委员会先后与东京都工业技术中心、纺织研究中心、皮革研究中心、食品研究中心在企业管理、机械设计制造、计算机应用等领域进行技术交流。1983 年 6 月，东京举办经贸展览会，在馆内设东京友好城市展览，邀请美国纽约州、法国巴黎市和中国北京市三个友好城市共同参展。经国务院批准，北京市组织市工艺美术品总公司、市纺织局、二轻局服装公司、市工艺品进出口总公司和市贸促分会 10 名同志成立展团，参加此次友好城市展览会。北京市展示区域面积有 200 平方米，展出北京、东京友好城市交流活动图片，北京古都新貌的图照、影像片，还展示北京传统工艺品、服装、纺织品和京味食品，销售纪念小商品。北京展团生动的展览和丰富的展品受到东京市民的热烈欢迎。主办方东京都副知事贯洞哲夫特别对北京市政府和人民给予此次展览会的支持表达诚挚谢意。

城市建设和管理深度合作。1981 年开始，两市进行城市规划、住宅开发建设、桥梁道路、高速公路、城市防灾、园林绿化、节能环保、垃圾处理、民政福利等众多项目的交流，取得显著成效。1982 年 1 月，北京市环卫局组织人员到东京、大阪、福冈和熊本考察垃圾处理。考察团到环境卫生机构、垃圾处理厂、垃圾填埋场地、垃圾收集设施等 28 处调研，还观摩城市用的扫路机、垃圾车和洒水车作业，发现一批可以采纳引进的扫路机、抽粪车和沼气净化设备等先进设备，还充分学习垃圾填埋的卫生防火处理等科学经验。1983 年，北京市派出消防技术考察团，前往东京考察学习日本消防教育和消防培训经验，推动北京市建立北京市消防学校，并在北京警察学院设立消防系，填补了我国大专院校消防专业的空白。北京市节水考察团 1985 年在东京考察后，针对北京水资源短缺的现状，提出把北京建设成为"节水型城市"和"开发外流域水源，近期以节水求发展"的战略性方案，被国家水电部和北京市政府采纳。

农业与医药合作亮点纷呈。两市农业科研单位分别在畜牧、土壤、蔬菜花卉、植物保护等领域进行专业交流。市农科院与东京都农业试验场共同研究牛胚胎分割、胚胎移植及花卉栽培等技术，取得良好效果。双方还在临床医学、预防教育、检疫、中医药、卫生管理和老年病等领域进行深入交流。如 1984 年 7 月，由日方援助并设计的中日友好医院正式竣工。该院设有 37 个科室、1300 多张床位，装配当时国内一流的 CT 扫描仪、心血管造影机等医疗设备，集医疗、教学、科研、康复功能于一体，成为国内规模最大的现代化综合性中西医结合医院。

文化体育交流日益活跃。1980 年 6 月，北京市在东京都举办"北京展"，铃木俊一、高桥一郎、中国驻日本大使符浩等出席开幕式，展出 129 幅中国现代书画、230 幅今日北京照片，展现改革开放后北京的新貌，还展示了 25 幅明清书画真迹、象牙雕刻和北京雕漆。第二年 5 月，东京都在中国美术馆举办"东京展"，展出日本画、书法作品及介绍东京的摄影作品。开幕式上播放日本影片《东京向您问好》，焦若愚、贾庭三、日本驻华大使馆公使加藤吉弥等为开幕式剪彩并观看影片。[①] 1981 年，"中日联合书法展览"先后在东京、北京展出，展出在中日书法界较有影响的名家作品，中国有楚图南、周而复、赵朴初、林散之、启功等，日方有青山杉雨、安东圣空、今井凌雪等。体育方面从 1980 年起，每年互派 20 人规模的长跑代表团参加北京春节环城马拉松赛和东京都民健康马拉松大会，此项活动连续举办四届。双方还开展了排球、柔道、乒乓球、少年棒球、少年足球等项目的交流。

青少年间交流往来频繁。1982 年 7 月底，应北京市人民政府的邀请，东京都青少年洋上研修访华团一行 465 人，在东京都副知事野村鋹市率领下访

---

① 《东京展昨天在北京隆重开幕》，《北京日报》1981 年 5 月 13 日第 4 版。

问北京。当晚王笑一代表北京市政府，在人民大会堂北京厅会见访华团，对日本青少年朋友前来北京参观访问表示热烈欢迎。野村鍬市高兴地谈到上午参观长城的见闻，为长城深远的历史而感动，同时希望通过参观访问为日中人民友好、东京北京市民友好不断做出努力。王笑一表示，中日人民世世代代友好下去的希望寄托在青年一代。接待会上双方互赠礼品，王笑一代表北京市政府将写有"万里波涛接瀛海，中日友谊重山丘"的条幅赠送给日本朋友。① 第二年12月，东京《每日新闻》事业部组织日本青少年友好交流访华团来京访问。这些青少年由日本10个府都县，近20多个学校的大、中、小学生组成，共有353人。16日上午，由他们创作的书画摄影作品在民族文化宫进行公开展览，部分团员还同北京市青少年进行球类友谊赛，随访的日本早稻田大学交响乐团和两个县高中吹奏乐团分别为首都群众献上精彩演出。② 1984年9月，北京市第一次派出285人规模的青年代表团，搭乘"友好之船"东渡日本各地进行友好访问，游船所到之处受到日本各界人士的热情接待和欢迎。

### 民间交往的代表——中日友好人民公社

北京市与东京都友好交往，在加强政府间交流合作的同时，还积极开展民间友好往来。改革开放初期两市民间交往的代表性成果，便是建设中日友好人民公社。公社坐落在北京西北郊颐和园北侧，前身是海淀区东北旺农场，在1978年《中日和平友好条约》文书互换批准之日，正式挂牌命名。

1978年8月12日，中日两国缔结和平友好条约。为了迎接缔约后中日友好的新形势，廖承志积极促成建立中日友好人民公社。③ 9月，中国人民对外友好协会将《关于拟建中日友好人民公社的请示》报中共中央。10月6日，党中央同意在北京建立中日友好人民公社，并决定在邓小平赴日互换条约批

---

① 《市政府举行招待会欢迎日本朋友》，《北京日报》1982年7月31日第4版。
② 《日本青少年友好交流访华团到京》，《北京晚报》1982年12月16日第4版。
③ 中共党史人物研究会编：《中共党史人物传·第34卷·廖承志》，中央党史出版社2010年版，第53页。

准书当日，举行中日友好人民公社命名大会。①

10月23日上午，邓小平代表中国政府，出席在日本首相官邸举行的《中日和平友好条约》批准书交换仪式。这一天的海淀区东北旺乡鞭炮齐鸣、锣鼓喧天。全国人大常务会副委员长谭震林等党和国家领导人出席命名大会，外交部、农林部、对外友协、中日友协及北京市委相关领导出席命名活动。日方日中农业农民交流协会会长八百板正，中国人民的老朋友西园寺公一，以及日中友协、日中文化交流协会代表等出席命名大会。活动中，谭震林和八百板正等共同种下5棵象征中日友谊的松柏，寓意两国间人民情谊万古长青。廖承志为公社成立题词"中日友谊松柏常青"，并题匾"中日友好人民公社"。

公社命名后，迅速同日本相关社团开展频繁往来，仅一个月内就接待22批420名日本友人。日本各界来访团在参观的同时，还带来一批批现代化农机设备、农畜良种，向公社赠送大量水稻播种机、挤奶器、奶牛、种公牛、塑料蔬菜大棚、瘦肉型种猪、农药等。日方积极帮助，使得公社的养殖、种植业飞速发展。

建设养鸡场便是中日友好交往后的一项代表成果。公社成立不久，日本公明党委员长竹入义胜有意赠送蛋鸡和配套孵化、养殖设备。1979年9月，北京市计委在有关基础设施建设的第581号文件中批复，同意中日友好人民公社建设日方支援的现代化养鸡场。在三年的建设中，日方将孵鸡设备分5批空运至北京，并捐赠蛋鸡养殖鸡笼，由日方派人协助安装及调试。1982年，北京市第一个现代化中日友好养鸡场建成，有24栋产蛋鸡舍和6栋雏鸡舍，是当时京郊农场中规模最大的养鸡场。鸡场引进12万只蛋鸡的新品种，还采用日本开放式鸡舍，同时结合本地实际情况，制定全套技术和管理规程。

1982年为庆祝中日友好人民公社成立4周年，10月23日举行中日友好养鸡场正式投产剪彩仪式。国务院副总理王震、北京市市长焦若愚和竹入义

---

① 北京市地方志编纂委员会编著：《北京志·农业卷·国营农场志》，北京出版社1999年版，第168页。

1982年10月23日，中日友好人民公社养鸡场举行投产剪彩仪式。

胜、日本驻华公使渡边幸治等出席纪念活动并剪彩。① 投产第二年，养鸡场 8 万只蛋鸡，取得平均每只鸡年产蛋 273 枚、重 16.9 公斤的喜人成果，产蛋期饲料转化率 2.59，人均创利 11355 元，创造当时全国最好的成绩。

建成现代化奶牛场是中日友好人民公社成立后的另一项成果。1980 年，日本长野县猎户机械株式会社和日中友好协会赠送公社奶牛场挤奶器一套。② 得到日方先进奶牛养殖技术扶持后，中日友好人民公社奶牛场饲养规模很快达到 500 多头。这些高产奶牛全部装配有日本无偿援助的机械挤奶器。乳白色的牛奶沿着管道，流进集中的奶桶，既保证奶源卫生，提高工作效率，也大大减轻工人的劳动强度。1985 年，日本北海道札幌牧场向公社牛场赠送 34 头黑白花奶牛。东北旺农场南牛场举行"模范牧场"剪彩仪式，并改名中日奶牛场，王震参加仪式并题词：发展奶牛事业，促进中日友好。

---

① 《中日友好人民公社养鸡场投产》，《北京日报》1982 年 10 月 24 日第 4 版。
② 北京市地方志编纂委员会编著：《北京志·政务卷·外事志》，北京出版社 2012 年版，第 376 页。

经日方帮助，公社的种植技术也实现巨大飞跃。1979 年 8 月，日本米可多化工株式会社赠送拱形塑料大棚 2 栋。11 月，日本洋马发动机株式会社赠送拖拉机、水稻插秧机、水稻联合收割机等机械。现代化农业机械有效提升种植效率，扩大种植面积。过去，全公社每年只种 2000 多亩水稻。有插秧机的帮助，1984 年公社种植水稻面积达 1 万亩，其中 40% 到 50% 是用机器插的秧。

公社开展对日交流的另一个形式，是派遣成员赴日研修。在日中农交协会会长八百板正的支持下，1979 年开始，中日友好人民公社每年派出数十名青年农民进入日本农民家庭，以同住、同吃、同劳动的方式进行农业培训，学习期为 10 个月。1979 年 3 月，日中农业农民交流协会邀请公社第一批 26 人赴日研修农业技术，前往福岛县和北海道学习水稻、果树、养牛、养猪、养鸡、蔬菜方面的先进经验。他们按照农业项目分成若干组，被安顿到日本农户家里。水稻班研修生学习考察育苗、耕作、机械插秧、田间管理、收割碾米的全套水稻种植技术，充分借鉴先进的温室育苗和机械播种方法。日本机械化饲养奶牛、培育加工牧草，不断改良奶牛品种，其产生的良好效益给奶牛班研修生们留下深刻印象。在东京举行的欢送会上，研修团团长刘长明表示定将在日本的学习成果带回公社，在中国大地上开花结果。[①] 1980 年，日本鸟取县知事平林鸿三致函中日友协副会长孙平化，希望我国派出 10 名农业青年，从 5 月 1 日至 11 月到鸟取县学习农业技术，北京市委决定由中日友好人民公社派遣人员参加。1981 年 1 月，市政府同意接受日本日中青年研修协会的邀请，批示以中日友好人民公社名义，派 23 名水暖管道研修生赴日学习配管技术，期限两年。同年 8 月，北京市政府批复同意中日友好人民公社派 4 名研修生去日本研修养鸡技术，期限 4 个月。

至 1995 年，中日友好人民公社向日本福岛县、北海道等 18 个地区共派出农业研修生 58 批 506 人次。公社主要领导人先后 6 次访日，进行协调工

---

① 《北京中日友好人民公社访日农业技术研修团回国》，《北京日报》1979 年 12 月 12 日第 1 版。

作。通过农业研修生项目，公社引进了新技术、新设备、新品种，促进了经济发展。通过赴日研修，公社成员和负责接待的日本友人还建立了深厚感情。1980年春，公社牛奶厂副厂长柴本枢到日本北海道农户森田客己的家中实习奶牛饲养技术。一天，柴本枢收到从东京中国书店寄来的《大众电影》《世界知识》《红旗》杂志和全月的《人民日报》。他惊喜地找到森田客己时，后者说："你初来日本，语言不通，一定会感到很寂寞。我为你订刊物，就是让你的业余生活能更丰富些。"柴本枢听说森田客己的老母亲患有类风湿病后，立刻给妻子写信让其在北京购买中药。当森田客己的母亲从柴本枢手中接过药后，激动地说："能吃到中国的中药，我真是太高兴了。"

1981年7月，社员钟玉刚在日本福岛县做研修生，在劳动中不慎扭伤腰住进医院。福岛县日中农业技术交流协议会事务局局长濑户纪六郎派夫人，每天去医院送饭、端水、洗衣，还带去苹果和清凉饮料。她对小钟说："远在异国他乡生了病的人，是最容易想家的。我有责任照顾好你，使你不想家。"①

中日友好人民公社成立后的十几年间，日本47个都、道、府、县的各界人士先后来公社参观。中日友好人民公社如同连接中日民间交往的一条纽带，在改革开放初期推动中日友好关系、发展北京市与东京都友城交往中发挥着重要的作用。

## 二、与欧洲首都城市友好交流

为学习借鉴西方先进经验，早日把首都建设成现代化城市，北京市政府积极与欧洲首都城市开展友好交往，同前南斯拉夫首都贝尔格莱德结为友好城市，同法国首都巴黎开展交往合作，组成友好代表团赴北欧六国考察城市规划建设，还积极参加国际大城市会议交流城市发展和人口控制情况。

---

① 安仲皇、徐光耀：《访北京中日友好人民公社》，《瞭望周刊》1984年第39期。

### 缔结欧洲首个友好城市贝尔格莱德

前南斯拉夫是 20 世纪五六十年代不结盟运动中，屈指可数的欧洲国家，首都贝尔格莱德位于多瑙河和巴尔干半岛的水陆交通要道，是欧洲和近东的重要联络点。北京市与贝尔格莱德市的交往早有渊源。1957 年，全国人大常委会副委员长、北京市市长彭真率全国人大和北京市人民委员会代表团访问南斯拉夫，受毛泽东委派面见南共联盟中央负责人铁托，征求召开世界各国共产党会议的意见，[1] 并同贝尔格莱德市人民委员会主席进行工作座谈。1961 年，第一次不结盟国家首脑会议在贝尔格莱德召开，铁托任会议主席。

1977 年，应中共中央和国务院邀请，铁托来华进行友好访问。他是"文化大革命"后我国接待的第一位外国元首。国内新闻媒体以及英法等国通讯社对南斯拉夫领导人访华予以报道。8 月 30 日铁托抵京，党和国家领导人邓小平、李先念等亲赴首都机场迎候。北京市革委会副主任郑天翔会同数千名少年儿童及首都群众到机场停机坪迎接。铁托走下飞机时，首都少年儿童们手捧花束和两国国旗，载歌载舞庆祝中南两国友谊长存。[2] 当贵宾们的车队驶近花海般的天安门广场时，夹道欢迎的数万首都民众立即报以热烈掌声，天安门城楼两侧的观礼台上展现出用鲜艳花朵组成的塞尔维亚—克罗地亚文和中文的"欢迎"字样。两名女青年在一片欢呼声中跑上前去，向铁托献花，欢呼声、鼓乐声此起彼伏，欢迎的人群跳起了绚丽多姿的舞蹈，一簇簇彩色气球腾空而起，整个广场洋溢着中南友谊的热烈气氛。当车队抵达钓鱼台国宾馆时，迎候的青少年挥舞花束、彩带，纵情欢呼，衷心祝愿铁托来访取得圆满成功。[3]

当晚举行盛大的欢迎宴会，邓小平、李先念、邓颖超等出席并纷纷向铁

---

① 李景贤：《毛泽东与赫鲁晓夫》，《党史博览》2015 年第 6 期。
② 《铁托总统抵北京受到热烈欢迎》，《参考消息》1977 年 8 月 31 日第 1 版。
③ 《铁托总统到京 华主席和首都十万人隆重欢迎 华主席举行盛大宴会热烈欢迎南斯拉夫贵宾》，《人民日报》1977 年 8 月 30 日第 1 版。

托祝酒。第二天上午，铁托与党和国家领导人举行工作会谈。双方各自介绍本国情况，就共同关心的国际问题和发展双边关系交换意见，最终达成恢复两党关系的原则协议。31 日下午，市委第一书记吴德陪同铁托等参观故宫博物院。晚间，北京市革委会在人民大会堂小礼堂举行欢迎文艺晚会。首都文艺工作者为来宾演出富有中国民族风格的音乐、舞蹈、杂技节目，还表演了南斯拉夫民间舞蹈《布兰科科罗》、乐曲《南斯拉夫扎郭列民间乐曲联奏》、歌曲《塞尔维亚采风曲》。①

1978 年 8 月，中国代表团回访南斯拉夫，受到贝尔格莱德数十万民众夹道欢迎。这在人口并不稠密的欧洲较为罕见，随行的新华社记者见证并报道这一盛况。中国代表团同 86 岁高龄、抱病在身的铁托共进行四次会谈、两次单独会见。双方就两国两党合作、经济合作坦诚地交换意见，还交流了欧洲发展和不结盟国家情况。在当时的社会主义国家阵营中，南斯拉夫所取得的经济发展成就备受瞩目，农业基本实现机械化，机器制造、冶金、电机、车辆、造船等工业发达，对外经济采取贷款和补偿贸易形式，吸引外国投资开展合作经营。里耶卡港还是中国与中欧进出口商品的重要装卸地。② 中国代表团表示，愿将南斯拉夫视为学习和借鉴的榜样，努力发展两国经济合作，并以此为窗口进一步了解西方，学习欧洲的先进技术经验，引进一流的设备技术。中方与接见的贝尔格莱德市市长沃拉德·科瓦切维奇商定，将在南斯拉夫首都建立首家北京饭店及开展深入经贸文化往来。

政府间互访迅速带动中、南两国友好关系持续升温，并促进北京、贝尔格莱德间的民间往来。北京等国内各大城市街头迅速掀起了一股"南斯拉夫热"，《瓦尔特保卫萨拉热窝》和《桥》等影片在中国更是家喻户晓。"谁活着，谁就看得见""空气在颤抖，仿佛天空在燃烧"的台词与《啊，朋友再见》等歌曲融入一代中国民众的记忆中。

三个月后，南斯拉夫驻华大使米尔科·奥斯托依奇在拜会北京市革委会

---

① 新华社：《铁托总统应邀出席文艺晚会》，《人民日报》1977 年 9 月 1 日第 1 版。
② 《南斯拉夫社会主义联邦共和国》，《人民日报》1977 年 8 月 30 日第 6 版。

主任林乎加时提议，两国首都结为友好城市。1979年初应林乎加邀请，科瓦切维奇率代表团来京进行友好访问。1月26日中午，林乎加在人民大会堂设宴欢迎来访的代表团全体成员，同科瓦切维奇商谈北京与贝尔格莱德结为友好城市的程序事宜。双方约定在林乎加回访贝尔格莱德时，正式签署结为友好城市的协议书。

第二年秋，林乎加率北京市政府代表团访问南斯拉夫。10月13日，代表团来到贝尔格莱德市最繁华的米哈伊洛夫公爵大街街口，出席贝尔格莱德首家北京饭店开业典礼。科瓦切维奇，南斯拉夫前驻中国大使、南共联盟中央执行书记德鲁洛维奇以及当地各界代表100余人出席活动。据随访的新华社记者报道，饭店门前高高悬挂着中文和塞尔维亚文书写的大红字招牌。饭店建有两层餐厅，内部装饰着涂红漆的中式假亭和门窗，天花板悬挂有26盏六角宫灯，楼梯口竖挂9盏大红宫灯，墙上及室内各处布置有中国山水花鸟画和手工艺品，体现出浓郁的中国传统风格。伴随播放的中国民族音乐，嘉宾们兴致盎然地品尝了烧三鲜、香酥鸡、辣味鱼块、茄汁肉排等别具特色的中国美食。饭店特地从北京聘请4位厨艺精湛的大师，其中有50多年经验的国家一级技师、江淮菜烹饪专家王杜坤，帮助南斯拉夫的厨师学习烧制地道的中国菜。[①]

10月14日，林乎加同科瓦切维奇签署《北京市与贝尔格莱德市建立友好城市关系协议》。其中约定两个友好城市在平等互利的原则下，在经济、城市建设、公共服务、卫生、文化教育、体育、旅游等方面，以各种形式推动交流并开展合作，进一步加强两国之间的友谊，增进两国首都间人民的相互了解。[②]

按照协议内容，1983年10月，北京市派出经济考察组赴贝尔格莱德，参观考察木器厂、葡萄酒厂等企业，重点调研当地最大的一家农工商联合企业。该企业中文音译为"佩科贝"，拥有2.34万多名职工，近9万公顷土地。前

---

① 《贝尔格莱德北京饭店开业》，《北京日报》1980年10月14日第2版。
② 《北京和贝尔格莱德结为友好城市》，《北京日报》1980年10月15日第1版。

农、工、商一条龙——南斯拉夫"贝尔格莱德农业联合企业"

身是创建于 1945 年的"潘切沃沼泽地国营农场",当时农场职工为解决战后首都人民的吃饭问题,在大片沼泽地上艰难创业,逐步建立起农牧产品加工厂和产品销售网,经过与其他地区同类企业合并,最终发展成生产、加工、销售一条龙的大型工农联合企业。"佩科贝"有贝尔格莱德"大厨房"之称,每年生产小麦 8 万公斤,足够全市 120 万人吃半年。全市所需的 40%的鲜肉和肉制品,80%的牛奶、奶制品和食糖也是由"佩科贝"供应的。其不仅发展农、牧、畜业生产,还从事农产品加工、销售。考察组参观后与贝尔格莱德市政府签订技术合作纪要。这时期两市还在经贸、文化、旅游、体育等方面开展深层次广泛交流。

### 与欧洲七国首都友好交流

与贝尔格莱德建立友好城市关系后,北京市逐步发展同欧洲更多大城市交往,先后与法国、瑞典等西北欧国家开展互访交流,学习西方发达国家在城市建设管理等方面的先进经验,也增进同各国首都间的了解互信与友好合作。

北京市与法国巴黎市的友好交往，源于时任国务院副总理邓小平出国考察。1975 年，邓小平应邀访问法国，开启新中国领导人首次出访西欧大国之旅，同法国总理雅克·希拉克就世界形势、建立国际经济新秩序等国际问题交换意见，就深化中法双边关系，加深两国人民友好交往达成共识。

1978 年 9 月，应邓小平邀请，时任巴黎市市长雅克·希拉克和夫人一行 7 人来访，还有 5 名法国记者随行报道。希拉克此次访华，主要是同党和国家领导人进行政治会晤，并就经济贸易合作展开会谈。9 月 21 日，邓小平会见希拉克，并设午宴招待代表团成员。两年后，林乎加率北京市代表团回访巴黎。希拉克到机场迎接，同林乎加举行深入工作会谈，并两次设宴款待北京代表团。

北京市通过巴黎市还与巴黎大区建立友好联系。巴黎大区由法国首都巴黎市和埃松省等 7 个省组成，是法国政府、立法机构、行政机关和一些国际组织的所在地，是国家政治、经济、文化中心。1984 年，北京市副市长韩伯平应主办方巴黎大区议会主席米歇尔·吉罗的邀请，于 10 月 10 日至 12 日出席"世界大城市研讨会"。会议期间，吉罗亲切会见韩伯平，并希望与北京市发展友好交流合作的城市关系。韩伯平与吉罗签署《北京市和巴黎大区规划专业资料交流与科技合作协议》。翌年 9 月，吉罗率代表团访问北京，北京市副市长张百发与吉罗进行工作会谈。

此后，北京与巴黎双城间的往来逐步深入。1986 年 5 月，巴塞罗那举办的世界人口与城市未来会议结束后，张百发顺程访问巴黎。1986 年 9 月，米歇尔·吉罗向中国驻法国大使馆提出，愿同北京市建立友好合作关系，以扩大在经济、科技、文化及人员交流等方面的合作。1987 年 7 月，北京市友好代表团访问巴黎大区，缔结《中华人民共和国北京市和法兰西共和国巴黎大区建立友好合作关系协议》以及《1987 年—1988 年北京市与巴黎大区友好交流项目备忘录》。法国总理兼巴黎市市长雅克·希拉克会见代表团，北京市政府代表团在会谈中提出，希望用法国政府贷款改造北京地铁 1 号线，希拉克表示该项目经费已列入法国政府财政预算。双方还落实利用 1500 万美元贷款改善北京 4 所医院、1 所研究所及 1 所学院项目。会见期间，希拉克提议巴黎市与北京市结为友好城市。

1978 年 5 月受邓小平委派，国务院副总理谷牧率中国代表团出访考察西欧法国、比利时、丹麦、瑞士、联邦德国五国，北京市副市长张彭参加考察。考察团回国后详细汇报关于西方国家社会发展的见闻感受，引起党中央和国务院高度关注，在 8 月迅速召集相关省市和部委进行研讨部署。研讨会后北京市政府率先组成友好访问团，于 1978 年 9 月至 10 月出访考察经济较为发达的北欧瑞典、芬兰、丹麦、挪威、英国、冰岛六国。① 访问团由市革委会副主任王笑一任团长，成员由市政规划建设及管理部门的 9 人组成，访问目的是针对北京城市发展难点问题，学习借鉴西方首都城市规划建设与管理的先进经验。

9 月 10 日，王笑一率团第一站来到瑞典首都斯德哥尔摩。斯德哥尔摩市市长到机场迎接，并举行欢迎宴会。座谈中代表团了解到，瑞典工业发达，科学技术先进，居民收入水平位于世界前列。首都斯德哥尔摩是瑞典第一大城市、交通中心和主要港口，也是瑞典国家政府、国会以及皇室的官方宫殿所在地，每年 12 月 10 日诺贝尔逝世纪念日，瑞典国王到斯德哥尔摩音乐厅亲自给获诺贝尔奖者授奖，并在市政厅举行晚宴。该市工业总产值和商品零售总额均占全国的 20% 以上。拥有钢铁、机器制造、化工、造纸、印刷、食品等各类重要行业，全国各大企业的总部有将近一半设在这里。代表团认真听取斯德哥尔摩城市规划、市政管理、城市交通、防污染处理等方面的经验介绍，参观考察部分城市建筑交通设施项目，取得丰硕成果。

9 月 18 日，访问团来到出访第二站芬兰首都赫尔辛基，赫尔辛基市市长会见代表团。访问期间，代表团听取有关城市发展和规划的介绍。赫尔辛基市毗邻波罗的海，是芬兰共和国的首都和旅游与交通中心，市内建筑多用浅色花岗岩建成。赫尔辛基是芬兰最大的工业城市，是机器和船舶工业制造中心，也是印刷和服装工业中心。该市同时是芬兰最大的港口城市，全国 50%

---

① 王笑一：《我对北京外事工作的一些回忆》，《北京党史》2006 年第 4 期。

的进口货物通过这里进入芬兰，还建有全国最大的航空港，40 多条国际航线通往世界各大城市。代表团除了解城市发展历史外，还考察了城市市政设施运行情况。

9 月 25 日，代表团抵达丹麦首都哥本哈根。哥本哈根市总市长向代表团介绍城市基本情况，该市是丹麦王国的最大城市及最大港口，丹麦重要的食品、造船、机械、电子等工业大多集中在这里，全国 1/3 的工厂建在大哥本哈根区，许多重要的国际会议都在此召开。代表团实地感受到哥本哈根市容美观整洁，市内大工业企业和中世纪古老的建筑物交相辉映，作为丹麦重要象征的美人鱼雕像在海边静静沉思，富有童话色彩的古堡与皇宫比邻坐落于城中。哥本哈根既富有现代化特色，又兼具浓郁的历史气息，与北京城市风貌有诸多相似性，使代表团成员产生强烈共鸣，并引发有关北京城市规划建设的深入思考。

离开哥本哈根当日，北京市友好访问团奔赴出访的第四站挪威首都奥斯陆。奥斯陆市市长等会见代表团并安排座谈考察。代表团在考察中了解到，奥斯陆是挪威政治、经济、文化、交通中心，是世界闻名的不冻港之一，全国一半以上的进口商品都经这里转运。它也是挪威的工业中心，工业产值占全国总产值的 1/4 以上，主要工业部门有机械、化工、电器、冶金、建筑材料等。奥斯陆还是北欧著名的冰雪之城，以"世界滑雪之都"闻名于世。

之后，访问团马不停蹄于 10 月 9 日访问英国大伦敦地区。大伦敦议会议长会见、宴请代表团，并向代表团介绍大伦敦议会的职能、大伦敦规划发展等情况。访问期间，王笑一还率团拜访伦敦城。伦敦市长向访问团介绍伦敦城的情况，该城位于伦敦市中心，是一个独立的行政单位，是英国的金融和商业中心，也是世界主要的金融中心之一，双方围绕伦敦城历史和发展规划进行了深入友好交流。

10 月 17 日，代表团最后一站访问冰岛首都雷克雅未克。该市市政委员会主席、市长分别会见代表团，并介绍当地的情况。雷克雅未克是冰岛的政治、经济、文化中心，在地热和水利资源开发利用方面卓有成效，城市 53%

的人口从事商业服务业，37%的人口从事工业、建筑业、交通行业，其他主要行业有水电、渔业、农业等。代表团就城市商业服务业发展及市政建设管理方面与该市进行深入工作会谈。

此次六国之行意义非凡，密集的座谈和实地考察极大地开阔了代表团成员的视野，使大家收获城市建设与市政管理领域的众多珍贵第一手经验。代表团成员此行的最大感受，是北欧城市在经济产业发展的同时，重视城市古建筑和历史文化风貌的保护，不以破坏环境为代价来搞经济建设。欧洲大城市在能源节约、环境保护方面的管理措施，也给代表团成员留下深刻印象。例如冰岛充分利用丰富的地热资源，节约其他资源。相比之下，我国资源利用率不高、环保治理不足的问题比较普遍。此外，北欧城市在医疗和社会保障方面有很多有益经验，很值得北京市学习，为健全首都社会保障制度，提高人民群众生活水平带来大量积极借鉴。

此后在 1984 年，北京市人民政府顾问、原北京市副市长张彭再次组织考察团，于 8 月下旬至 9 月中旬出访北欧丹麦、挪威、瑞典三国。8 月 24 日，代表团访问哥本哈根，丹麦工业大臣、丹麦外交部副部长及哥本哈根市市长分别会见代表团。代表团考察禽、蛋、奶等食品加工技术，与丹方探讨合作玉米加工综合利用、啤酒生产技术的可行性。9 月 1 日，张彭一行访问奥斯陆，奥斯陆市市长会见、宴请代表团，并介绍奥斯陆市政府的工作情况。9 月 9 日至 18 日，代表团访问斯德哥尔摩。斯德哥尔摩市议会议长、瑞中贸易理事会主席分别会见张彭一行。代表团参观考察特殊钢材、冶炼、包装、电子、造纸、食品等项目，并就上述项目与瑞方探讨合作。1985 年，北京市农工商联合总公司在国家农垦局主持下，同瑞典合作建立"中国—瑞典北京奶业培训中心"，专门请来世界知名的瑞典奶业专家授课，不仅引进了先进的奶业加工机械和技术，而且培养了大批专业技术人员。

**参加国际会议加强城市建设管理交流**

参加国际城市会议，是北京市与欧洲城市开展多边交往的又一扇重要窗口。在中华人民共和国成立之初，北京市即委派代表出席了。1955 年，由意大利佛罗伦萨市市长皮拉发起的"世界各国首都市长大会"于 10 月 2 日至 7 日在佛罗伦萨举行。会议的主题是建立和保卫世界和平。由于大会提前召开，北京市市长彭真不能应邀出席，委托当时在意大利访问的中国艺术团团长、中国文化部副部长张致祥出席会议，并代表北京市致辞，引起与会的伦敦、莫斯科、巴黎等城市代表的积极反响。

改革开放后的 1979 年，北京市革委会副主任白介夫一行 3 人，于 9 月 27 日应邀出访比利时首都布鲁塞尔，出席国际城市问题讨论会。此次会议为庆祝布鲁塞尔建城 1000 周年举办，有 24 个国家首都及大城市的领导人参加。白介夫在会上交流北京城市建设情况，向布鲁塞尔市政府赠送"寿礼"——大型龙凤景泰蓝盘，还赠送给该市"第一公民"——铜像于廉一套富有中国民族特色的红色马褂童装。此后的每年 10 月 1 日中国国庆节，于廉会穿上喜庆的中式服装，显得格外俏皮。

结束对布鲁塞尔的访问后，10 月 3 日白介夫一行沿途访问奥地利首都维也纳。北京市友好代表团与维也纳市政委员会有关部门进行 9 次专业座谈，双方专家就城市规划及建设、城区建筑设计和环境保护、建筑公益现代化及公共交通等交换意见。代表团 11 天里拜访参观奥地利城市新建住宅区、旧城改建、公共建筑设施等 30 多个访问交流项目，取得富有成效的访问成果。①

1980 年，意大利的米兰市和都灵市举办"第九届世界大城市市长会议"。4 月 15 日至 20 日，以王笑一副市长为团长、国家城市建设总局局长邵井蛙为顾问的北京市代表团一行 6 人应邀出席会议。此会由米兰市政府于 1972 年发起召开，前 8 届中国城市均未参加。本次会议有 50 多个国家 64 个城市的市长、市政官员、专家学者以及联合国教科文组织成员，共 200 多位代表参加，其中多数与会者来自第三世界国家。本次会议主题为"城市的未来，未来的城市"，讨论重点是城市资源和居民服务设施问题。代表们就城市建设方面问

---

① 《北京市友好代表团结束对奥地利的友好访问》，《北京日报》1979 年 10 月 16 日第 2 版。

题交换意见，并分享经验。王笑一在会上做了北京城市规划和建设情况的发言。邵井蛙向大会介绍了中国城市建设发展的情况和做法。北京市代表团还向大会提出有关决议草案的修改意见，得到采纳并获得通过。利用会议前后的时间，北京市代表团考察意大利的罗马、威尼斯、佛罗伦萨等市的城市建设、文物古迹保护等项目，并同当地有关部门交流座谈。①

1984 年，法国巴黎市举办"世界大城市会议"。北京市副市长韩伯平一行 2 人于 10 月 10 日参加会议。韩伯平受邀主持人口问题专题讨论会，并在会上交流北京城市规划与人口控制情况，得到参会的 37 个国家 70 个城市、700 余名代表的充分认可。

此外，北京市还积极参加首届世界大城市首脑会议，与欧洲城市交流城市规划建设有益经验。该会议由北京、纽约、巴黎、东京等 8 座城市共同发起，1985 年 5 月在东京举行第一届会议，北京市政府派出 4 人代表团出席，与会的还有柏林、莫斯科、斯德哥尔摩等 19 个城市的市长。会议主题是城市管理的哲学和政策。②

北京代表团于 20 日上午发言，介绍中华人民共和国成立后北京市城市建设取得的成就，以及当时城市住宿、水电、交通资源紧张，旧城改造、居民搬迁、住宅兴建遇到的困难。北京市正贯彻实施党中央、国务院正确指示，围绕人口规模制订城市发展规划。鼓励少生优育，控制人口迁入。逐步搬迁改造污染扰民的重工业企业，加快卫星城镇建设，大力发展乡镇企业，使农村剩余劳动力"离土不离乡，进厂不进城"。同时采取"大城市，大郊区"模式。通过 5 次调整，将市域面积由解放初的 707 平方公里扩大到 16800 平方公里，③ 为城市规划建设提供空间。最后北京市代表团表示，将积极吸取世界各国城市发展的有益经验，欢迎各国友人对北京发展提出宝贵建议，在城市规划、建设管理等领域开展合作，现场顿时爆发出热烈的掌声。北

---

① 《我市代表团参加世界大城市市长会议》，《北京日报》1980 年 4 月 29 日第 2 版。
② 《世界大城市首脑会议在东京开幕》，《北京日报》1985 年 5 月 21 日第 2 版。
③ 根据最新统计公报，截至 2023 年 10 月，北京市总面积为 16410 平方公里。

京市于本次会议期间，正式加入世界大城市首脑会议组织，并当选为理事城市。[①]

通过参加大城市首脑会议，北京市加强了与欧洲首都城市的友好交往，有更多机会同这些城市开展经济贸易往来和技术设备合作，共同探讨现代化城市发展问题，在国际交往中展现出不断提升的国际影响力。

## 三、缔结美洲大陆友好城市

党的十一届三中全会召开后，北京市积极扩大对外交往，范围从亚欧地区拓展到北美及拉美地区，与美国纽约、华盛顿和秘鲁利马等市建立友好城市关系，国际友城关系呈现全方位、多层次发展的新格局。

### 中美建交促成北京纽约握手

1978年12月，中美两国共同发表关于建交的联合公报，1979年元旦双方实现外交正常化，国务院副总理邓小平随即于1月底访问美国，9天进行了80多场外交活动，被美国媒体形容为"刮起了邓旋风"。[②] 借着中美建交的春风，北京与纽约的交往迈进缔结友好城市的阶段。

1979年9月，美国前总统尼克松再次访华，与国务院副总理邓小平等党和国家领导人进行友好会谈。随同来访人员包括纽约市副市长索洛蒙，他与北京市革委会副主任叶林进行单独友好会谈，并转交一封纽约市市长爱德华·科奇的亲笔书信，希望纽约市与北京市结为友好城市。当年年底，北京市政府先后通过中国驻联合国代表团和中国驻美国大使馆，转告纽约市政府，赞同与其结为友好城市。

1980年2月，应中国人民外交学会邀请，爱德华·科奇率代表团一行16人来京访问。24日，叶林与索洛蒙先期进行会谈，研讨两市结为友好城市协

---

① 《世界大城市首脑会议闭幕》，《北京日报》1985年5月23日第2版。
② 傅高义：《邓小平时代》，生活·读书·新知三联书店2013年版，第329页。

议文本，以及双方即将开展的友好合作项目。25 日，林乎加和科奇在人民大会堂举行正式会谈，围绕发展两市间经济贸易和文化旅游开展深入交谈。随后双方共同签署《中华人民共和国北京市和美利坚合众国纽约市建立友好城市关系协议》，声明两市依据中美建交联合公报，正式建立友好城市关系，增进两个城市人民以及两国人民的了解和友谊。双方将以平等互利为原则，在经济贸易、科学技术、文化教育、城市管理和市政建设方面进行广泛交流与合作，以促进两个城市的繁荣和两国关系的不断发展。座谈期间，叶林向美方介绍北京市的外贸和外国来料加工、补偿贸易情况，美方来访团成员表示有浓厚兴趣。

当晚北京市人民政府举行宴会，欢迎科奇进行友好访问，庆贺两市签署友好城市协议。① 翌日为庆祝两市喜结友城，北京展览馆举办美国现当代工业与社会现实主题摄影展，展出美国著名摄影记者海因的 220 余件摄影作品。图片反映 20 世纪上半叶美国的早期移民、城市贫民、工人劳作等社会现实，歌颂劳动者的尊严和艰苦创业精神，其拍摄的童工照片直接促成美国以及世界各国后来废除童工。此次展览系中美建交后在中国举办的第一个美国文化艺术展览。② 离京前，科奇邀请林乎加在合适时间访问纽约，还将一把纽约市的金钥匙送给他，并说："请你用这把钥匙打开纽约的大门，打开纽约人民的心灵。"③

牵手友城后，纽约市议会、美中关系全国委员会、美国工商界和文化界人士，也热心推动纽约与北京友好关系的发展。1981 年 5 月，纽约·北京友好城市委员会成立，美国医药学家、艺术收藏家亚瑟·赛克勒担任主席，委员有纽约市议会主席、美中关系全国委员会主席、美中商会副主席、泛美航空公司总裁、安德烈克斯工业集团总裁等。6 月，亚瑟·赛克勒来访并受到北京市副市长赵鹏飞、陆禹的接见。

---

① 新华社：《北京市和纽约市结成友好城市》，《人民日报》1980 年 2 月 26 日第 4 版。
② 新华社：《美国海因摄影作品展览在京开幕》，《北京日报》1980 年 2 月 26 日第 4 版。
③ 新华社：《科奇市长向林乎加市长赠送纽约市金钥匙》，《北京日报》1980 年 2 月 28 日第 4 版。

1984年6月28日，北京师范大学附属第二中学和美国华盛顿希德威尔学校结为友好学校，图为中、美两国学生在校园共同种下象征友谊的常青树。

1982 年 8 月，应北京市人民政府邀请，纽约市派出第一支友好运动队——纽约少年棒球队来京访问。球队是从全纽约 800 多名少年儿童棒球手中选拔组建的，小队员平均年龄 12 岁，有四五年的球龄。[1] 北京市选派海淀区业余体校、北京工业学院附小队的学生组成两支代表队参赛。首场友谊赛在丰台棒球场进行，北京市副市长王笑一出席开幕式，市体委主任魏明代表东道主发出第一球。4000 余名尚在放暑假的首都中小学生头顶烈日，不惧高温为双方加油助威。海淀体校队员防守传球迅速，投球又好又快，在比赛中占据优势，最终以 17：9 获胜。[2] 第二场比赛在海淀体育场举行，北京工业学院附小由 200 余名在校生选拔组队，小队员平均年龄 11 岁，球龄仅有 1 年，刚代表北京市取得全国儿童棒球比赛冠军。纽约少年棒球队凭借熟练的攻防、

① 《北京少年队 17：9 胜纽约队》，《北京晚报》1982 年 8 月 14 日第 4 版。

② 《纽约少年棒球队与北京青少年队进行友谊赛》，《北京日报》1982 年 8 月 13 日第 4 版。

有力的击球，最终以 20∶7 的比分战胜北京工业学院附小棒球队。赛后双方教练和队员进行亲切交谈，北京小队员短期练习所展现的高水平获得纽约队教练的称赞。①

1983 年 11 月 28 日，北京市政府代表团首次抵达纽约进行友好访问。代表团一行参观纽约市医院、工商企业、学校、交通控制中心和警察总部等，还拜访居民家庭，加深了北京市同纽约市民间的了解交流。晚间，纽约市政府大厦前举行了一场欢迎北京代表团到访的隆重仪式。军乐队先后奏响中美两国国歌。纽约市市长郭德华、纽约北京友好委员会主席科恩，以及北京市代表团负责人在仪式上致辞，共同回顾了三年来北京纽约友城间开展的交往合作。郭德华再次向北京市政府主要领导赠送一枚纽约市钥匙，以示热烈欢迎。访问期间双方商讨进一步加强城市管理和建设、科学文化、经济贸易等方面的友好合作关系。翌日，双方市长签署 1984—1985 年进行友好交流项目的备忘录。约定两城将相互举行介绍各自城市历史风光、人民生活和城市建设的图片展览，交换大学生和大学教师，建立小学间的友好关系，交流城市管理和建设以及医药卫生等方面的经验。② 签约结束后，双方来到纽约市中央公园，共同种下见证友好的"中美友谊树"。

1984 年 10 月，备忘录包含的第一个文化交流项目——"今日北京"图片展在纽约市举办。科恩、纽约市副市长利波、中国驻纽约总领事曹桂生等出席开幕式。展览反映北京改革开放以来城市建设和居民生活的新风貌，受到纽约市民欢迎。③ 翌年 6 月，"今日纽约——纽约市容及市民摄影展览"在北京市劳动人民文化宫举办。④ 纽约市联合国和各国领事馆事务委员会主任索伦森率展览团来京，并主持开幕式。北京市副市长韩伯平、美国驻中国大使恒安石出席开幕式。

---

① 《纽约少年队胜京工附小队》，《北京晚报》1982 年 8 月 15 日第 4 版。

② 新华社：《签订北京纽约友好交流项目备忘录》，《北京日报》1983 年 12 月 1 日第 4 版。

③ 北京市地方志编纂委员会编著：《北京志·政务卷·外事志》，北京出版社 2012 年版，第 261 页。

④ 《今日纽约摄影展览将在京展出》，《北京日报》1985 年 6 月 24 日第 4 版。

根据北京与纽约签署的促进贸易和投资备忘录条款，双城迅速建立起经贸联络机制。1984 年 8 月北京市成立北京·纽约友好城市经济贸易执行联络促进委员会，中方成员有北京市对外贸易总公司、市外办、市外经贸委、中国国际贸易促进委员会北京市分会等有关负责人，美方成员有纽约市政府代表和纽约市有关企业驻京机构代表人。委员会对双城经贸往来和北京市引进技术设备起到了推动作用。

1984 年 10 月，亚瑟·赛克勒来京访问期间，向中国卫生部提议由赛克勒基金会出资，设立"中国医学论坛报医师年度奖"，用以鼓励每年在临床和科研工作中取得优异成绩的医师。同年，赛克勒还向北京大学表示，有意愿资助建设一座校内博物馆，使中国最好的高校能拥有一座现代化的考古学专题博物馆，不仅在展陈设计、温度控制、文物安全和教育功能方面拥有国际一流条件，而且能培养新一代考古文博学者。1986 年 9 月，赛克勒与北京大学校长丁石孙签署合作协议，捐赠 148.7 万美元用以支持该校建设考古博物馆，由校方主持项目实施。

签约仪式后，赛克勒与夫人以及美国驻华大使洛德、北大校长丁石孙等一同来到燕园的鸣鹤园，为北京大学亚瑟·赛克勒考古与艺术博物馆和吉尔·赛克勒雕塑花园奠基。该馆于 1992 年建成，成为中国高等院校设立的第一家考古专题博物馆。

### 中美两国首都结为友好城市

继纽约之后，北京市还与美国首都华盛顿建立友好城市关系。1983 年 12 月，北京市友好代表团一行 8 人结束对纽约的访问后，顺访华盛顿，双方就建立友好城市关系进行会谈并达成共识。

访问期间，北京市代表团受到华盛顿市市长马里恩·巴里和市政委员会的热烈欢迎和热情款待。北京市邀请巴里在来年适当时候访问北京，以促进两市间友谊和交往，巴里愉快地接受邀请。在三天的紧张行程中，代表团一行访问美中贸易全国委员会和华盛顿哥伦比亚特区大学等地，会见当地科学家、工程师、商人、教育家、艺术家和华侨等各界人士，并就市政建设、城市服务设施、环境保护和电讯联络等问题，同当地有关部门进行广泛而有益的讨论。

1984年5月，巴里率18人友好代表团回访北京。北京市政府主要负责人前往机场迎接，会见来访代表团全体成员并进行友好交谈，还接受代表团赠送的手工艺品——美国国鸟白头鹰。当晚北京市人民政府在人民大会堂北京厅举行欢迎宴会，款待来访的华盛顿代表团。晚宴致辞中，北京市政府主要领导回顾了去年11月访问华盛顿时，双方会谈协商两市建立友城的情景。此次华盛顿代表团来访签署友城协定，将为两城友好关系进一步发展奠定基础。巴里在讲话时称赞北京是一座宏伟的城市，华盛顿和北京市建立友好关系，将为促进两国关系不断发展做出贡献。① 15日，双方共同签署《北京·华盛顿建立友好关系的协议》及《1984—1985年北京·华盛顿友好交流项目备忘录》。备忘录项目包括两市合作在华盛顿修建中国城牌楼、互办经济贸易展览会等。

1985年1月，两市共同在华盛顿H街、第七街的交叉路口，远东贸易中心北侧的中国城建造一座中国牌楼。楼体采用中国古典2柱7顶一字样式，跨度为19.4米，高14.5米。北京古代建筑工程公司承担项目设计，主任工程师助理马炳坚负责绘图等具体方案实施。经过中美双方共同建造，牌楼历时一年完工。1986年11月，华盛顿各界1000余人来到中国城前，共同庆贺"中国城友谊牌楼"落成。

1985年1月，华盛顿市副市长麦克林顿率该市经济贸易代表团访问北京，与韩伯平签订两市互办经济贸易展览会协议书，进一步加大两市经贸交往的合作力度。同年9月，北京市经济贸易展览会在华盛顿特区会议中心举行，韩伯平率北京市政府代表团出席并主持开幕式。巴里出席开幕式，参加中国驻美大使馆举行的招待会，麦克林顿同韩伯平进行工作会谈。展览会期间，共签订进出口贸易合同总价值为6237万美元。

同月，华盛顿市在北京劳动人民文化宫举办"华盛顿——城市和人民摄

---

① 《华盛顿市友好代表团抵京访问》，《北京日报》1984年5月15日第1版。

影展览"，是继纽约市后又一个美国大城市在京展示其社会发展和市民生活面貌的展览。北京市政府负责同志及华盛顿特区代表巴巴拉·艾什布鲁克女士、美驻华大使馆临时代办何着伟、美摄影师旅行团等出席开幕式。

## 大洋两岸文明古都携手发展

1981 年 10 月 7 日，北京市市长焦若愚迎来一位大洋彼岸的老朋友——秘鲁首都利马市市长埃德华多·奥雷戈·比亚科塔同夫人访问北京。焦若愚曾于 1972 年至 1977 年出任中国驻秘鲁的第一任外交大使，同利马人民和各界人士有过广泛接触，结下深厚友谊。他代表市政府和全市人民，热忱欢迎并宴请远道而来的秘鲁客人。

自 1971 年建交以来，中秘两国关系和两国人民友谊不断发展。奥雷戈对实现访问中国的夙愿感到非常高兴，中秘两国虽然相距遥远，但彼此祖先在中国清代后期便实现经济、文化的交流。作为南美洲第一个访问中国的市长，他要为发展两国的友好联系做出贡献，希望利马市与北京市结为友好城市。第二天下午，焦若愚会同北京市相关部门负责人同奥雷戈进行座谈，就城市建设、市政管理、交通、环卫、就业等方面交流情况经验。[①] 在京期间，秘鲁客人瞻仰毛主席遗容，参观四季青人民公社，还游览故宫、颐和园、长城、定陵等名胜古迹。

1982 年 5 月，奥雷戈通过中国驻秘鲁大使徐晃，表达与北京市结为友好城市的愿望。北京市委市政府报请党中央、国务院批准后，积极筹备与利马市建立友城的准备工作。1983 年 11 月，北京市友好代表团访问秘鲁，于 21 日与利马市签署建立友好城市关系的协议书。利马市市长奥雷戈授予北京市政府主要领导"利马市贵宾"称号，并赠予荣誉证书。北京市将中国著名书画家董寿平特意绘制的一幅苍劲挺拔的松树国画，赠送给利马市政府和人民，寓意着两国人民间友谊松柏常青。奥雷戈称赞迅速发展的中国是"世界和平与太平洋地区国家发展的最好保障"。北京市政府主要领导表示，将努力加强

---

① 《焦若愚市长会见奥雷戈先生和夫人》，《北京日报》1981 年 10 月 8 日第 4 版。

北京和利马以及两国人民的友好联系，并邀请奥雷戈和夫人再次访问北京。徐晃出席并见证签字仪式。仪式结束后，利马市政府为来自大洋彼岸的中国客人举行了欢迎酒会。①

1984年4月20日，奥雷戈携家人应邀第二次访问北京，市政府副市长张百发等前往机场迎接，3名少先队员向奥雷戈及家人献上红领巾和花束。双方在机场贵宾室进行亲切友好交谈。市领导向秘鲁朋友介绍党的十一届三中全会以来北京市在正确方针路线指引下，不断加快建设步伐，许多行业领域产生显著变化。北京市人民代表大会宣布允许外国企业在北京投资合营，十分欢迎外商来京独资办厂。②

当晚，北京市政府在人民大会堂北京厅宴请奥雷戈一行。市领导回顾去年率代表团访问利马，签署双城友好协议，从此掀开两国首都友好交往的新篇章，此次来访将进一步促进中秘两国人民、北京利马两市的友好关系。奥雷戈谈到三年后再次来到中国，北京呈现出一派兴旺发展的景象，城市建设得更加漂亮，更高兴地看到北京市民洋溢着昂扬进取、发奋勤劳的精神面貌。他表示秘中两国同属第三世界国家，双方友好关系有广泛而共同的发展基础，可以在经济领域进一步加强合作。中国有10亿人口10亿双手，相信中国人民一定能将自己的国家建设好。

就在奥雷戈来访当月，北京市旋即组成5人的经济合作项目谈判组，一行赴利马考察鱼粉、木材等的生产技术和市场状况，了解秘鲁的投资环境和有关法规。③通过调研洽谈，考察组对利马市的纺织、纸、油漆、食品等主要工业有了深入认识。

1985年1月，时值利马建城450周年之际，利马市政府特别邀请北京市派代表团参加庆祝活动。北京市副市长陈昊苏率团访问秘鲁，向利马市市长巴兰特斯·林甘赠送北京市政府主要领导的亲笔贺信和一件大型景泰蓝彩盘。

---

① 新华社：《北京和利马结成姊妹城市》，《北京日报》1983年11月23日第1版。
② 《利马前市长奥雷戈抵京访问》，《北京日报》1984年4月21日第1版。
③ 北京市地方志编纂委员会编著：《北京志·政务卷·外事志》，北京出版社2012年版，第264页。

林甘回赠北京代表团一本记录西班牙人发现美洲前有关利马历史的书籍,并请转达对北京市民的良好祝愿。① 访问期间北京市代表团参观利马市展览会、博物馆、大学、图书馆等教育文化设施,访问被称为"美洲考古之都"的库斯科城和印加古城遗址马丘比丘,还会见了秘中文化协会成员、华侨代表和各界友好人士,取得丰硕的交流成果。②

1986 年 12 月 9 日,为纪念中秘建交 15 周年和北京市与利马市结为友好城市 3 周年,石景山区古城第二小学被命名为"中秘友谊小学",市政府主要领导和秘鲁驻中国大使科埃奇林出席命名揭牌仪式,推动中秘友好关系向着更深层次不断发展。

① 新华社:《利马市长巴兰特斯会见陈昊苏》,《北京日报》1985 年 1 月 18 日第 4 版。
② 新华社:《北京市代表团结束访问秘鲁》,《北京日报》1985 年 1 月 21 日第 4 版。

# 后 记

　　为纪念邓小平同志诞辰 120 周年，深入研究党的十一届三中全会实现伟大转折的光辉历史，全面反映三中全会前后北京市委团结带领全市人民推进改革开放的历史进程和奋斗精神，市委党史研究室、市地方志办策划编写了"党的十一届三中全会前后的北京历史丛书"。

　　为优质高效推进编写工作，市委党史研究室、市地方志办专门成立编委会和编委会办公室，进行具体分工。经过近两年艰苦努力，顺利完成丛书编写任务。本书主编杨胜群、桂生对该书从确定大纲到谋篇布局，从甄别史实到统改审定，全程指导，严格把关，付出了大量心血和智慧。陈志楣负责丛书组织编写，并审改全部书稿。

　　《打开对外开放大门》作为这套丛书中的一部，由北京市委党史研究室、市地方志办同志负责撰写。具体分工为：第一章第一节冯雪利、郭晓钟，第二节方东杰，第三节冯雪利；第二章董志魁；第三章第一、第二节刘慧，第三节冯雪利；第四章郝若婷；第五章王鹏；第六章朱磊。萧冬连、王力丁审阅书稿并提出宝贵意见。联络员董志魁具体负责组织协调等工作。

　　北京出版集团所属北京人民出版社积极参与本书审校出版各项工作。本书参阅了许多公开出版或发表的文献资料和研究成果。北京市档案馆、市委图书馆等有关单位为查阅档案文献给予大力支持和帮助。新华社提供了部分照片。在此，谨向所有为本书编写工作做出贡献的单位和同志表示诚挚感谢！

　　由于时间仓促，加之编写水平所限，本书难免存在不足之处，敬请读者批评指正。

　　　　　　　　　　　　　　　　　　　　丛书编委会

　　　　　　　　　　　　　　　　　　　　2024 年 7 月